TEMPLER
HOF
Gut Mücheln

Templerkapelle um 1280
Galerie Templerhof

EDITION TEMPLERKAPELLE BAND 2

Edition Templerkapelle
Herausgegeben von Achim Lipp und Jürgen Lasch

Band 2

Achim Lipp · Jürgen Lasch (Hg.)

Garten aus Stein

Rätselhafte Architektur der Müchelner Templerkapelle

mitteldeutscher verlag

Bibliografische Information der Deutschen Nationalbibliothek
Die Deutsche Nationalbibliothek registriert diese Publikation in der Deutschen Nationalbibliografie; detaillierte bibliografische Daten im Internet unter http://d-nb.de.

www.mitteldeutscherverlag.de

Gesamtherstellung Mitteldeutscher Verlag, Halle (Saale)

ISBN 978-3-89812-694-6

Printed in the EU

Inhalt

Zum Geleit

Im vorliegenden Band werden die Beiträge des 2. Symposiums auf dem Templerhof in Mücheln bei Wettin vorgelegt. Wie bereits zuvor fand auch diese Konferenz unter großer aktiver und passiver Beteiligung von Kollegen der Medizinischen Fakultät der Martin-Luther-Universität Halle-Wittenberg statt. Im Mittelpunkt stand diesmal der Garten aus Stein – der wunderbare und rätselhafte Innenschmuck der Templerkapelle. Interessante Ergebnisse sind in dieser die Fakultäten und Institutionen übergreifenden Diskussion zutage gefördert worden. Dabei ist besonders beeindruckend, wie medizinisches Wissen in der Verknüpfung mit mythologischen und alltagspraktischen Aspekten über die fachlichen Grenzen hinausweisen kann. Ebenso wird deutlich, wie sehr die heutige hoch spezialisierte Wissenschaft in der abendländischen Kulturgeschichte verwurzelt ist. An einem Ort wie der Templerkapelle in Mücheln manifestiert sich darüber hinaus jedoch auch die jahrhundertealte Verflechtung dieses Kulturraums mit dem Morgenland.

Die Müchelner Symposien sind inzwischen zu Höhepunkten des Fakultätslebens geworden. Die Medizinische Fakultät der Martin-Luther-Universität Halle-Wittenberg ist deshalb den Organisatoren, Herrn Achim Lipp und Herrn Prof. Dr. Jürgen Lasch sowie den Freunden Templerhof Gut Mücheln e.V. zu großem Dank für ihr fachübergreifendes Engagement verpflichtet und wünscht der vorliegenden Publikation eine weite Verbreitung.

Prof. Dr. Stephan Zierz
Dekan der Medizinischen Fakultät
der Martin-Luther-Universität Halle-Wittenberg

Templerkapelle Mücheln, Blick zur Empore

Vorwort der Herausgeber

Einen authentischen Ort aus dem 13. Jahrhundert zu betreten, geschieht selten genug, und es erfüllt den Besucher mit Staunen und Schauder. So ergeht es ihm auch, wenn er im doppelten Sinne das Innere der Templerkapelle in Mücheln an der Saale bei Wettin vordringt, im räumlich-körperlichen wie im geistig-gedanklichen Sinne. Er findet sich in einer „Wunderkammer".

Diese „Wunderkammer" ist ein abgegrenzter, einst prächtig bemalter, mit gehauenen Pflanzen geschmückter Garten, ein Hortus conclusus – ein Garten aus Stein.

Die meisten steinernen Pflanzen sind von uns Heutigen nicht sofort zu bestimmen, da sie weder typisch noch lokalen Ursprungs sind. Wissenschaftler des Botanical Hunt Institute der Carnegie Mellon University in Pittsburgh, USA, halfen mit, die Pflanzenmotive zu identifizieren.

Der „Garten aus Stein" enthält 10 Pflanzen aus dem Orient – sie sind einmalig in Auswahl und Gestaltung, wurden absichtsvoll und nicht willkürlich in der Kapelle aufgenommen. Es gab mit Sicherheit die Idee einer speziellen Botschaft, für die dieses Gotteshaus mit seinem Garten aus Stein stehen sollte. Doch diese Idee mag schon in wenigen Jahrzehnten nach Erbauung verlorengegangen sein, spätestens aber mit dem Ende des Templerordens und seiner Komturei in Mücheln um 1315: Jerusalem blieb verloren, der Orient unerreichbar.

Auf dem Symposium „Vom Geheimnis des steinernen Herbariums" am 7./8. Juli 2006 galt es, der Geschichte dieses besonderen Gartens auf die Spur zu kommen, dem Rätselhaften, das sich im Garten aus Stein verbirgt. Das sollte in einem Netzwerk von Expertenwissen aus den verschiedensten Fachgebieten versucht werden. Allen Beteiligten war rasch klar, dass dieses nur in Anfängen gelingen kann.

Streifzüge führen durch das kulturelle Umfeld und Weltbild zur Bauzeit der Kapelle: Wie reisten Ross und Reiter, wie verbreiteten sich Ideen? Schlussfolgerungen aus der Analyse erhaltener Farbreste scheinen noch mehr Rätsel aufzugeben. Botanik und Geschichte der Platane überraschen mit einem molekularbiologischen Kontrapunkt. Assoziative Verknüpfungen schaffen Brücken zwischen dem steinernen Garten und abendländischen wie morgenländischen Hintergründen. Von der Mythologie und Arzneiwirkung unserer Pflanzenparade wechseln wir zu ihrer algorithmischen Schönheit. Vom wieder erwachten historischen Klostergarten wandern wir in virtuelle Templergärten in Mücheln. Die Gesänge der Hildegard von Bingen erklingen ebenso wie Verse des Nibelungenliedes. Alles in weiter Ferne – und doch so nah!

Der Garten aus Stein hütet zwar weiter sein Geheimnis, die Architektur der Templerkapelle bleibt weiterhin rätselhaft, doch konnten viele Details geklärt werden, konnten Anregungen zu weiterer Forschung gegeben werden.

Allen, die sich dem steinernen Herbarium genähert haben, sei herzlich gedankt sowie dem Mitteldeutschen Verlag, der mit seiner entschlossenen Zusammenarbeit diese Publikation möglich gemacht hat.

Achim Lipp und Jürgen Lasch
Templerhof Gut Mücheln, im Oktober 2009

Grusswort
von Wirtschaftsminister Dr. Reiner Haseloff zur Eröffnung des Symposiums 2006

Ich kenne die Templerkapelle noch nicht sehr lange. Eher zufällig, durch den Bericht in einer Kirchenzeitung, bin ich auf die Idee gekommen nachzuschauen, wo sie liegt. Dank des Navigationssystems landeten mein Fahrer und ich damals aber nicht im Wettiner Ortsteil, sondern zunächst im anderen Mücheln, im Geiseltal. Nachdem wir dort sämtliche Dorfkirchen und noch weitere Gebäude abgesucht hatten, liefen wir kurz vor Einbruch der Dunkelheit doch noch im richtigen Mücheln auf. Die lange Suche hatte sich gelohnt: Ich war gleich fasziniert von diesem Gebäude. „So etwas haben wir in Sachsen-Anhalt nicht noch einmal", ging mir damals spontan durch den Kopf. Und in der Tat ist die Templerkapelle ja eine der wenigen erhaltenen ihrer Art in Europa und sogar die einzige in Deutschland und Sachsen-Anhalt. Touristische Insider wissen dies schon länger – immerhin liegt die Kapelle ja am Saale-Radwanderweg und kann demzufolge auch von kundigen Touristen aufgesucht werden.
Unser fachlicher und strategischer Ansatz geht natürlich ein wenig tiefer. Deswegen bin ich froh, dass ich als für den Tourismus zuständiger Minister regelmäßig zu Terminen und Veranstaltungen hierher kommen und den Kontakt halten kann. Als ein wichtiges Leitthema neben anderen haben wir die Marke „Spiritueller Tourismus" etabliert und dazu eine eigene Broschüre mit den wichtigsten Gebäuden im Land herausgegeben. Damit lässt sich zwar kein Massentourismus erzeugen, dennoch bin ich davon überzeugt, dass die entsprechenden Objekte wesentliche Elemente entlang von Radwegen und anderen touristischen Routen sind. Unser Ansporn muss es sein, die entsprechenden Zielgruppen noch deutlicher anzusprechen, um Sachsen-Anhalt als touristisches Land weiterzuentwickeln. Eines ist ganz klar: Wir werden nie *das* Tourismusland sein. Dennoch haben wir wesentliche Dinge zu präsentieren. Deshalb wurde sehr viel Geld in die touristische Infrastruktur investiert – unter anderem in Radwege, aber auch in die Instandhaltung von Gebäuden entlang der Straße der Romanik, die vermarktet werden müssen. Das klingt vielleicht profan. Als Tourismusminister muss ich jedoch so denken. Schließlich ist die Infrastrukturförderung immer auch an die Entstehung entsprechender Arbeitsmarkteffekte geknüpft. Diese Dinge sind nie isoliert zu betrachten, sie betten sich immer ein in größere Zusammenhänge.
Ich selbst habe eine tiefe Beziehung zur christlichen Basis unserer Gesellschaft. Wohl wissend, dass wir heute in einer absoluten Diaspora-Situation leben, bin ich von Kind an unterwegs und versuche die Spuren, da, wo sie nicht offenkundig sind, mit zu erkunden. Ich finde es wichtig, dass möglichst viele Menschen nachfragen und letztlich auch eine Information darüber bekommen, wo wir eigentlich herkommen. Darauf ba-

siert im Übrigen auch unser Verfassungsstaat. Denn wer die Landesverfassung kennt, wird in der Präambel den Begriff Gott vorfinden. Sachsen-Anhalt ist das Bundesland, welches diese Dinge nicht nur aus dem Grundgesetz für sich ableitet, sondern sie selbst in einem verfassunggebenden Prozess formuliert hat. Trotz der Akzeptanz der eingetretenen Säkularisierung haben wir klar benannt, auf welcher Wertegrundlage wir handeln wollen. Auch deshalb ist es für mich wichtig, dass die Templerkapelle, aber auch ganz normale Stadt- und Dorfkirchen gewissermaßen in das gesellschaftliche Bewusstsein hineingenommen werden. Sie können von der infrastrukturellen An- und Verbindung ja gar nicht umgangen werden, da sie schlicht und einfach immer den Weg kreuzen. Wir brauchen einen unverstellten Zugang unserer Menschen. Nur wenn sie dies begreifen, werden sie auch eine Chance haben, die Zukunft zu meistern. Geschichte ist zwar offen, sie erzeugt aber nie ein Vakuum. Es wird immer eine Leitkultur geben – eine Kultur, die die Geschichte prägt. Diese Kultur muss sich ständig selbst mit neuer Vitalität erfüllen sowie Traditionen innerhalb der Familien und darüber hinaus in gesellschaftlichen Gruppen erzeugen. Wenn sie dies nicht tut, wird sie schlicht und einfach erodieren und keine Zukunft haben.

Ich denke, dies ist auch wichtig bei unseren Überlegungen, wie die Templerkapelle auch weiterhin am Netz der offenen Kirchen gehalten werden kann. Seitdem wir die – gerade finanzielle – Problematik auf kommunaler Seite kennengelernt haben, bemühen wir uns, mit den richtigen Ansprechpartnern eine dauerhafte Lösung herbeizuführen. Dafür bieten sich mehrere Möglichkeiten an. Eine besteht darin, in Trägerschaft der Kommunen ein offenes und erträgliches Konzept hinzubekommen. Dafür haben wir auch finanzielle Beteiligungen des Landes zugesagt. Die Alternative ist, eine Stiftung anzusprechen. So könnte dieses Objekt, welches sehr viele Fördermittel auf sich gezogen hat, beispielsweise in die Stiftung „Dome und Schlösser“ aufgenommen werden. Entscheidend ist dabei immer die öffentliche Zugänglichkeit. Menschen, die hier vorbeikommen – seien es Touristen, sonstige Kulturreisende oder spirituell Interessierte –, müssen eine offene Kirche vorfinden und so dabei helfen, dass das Konzept „Offene Kirchen für Sachsen-Anhalt“ auch langfristig aufgeht. Über den aktiven Arbeitsmarkt oder die aktive Arbeitsmarktförderung können dafür gegebenenfalls personelle Ressourcen zur Verfügung gestellt werden. Letztlich muss aber eine Kommune erst einmal begreifen, welcher Schatz sich auf ihrer Flur befindet. Sie muss sich bewusst sein, dass sie diesen Schatz nicht nur für sich verwerten und verwalten kann, sondern dass die Öffentlichkeit, die Gesellschaft, daran partizipieren können muss.

Vielleicht noch einige Gedanken, die für Sachsen-Anhalt und in diesem Zusammenhang auch für die Templerkapelle relevant sein könnten – wohl wissend, dass diese Ideen völlig quer gehen zu den Vorträgen der nachfolgenden Referenten. Ich bin überzeugt: Wir müssen bestimmte gesellschaftliche Kräfte und Akteure bündeln, um den spirituellen Tourismus und generell den Kulturtourismus zu aktivieren. Nur durch Nachfrage auch von außen ist es möglich, bestimmte Bewusstseinsprozesse in unserem Land zu erzeugen. Es ist schwer über Schulstoff zu vermitteln, wie die Wiege des Heiligen Römischen Reiches Deutscher Nation in Sachsen-Anhalt entstanden ist, wie sie sich entwickelt hat und welche Bedeutung sie in den vergangenen eintausend Jahren hatte. Keinem ist so richtig bewusst, an welch wesentlichem Punkt der europäischen und auch deutschen Geschichte er lebt und in welcher Form er daraus eine gewisse Identität und Selbstbewusstsein ableiten kann. Wenn es uns gelingt, diese kulturellen Dinge auch im Hinblick auf Nachfrage und Inanspruchnahme von außen zu präsentieren, wird sicher auch bei vielen „Einheimischen" ein entsprechender „Aha-Effekt" ausgelöst.

Ich bin sehr dankbar, dass dieses Symposium auch dafür genutzt wird, immer wieder auf die Templerkapelle aufmerksam zu machen und über sie zu sprechen. Dazu müssen wir insbesondere auch die Medien sensibilisieren. Denn nur über den steten Tropfen, der bekanntlich den Stein höhlt, ist an dieser Stelle etwas zu bewegen. Schon die allgemeine Unkenntnis über dieses Objekt in Wettin zeigt, welche Wurzeln abgeschnitten sind und welche Aufgaben wir auch insgesamt haben – und dies völlig unabhängig davon, wie man seine persönliche Herkunft und Zuordnung sieht. Es ist vielmehr ein allgemeines Aufgabenfeld für jeden bewussten Staatsbürger. Wenn es um Unterstützung geht, dann bin ich für jede Idee dankbar. In diesem Zusammenhang würde ich auch gerne nochmals den Bogen zum Kultusministerium schlagen und mit dem Kollegen Olbertz bis in den Stoffkanon hinein alles besprechen, was notwendig ist, damit sich diese Einzigartigkeit auch in den Köpfen unserer jungen Menschen festsetzt.

Wenn diese Einzigartigkeit richtig registriert wird, dann ist die Diskussion, wie wohl man sich im eigenen Lande fühlt oder ob man bereit ist wegzuziehen, weil andere Alternativen attraktiver erscheinen, mit Sicherheit eine andere. Auch die Antwort auf die Frage nach einer Rückkehr nach Sachsen-Anhalt würde unter dieser Voraussetzung oftmals anders ausfallen. Ich sehe dies auch an meinen eigenen Kindern. Obwohl sie durch die Welt gehen, haben sie trotzdem immer wieder Heimatgefühle und damit einhergehend eine Rückkehrbereitschaft, die sie an ganz konkreten Erlebnissen und Objekten festmachen. Ich denke, ein Ort wie die Templerkapelle kann dies unterstützen – vorausgesetzt, er ist mit Leben erfüllt und wird nicht nur als leere Hülle wahrgenommen. Hier muss echtes Leben im Sinne von kulturellen, aber auch von spirituellen und geistlichen Angeboten auf der Agenda stehen. Dies gemeinsam zu transportieren, auch im Sinne von Veranstaltungskalendern und Landesmarketing, habe ich mir auch für diese Legislaturperiode vorgenommen. Wenn Ihnen darüber hinaus noch etwas einfällt, dann versuchen Sie ganz unkonventionell mit uns Kontakt aufzunehmen. Wir brauchen an dieser Stelle immer wieder einen Neuanfang – wohl wissend, dass bestimmte Sachen gut laufen.

Die Straße der Romanik ist eine touristische Leitidee und Leitmarke geworden, die inzwischen sicher für sich selbst wirbt. Geht man aber ins Detail, wird schnell klar, dass sie kein Selbstläufer ist. Sie muss immer wieder angestoßen werden; an den einzelnen Punkten muss immer wieder etwas mit Eventcharakter angeboten werden, das dem Raum angemessen ist und entsprechend der Gegebenheit vernünftig organisiert wird. Dafür brauchen wir viele, die sich ehrenamtlich oder darüber hinaus auch in ihren beruflichen Qualifikationen mit einbringen und auch entsprechend übergreifend versuchen, den Diskussionsprozess in Sachsen-Anhalt am Laufen zu halten. Im diesem Sinne wünsche ich dem Symposium alles Gute und sage herzlichen Dank für die Einladung.

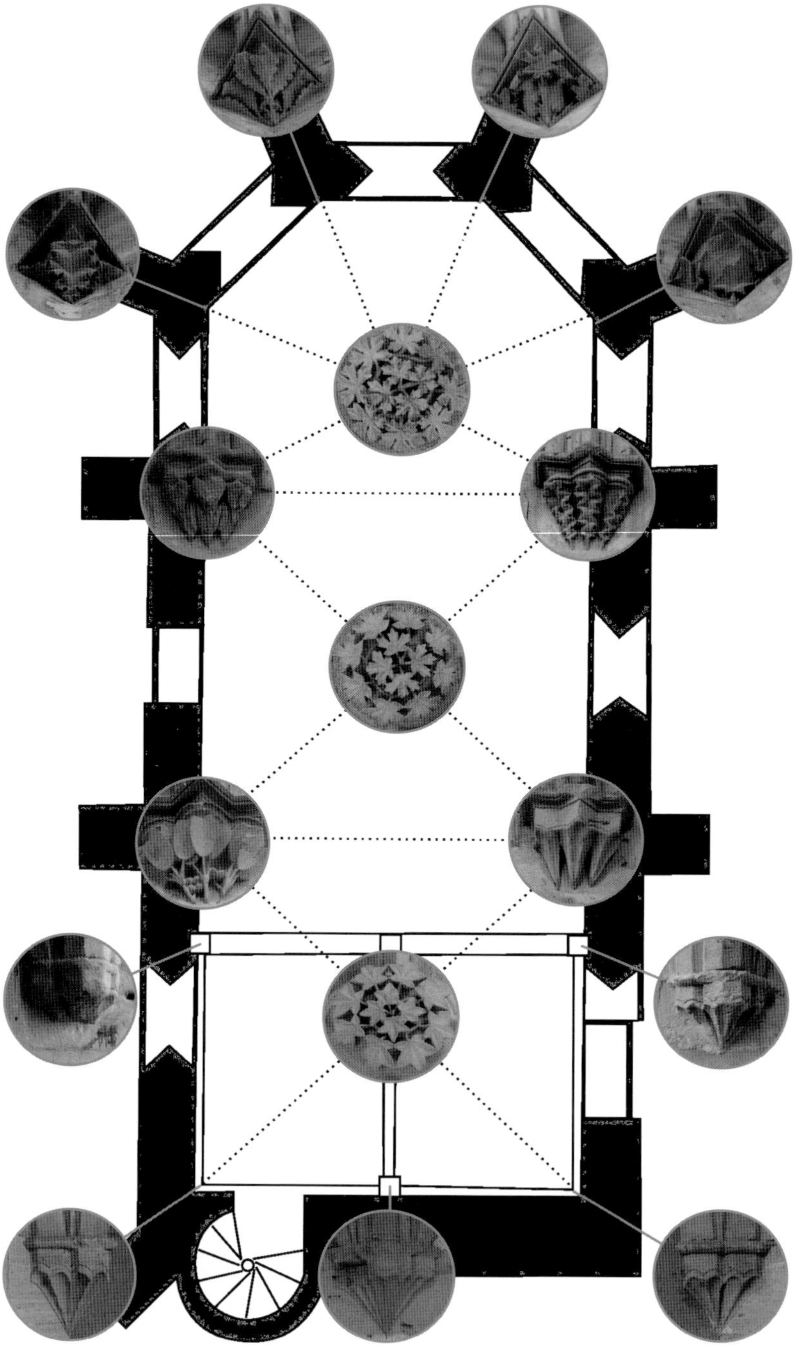

Kapellengrundriss mit dem Garten aus Stein

Achim Lipp

Gestatten: Lilium candidum

Zwei Berichte über die Bauplastik der Templerkapelle auf dem Templerhof Gut Mücheln an der Saale bei Wettin

1 Über die Schulter geguckt

Der Wettiner Dietrich III. von Brehna sitzt mit den Brüdern des Templerordens in der Bauhütte auf dem Templerhof zusammen, unweit der Stammburg der Wettiner an der Saale. Der Traum von der Rückeroberung der heiligen Stätten in Jerusalem ist wohl endgültig ausgeträumt, die christlichen Reiche im Heiligen Land sind weitgehend ausradiert: Vorfahr Friedrich II. kam Jahrzehnte zuvor in den Kämpfen mit den Sarazenen vor Akkon 1221 ums Leben, als frischgebackener Tempelritter immer vorne weg ... Ludwig der Heilige ist mit seinem Heer vor einigen Jahren, 1270, elendig umgekommen auf dem Weg dorthin, in Karthago.

Der Plan für den Bau der Kapelle steht schon. Sie wird nicht besonders groß, aber dafür ganz außerordentlich! Der modernste Bau weit und breit. Himmelwärts strebende Fenster, das unerreichbare Deckengewölbe im Firmament, getragen und bekrönt von – Pflanzen. Aus Stein gehauen. Leibhaftige Pflanzen, wie man sie noch nicht gesehen hat! Alle aus dem Orient: Dort, wohin es auch seine Vorfahren aus dem Geschlecht der Wettiner und die übrige Christenheit seit 200 Jahren immer wieder gezogen hat, ob als Pilger oder als Kreuzritter.

Mit dem Bau der Kapelle setzt der Wettiner für sein Haus einen Schlussstrich unter das Unternehmen „Kreuzzug und Rückeroberung des Heiligen Landes". Die lichte Architektur und die Botschaft der Pflanzen sollen den verlorenen Traum und die Vision des himmlischen Jerusalems bewahren helfen. Um 1280 ist es dann soweit: Dietrich III., Komtur des Templerhofs Mücheln, weiht „seine" Kapelle.

Allerdings: Es wird keinen Komtur mehr nach ihm geben, das Zeitalter der Kreuzzüge geht zu Ende, und das Ende der Kreuzzüge bringt den Untergang der Templer. Er selbst wird in

Das Gutspersonal posiert um 1930 vor der „Templerscheune"

Verbretterte Doppelnische mit kleinen Ausgussbecken für Weihwasser

Vergatterter Stauraum unter der Empore

den Prozessen gegen die Templer um 1307 in Paris dabei sein und vom französischen König eingekerkert, wie alte Quellen wissen, bevor er zurückkehrt. Die vom französischen König Philipp dem Schönen betriebene endgültige Auflösung des inzwischen mächtigen und einflussreichen Ordens mit seinen fast 10.000 Komtureien wird 1313 unumkehrbare Wirklichkeit. Die Auflassung macht auch vor dem Templerhof Gut Mücheln nicht Halt: Die Komturei samt Kapelle und allen Gütern fällt um 1315 zunächst wohl an den Johanniterorden in Magdeburg, später an den Augustinerorden in Krakau.

Der erfolgreichen Bewirtschaftung des Klosterhofes folgt am Vorabend der Reformation der Niedergang – Mord, Plünderung, Verödung: Der Prior wird auf den Wiesen außerhalb der Mauern des Templerhofes erschlagen. Um 1500 steht das Gut leer, gerät dann wieder in kirchliche Obhut, die Kapelle erlebt für kurze Zeit einen Aufschwung, neue Farbe, neues Dach, ein neues Sakramentschränkchen und ein prächtiger Wandelaltar bestätigen die Bedeutung des Kirchenbaus.

Klosterbrüder allerdings hält es hier nicht mehr. Die Klosterbibliothek verwaist, das Scriptorium ebenso, kein Kopist, kein Schreiber, kein Leser – und so wird die Müchelner Klosterbibliothek der Klosterbibliothek des Neuen Werks in Halle einverleibt. Von dort wiederum verschwindet sie mit dem Auszug Kardinal Albrechts aus Halle wohl nach Mainz oder Aschaffenburg.

Der Wandelaltar erfüllt seine Aufgabe noch einige Jahrzehnte in der Templerkapelle, doch dann endet das kirchliche Treiben auf dem Templerhof. Um 1570 wird er nach Halle in die Laurentiuskirche verschenkt und steht dort im Zentrum des kirchlichen Lebens. 1984 dann wird die Kirche – und mit ihr der Altar – Opfer eines Brandanschlags, Fragmente der verbrannten Figuren werden aus den Trümmern geborgen und 2008 in der Templerkapelle erstmals gezeigt, dem angestammten Ort des Altars.

Die aller beweglichen Attribute beraubte Kapelle überlebt die vier Jahrhunderte vom 16. bis zum Ende des 20. Jahrhunderts mit zugemauerten Fenstern und zusätzlichen Zwischenböden als Scheune für Vieh, Getreide, Heu und Kohlen. Anfang der 1990er Jahre wird das Kleinod wiederentdeckt und vorsichtig restauriert, die Fenster geöffnet, die Zwischenböden ausgebaut. Vom Boden der Kapelle aus blickt man nunmehr ungehindert in die Höhe und in die Runde. Es zeigt sich Erstaunliches: Zwar sind die Farben der Fresken verblichen, Konturen kaum noch auszumachen, doch das steinerne Herbarium hat sich standhaft gehalten.

Die zum landwirtschaftlichen Gebrauch eingezogenen Zwischenböden hatten diese wunderbaren Zeugnisse hoher gotischer Bildhauerkunst für etliche Jahrhunderte unsichtbar gemacht und in der Finsternis verschwinden lassen. Ursprünglich waren alle farbig gefasst, Experten erkennen Reste von Gold, Blau und Rot. Die Steinarbeiten sind nahezu vollständig erhalten, es gibt kaum Fehlstellen. Die Schlusssteine beschirmen als krönende Schluss- und Haltepunkte des Gewölbes den Kirchenraum.

Die dargestellten Pflanzenmotive konnten inzwischen mit einiger Sicherheit identifiziert werden. So finden wir z. B. im Zenit des Chorraums die Blätter des Weinstocks. Die Verbindung zum Wein des Abendmahls und zum Blut Christi im Bezirk des Altars wird dadurch besonders sinnfällig.

Über der Empore, dem wohl bevorzugten Aufenthaltsort des Komturs des Templerordens, d.h. Dietrichs III., und besonderer Gäste, formt sich das Blattwerk des Efeus, Symbol des ewigen Lebens. Die Empore konnte übrigens durch eine geheime Tür betreten und verlassen werden – an der Außenseite der Kapelle kann man die vermauerte Öffnung gut erkennen.

Die zentrale Position des Kapellenraums wird von der Platane in der Mitte ihrer Gewölberippen überspannt. Schon die alten Griechen verehrten sie. Und die Templer der

Fragmente der verbrannten Heiligenfiguren des Altars

Komturei Mücheln setzten diesen Baum, der mit griechischer Weisheit, moderner Heilkunst, olympischem Glauben und dem Heiligen Land zugleich verbunden ist, an den Ort mit der weitesten Strahlkraft in den Kapellenraum, zwischen Wein und Efeu.
Ein Kranz von acht Konsolsteinen fängt die Bögen des Gewölbes ab, ergänzt durch fünf weitere, die die Empore tragen. Sie sind mit einzigartigen Pflanzendarstellungen geschmückt, die sich mit den Schlusssteinen des Gewölbes zum Garten aus Stein zusammenfinden.
Sämtliche Pflanzen haben ihre ursprüngliche Heimat tatsächlich im Mittelmeerraum – waren also nicht zwischen Elbe und Saale und Rhein zu Hause, auch wenn fast alle heute ebenso bei uns zu finden sind.
Die sehr detaillierte und präzise Ausführung lässt auf ziemlich genaue Kenntnis oder exakte Vorlagen der Steinmetze schließen. Bemerkenswert ist die dreidimensionale Herausarbeitung nicht nur der Blätter, sondern auch der Früchte. Die Wanderung von Bildern und Ideen über Tausende von Kilometern wird hier anschaulich.
Auswahl und Kombination der Pflanzen in dieser Templerkapelle sind nicht zufällig. Es liegt mit Sicherheit ein sehr spezielles Konzept zugrunde, das uns bislang allerdings verborgen blieb: Zu viel Wissen ist im Laufe der Jahrhunderte verlorengegangen. Gemeinsam mit Experten vieler Wissensgebiete versuchen wir, unter botanischen, mythologischen, medizinischen, religiösen, logistischen, chemischen, literarisch-poetischen und anderen Perspektiven dem Geheimnis näherzukommen. Doch bevor wir die Fachleute zu Wort kommen lassen, lauschen wir in die noch stille Kapelle hinein. Vernehmen wir über uns nicht eine zarte Stimme?

2 … UND GESPANNT ZUGEHÖRT

Hallo da unten …! Gestatten …?! *Lilium candidum*. Ja, hier oben, gleich bei der Empore, aus Stein, zur Rechten der Madonna, das bin ich: Lilium candidum!

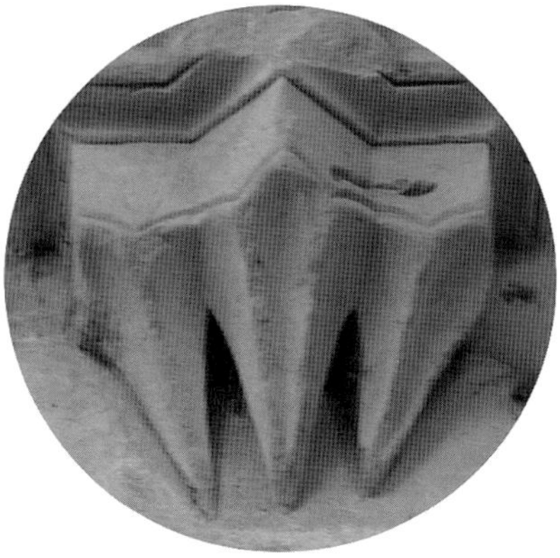

Lilium candidum

Ich erinnere mich noch ziemlich gut an damals, als es um uns ging, die Pflanzen. Dietrich III., Ritter des Templerordens und Komtur dieser Templerkomturei, wollte ein klares Bild. Wollte ein Zeichen setzen mit dem Bau dieser Kapelle. Er wollte den gescheiterten Traum von der Rückeroberung des Heiligen Landes bewahren – für alle Zeiten in einem einmaligen Gotteshaus, wie nur er und seine Gefährten es bauen konnten, und es sollte auf einzigartige Weise mit Pflanzen geschmückt werden, mit Pflanzen aus Stein gehauen, die vom großen, wenn auch missglückten Unternehmen Kreuzzug künden sollten: War nicht seine ganze Familie seit Generationen unterwegs in den Orient gewesen?

Sein Vorfahr Friedrich II. im Kampf gegen die Sarazenen vor Akkon 1221 gefallen, als Ritter des Templerordens. Und der bis dato Bedeutendste der Wettiner, Konrad I., war 1145 von der Saale auf Pilgerfahrt nach Jerusalem gezogen – und heil zurückgekehrt. Baumeister und Steinmetze seiner Mannschaft, die er um sich versammelt hatte, waren weit gereist, kannten die ganze christliche Welt. Und die arabische. Den Eindruck machten sie durchaus. Kannten jedes Kraut, jeden Baum, jede Frucht ... ob klein, groß, bitter oder süß; wussten von den vielen Geschichten drum herum: von den Christen. Aber besonders von den Griechen, den Römern, den Arabern: die waren schon besonders erstaunlich und die kannte nur, wer dort war. Und zwar nicht nur auf der Durchreise als Pilger. Man musste schon da gelebt und gekämpft und sich umgesehen haben als Kreuzfahrer oder Tempelritter. So nimmt es nicht wunder, dass zunächst ein wahrer botanischer Garten von paradiesischem Ausmaß entworfen wurde, orientalisch natürlich.

Doch Dietrich hatte nur begrenzte Mittel und musste sich beschränken. Er war schließlich kein Bischof mit einer dicken Kasse wie sein berühmter Namensvetter Dietrich II. von Wettin aus Naumburg, der den besten Steinmetzen weit und breit engagieren konnte, den sogenannten Naumburger Meister, und der seinen imposanten Dom hat abschließen können, bevor der Templer Dietrich seinen überhaupt begonnen hatte. Der Naumburger Steinmetz und seine Helfer mussten einfach in den Klostergarten oder auf die Wiesen von Naumburg gehen, um sich ihre Darsteller zu holen. Da wurde beinahe jedes Kraut konterfeit: Buschwindröschen, Hahnenfuß, Beifuß, Haselnuss, Maulbeerbaum. Und woanders Ackerwinde, Kleeblatt, Lindenblätter, Rosenranken, Zaunrübe, Weinbeeren, Hopfenranke.

In Mücheln aber sollen es Pflanzen aus dem Gelobten Land und seiner Umgebung sein, aus dem heutigen Griechenland, der Türkei, aus Syrien, Jordanien, Israel, Palästina und Ägypten. Da geht es zunächst um die Auswahl, eine überschaubare Anzahl, die sich in die Maße der Kapelle fügte und in die sparsame Ausschmückung, die man sich dem Ordensmotto gemäß verordnete: Non nobis Domine, non nobis, sed nomini tuo da gloriam! – Nicht uns, o Herr, nicht uns, sondern Deinem Namen gib Ehre (Psalm 115).

Tja, aber welche der Pflanzen taugte dazu? Die Diskussion wogte, es wurde hart aussortiert und verworfen, schließlich wurde aus dem orientalischen Garten ein Reigen von 10 verschiedenen Pflanzen, die in 3 Ebenen der Kapelle angeordnet werden sollten: die unterste mit 5, die mittlere mit 8 und die oberste mit 3 Darstellungen. Ist schon eigenartig, werdet ihr vielleicht sagen, diese drei Zahlen – 3, 5 und 8 – sind Elemente der sogenannten Fibonacci-Reihe, die auf den zeitgenössischen Mathematiker Leonardo von Pisa, genannt Fibonacci (gest. 1240) zurückgeht.

Und das sind wir, für die Gelehrten unter euch zuerst die botanische Bezeichnung: Laurus nobilis (Gewürzlorbeer), Cynara scolymus (Artischocke), Acanthus mollis (Weicher Bärenklau), Quercus cerris (Zerreiche), Ficus carica (Echter Feigenbaum), Hedera colchica (Georgischer Efeu), Silybum marianum (Mariendistel), Platanus orientalis (Platane), Vitis vinifera (Weinrebe oder Echter Wein) und meine Wenigkeit: Lilium candidum, die Madonnenlilie oder auch Weiße Lilie.

Anschließend ging es um Anordnung und Reihenfolge: Welche Pflanze kommt wohin? Welche Nachbarschaft bekommt sie und welches Gegenüber? Wer kommt nach ganz oben, wer in die Mitte? Da wurde vieles in den Sand des Templerhofes gezeichnet, vieles wieder ausgewischt und neu entworfen! Schließlich war man sich einig, die Sache war entschieden: Bei mir, der an Schönheit und Ebenmaß nicht zu überbietenden Weißen Lilie aus Palästina, war es ziemlich einfach: Als Zeichen der Verkündigung, als Bild für Christus und als Symbol der jungfräulichen Reinheit konnte man nicht auf mich verzichten ... und deshalb findet ihr mich nicht nur einmal in der Kapelle, sondern gleich fünf weitere Male – wir, die Lilien, tragen nämlich die Empore! Und wir tragen die Muttergottes, denn an der Stirnseite der Empore prangt das Bildnis der Maria mit dem Jesuskind auf dem Arm, in einem wunderbaren blauen Kleid... die Templer verehrten die Heilige Jungfrau ganz besonders. Aus einem bestimmten Grund, den ich vergessen habe, haben sie Maria nicht im Altarraum platziert, sondern gegenüber dem Altarraum in Szene gesetzt. Mit der Empore hinter ihr präsentiert sie sich wie auf einem Lilienthron. Das ist schon eine besondere Idee! Leider ist dieses schöne Bild für euch jetzt kaum noch lesbar, es wurde teilweise mutwillig abgebaut. Vom Rest sind nur noch Farbspuren und einige Umrisse zu sehen.
Diese Frage beschäftigt euch sicherlich: Woher wussten die Steinmetze eigentlich, wie wir aussehen, unsere Blätter, unsere Früchte? Schließlich sind wir ja nicht in den Wiesen von Mücheln zu Hause. Hatten sie Skizzenblätter dabei, von einem anderen Meister etwa übernommen, oder haben sie selber die Zeichnungen angefertigt, vor Ort? Vielleicht waren es Musterbücher, die der Baumeister im Gepäck hatte, von einer anderen Baustelle, aus Reims, aus Naumburg, die also schon öfter als Vorlage dienten und deren Ergebnis dann auch in verschiedenen Bauwerken zu sehen ist. Ein schwieriger Gedanke, dazu sind wir zu einzigartig. Oder hat man uns als in Öl eingelegtes Originalmitbringsel nach Mücheln gebracht? Oder getrocknet im Reisegepäck auf dem Rückweg aus dem Gelobten Land?
Oder hat man uns gar nicht hier in Mücheln gearbeitet, sondern weit weg, vor Ort in unserer Heimat? Nein, dass ist auszuschließen: Der Sandstein, aus dem wir geschlagen wurden, kommt aus der Gegend von Magdeburg und wurde hier auf den Templerhof transportiert, größtenteils mit dem Schiff, elbaufwärts, dann saaleaufwärts, über 100 km. Wir sind übrigens aus demselben Stein wie der Magdeburger Dom: aus Ummendorfer Sandstein.
Und die Steinmetze und anderen Künstler? Wohl nicht von hier, alle eher weit gereist, beinahe nonstop von – irgendwo im Süden – nach Mücheln. War ein ziemliches Sprachengewirr.
Wenn ich doch bloß wüsste, was der Steinmetz angeschaut hat, bevor er mich aus dem Stein heraushieb. Oder was er vor seinem inneren Auge gesehen hat. Oder auf einem Blatt Pergament. Oder ob er mich in Natura studiert hat und nicht nach Vorlagen, die ja auch gar nicht aufzufinden sind.
Ihr werdet es vielleicht herausfinden, einfach wird es nicht. Und das ist auch Teil unseres Geheimnisses!

Übrigens, meine fünf Lilienschwestern stammen nicht von meinem Meister, die hat wohl der Geselle gehauen. Möglicherweise waren es auch zwei? Ehrlich gesagt, man sieht's. Allerdings befinden die sich auch auf der untersten der drei Stufen des Pflanzenzeltes, stehen nicht im Rampenlicht wie ich, eher im Schatten der Empore.

Wir haben wohl an die 400 Jahre im Düstern verbracht in dieser Kapelle, bei zugemauerten Fenstern, zwischen eingezogenen Holzböden. Die meisten von uns waren im Zwischendeck, Gott sei Dank nicht im Paterre – Schweine, Rinder, Hühner, Kohlen, Mopeds, alles da gewesen in den letzten Jahrhunderten. Unsere Farben sind allerdings im Lauf der Zeit fast ganz verschwunden, abgescheuert, verblasst, abgeblättert, aber nicht verschimmelt: Heu und Stroh waren unsere Nachbarn, immer schön trocken und gelüftet. Und wie waren wir alle prächtig bemalt! Der Herr Lorbeer zeigt es noch am besten, auch wenn es recht wenig ist. Bei den Schlusssteinen in luftiger Höhe soll sogar Gold mit dabei gewesen sein ...

Sonst sind wir noch tadellos in Takt, bis auf den Efeu, dem hat wohl jemand ein Blatt herausgeschlagen, der Akanthus ist auch nicht ganz vollständig, und bei der Artischocke hat der Bildhauer einen schlechten Stein bekommen. Zu weich der Sandstein, zu zerfressen und abgenagt, um noch ein klares Bild abzugeben.

Apropos klares Bild: Mein Bild ist so klar und rein, dass man es zunächst gar nicht erkannte: So wurde ich verschiedentlich als abstraktes Ornament bezeichnet, als Schmuck ohne Bedeutung! Erst Prof. Kiger vom Botanical Hunt Institute der Carnegie Mellon University in Pittsburgh fand heraus, wer ich bin. „Lilium candidum!", entfuhr es ihm nach fünf angestrengten Minuten, die er meinem schönen Fotoporträt gewidmet hat – und so hat er mich als Erster einer wirklichen Pflanze zugeordnet. Dann wurden auch meine fünf Schwestern als Lilien erkannt, die bisher völlig außen vor bleiben mussten. Dabei tragen sie die Empore. Jetzt wisst ihr es. Bei mir liegt der Schlüssel zum Geheimnis.

Lilium candidum im Reigen

3 Der Garten aus Stein

Ich möchte euch jetzt der Reihe nach meine Mitspieler vorstellen. Zuerst neben mir eine etwas stachelige Angelegenheit: die

Mariendistel mit ihren großen, auffällig weiß-grün gefärbten Blättern, hier und jetzt allerdings grau in grau. In Palästina zu Hause, hat sie ihren schönen Namen durch eine Begegnung mit Maria erhalten. Die Muttergottes soll beim Stillen des Jesusknaben einige Tropfen Milch über die Blätter vergossen haben. Diese haben durch die wunderbare Benetzung ihre weiße Marmorierung erhalten und künden, bei aller Stacheligkeit, so von diesem trauten Ereignis. Das ist umso erstaunlicher, als die Bibel der Distel nur Beschwernis zuweist: Im Schweiße seines Angesichts soll Adam seinen Acker bestellen, Dornen und Disteln sollen darin wachsen und ihm die Arbeit versauern (Genesis 3,17).

Silybum marianum: Mariendistel

Doch es gibt auch eine ganz andere Seite der Mariendistel. Sie hat ganz besondere Wirkstoffe, die schon die Arzneibücher der Antike beschreiben. Danach sind ihre Säfte gut für eine dem Alkohol unterlegene Leber. Das ist richtig: Die Pillen und Tropfen findet ihr heute in jeder Apotheke. Und soviel ich beobachten konnte, war diese Wirkung auch den Tempelherren der Komturei Mücheln bekannt.

Gegenüber geht's dann gleich stachelig weiter, ein ganz seltenes Bild: Die etwas angegangene Frau *Artischocke*, aus Ägypten mit den Arabern über Spanien in die Provence und nach Italien gelangt. Bereits um 500 v. Chr. verspeiste man sie in Ägypten, auch die Araber schätzten sie.

Aber erst nachdem sie in Neapel durch den Gärtner Phillip Strozzi veredelt worden war, tritt sie ihren Siegeszug an. Im christlichen Rom wurde sie als teure Gemüsespezialität auf den Marktplätzen feilgeboten. In der Zeit der Kreuzzüge galt sie in ganz Italien und auf Sizilien als Delikatesse, bald auch in französischen und englischen Küchen, ab 1540 wurde sie in Deutschland angebaut.

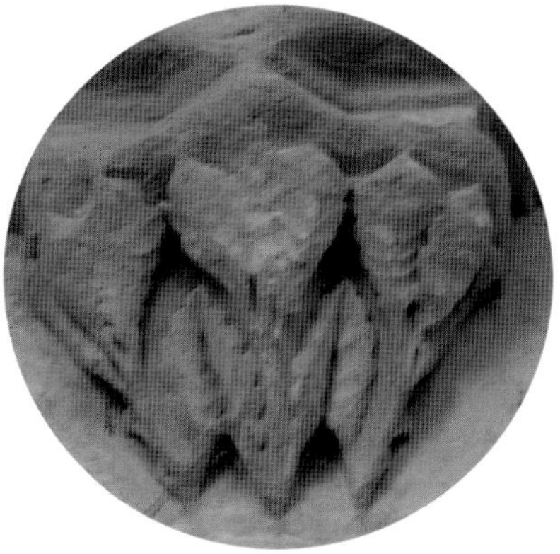

Cynara scolymus: Artischocke

Aber hier in Mücheln fand sie bereits 1280 ihren Platz, allerdings nicht auf der Speisekarte von Komtur Dietrich III., sondern in seiner Kapelle ... mir schräg gegenüber. Leider schaut sie nicht mehr besonders aus: zu weich der Sandstein, zu zerfressen und abgenagt, um noch ein klares Bild zu geben.

Frau Artischocke berichtet mir von Steinbildern der „Alharsuf", so ihr arabischer Name, in Klosteranlagen und Templerburgen in Portugal, allerdings erst Jahrzehnte später. Und dann ist da noch Rosslyn Chapel, die mysteriöse Kapelle bei Edinburgh in Schottland, mit ihren berühmten Steinmetzarbeiten, darunter eben auch eine Darstellung der Artischocke. Die entstehen zwar erst 130 Jahre nach dem Ende des Tempelordens, Bauherr sind die Freimaurer um William St Clair, 11th Baron of Rosslyn, 3rd Prince of Orkney, die sich u.a. auf die Tradition der Templer berufen – die Wanderung der Ideen und Bilder setzt sich fort. (Übrigens schmeckt euch ein Glas Cynar, die vergeistigte Form der Artischocke, mit Orangensaft besonders gut an heißen Sommerabenden!)

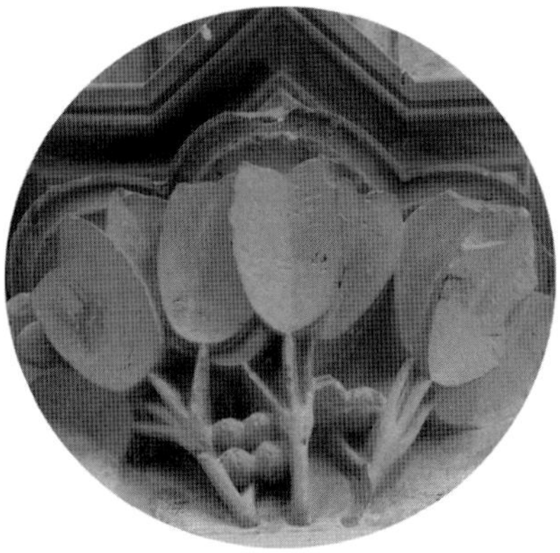

Laurus nobilis: Echter Lorbeer

Am farbigsten hat sich mein direktes Gegenüber gehalten, eine große Berühmtheit mit besonders langer Tradition, der würzige Herr *Lorbeer*, offiziell Laurus nobilis. Verdankt sich einer göttlichen Verwandlungsgeschichte, bei Ovid zu finden: Der Lorbeerbaum ist die zweite Gestalt der wunderschönen Daphne, die der liebestolle Apollon, über Stock und Stein hinter ihr herjagend, vergeblich zu erhaschen sucht. Darüber lest ihr noch ausführlich weiter hinten.

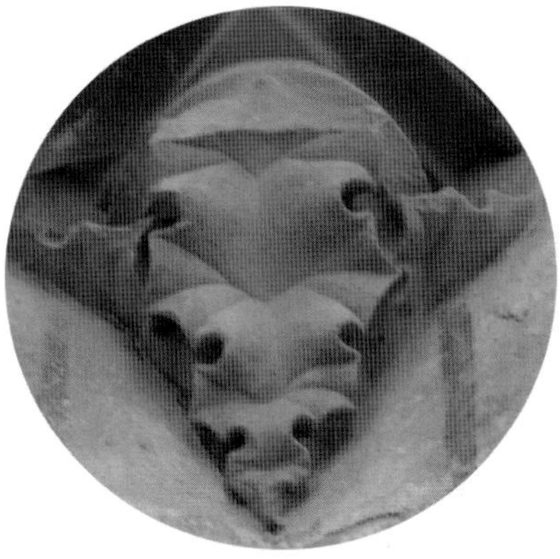

Acanthus mollis: Weicher Bärenklau

Jetzt führe ich euch in den Chorraum, der durch vier meiner weiteren Gefährten geschmückt wird. Da zeige ich euch zuerst den Akanthus, bei euch *Bärenklau* genannt, kommt hier eher bescheiden daher – nicht mit Blüte oder Stängel, nicht geschwungen, mit nur einem Blatt, aufrecht, einfach solo. Dabei brilliert er als antiker Blattschmuck seit zweieinhalb Jahrtausenden: Die Griechen schmückten über Jahrhunderte ihre Grabstelen und die Kapitelle ihrer korinthischen Säulen mit Blatt, Stängel und Blüte dieser unscheinbaren Pflanze. Nicht nur die Ruinen des Zeus-Tempels in Athen zeigen noch den Akanthusschmuck. Mächtige Männer wie Karl der Große und Otto der Große knüpften an die ehrwürdige Tradition der Antike an und liehen sich zur Stärkung ihrer kaiserliche Würde die Ausdruckskraft der antiken Machtsymbols, sie ließen sich antike Säulen mit Akanthusmotiven aus südlichen Gefilden über die Alpen schleppen und verzierten damit ihre Kirchenbauten in Aachen und Magdeburg. Wenn ihr euch einmal Möbel und Stoffe der letzten 200 Jahre anschaut, werdet ihr immer wieder dieses einfache und schöne Motiv entdecken, nicht mehr Machtsymbol, aber doch von majestätischer Schönheit und Eleganz.

Es gibt dazu eine ziemlich rührselige Geschichte aus der Zeit um 300 v. Chr., von der der römische Architekt und Autor Vitruvius berichtet: Eine jungfräuliche Korintherin erkrankt und stirbt. Voller Trauer sammelt ihre alte Amme die Spielsachen, die die Verstorbene in ihrer Kindheit besonders geliebt hat, in einen Korb. Diesen stellt sie auf das Grab, auf dem ausgerechnet Akanthus wächst. Damit die Sachen nicht unter freiem Himmel stehen müssen, deckt die Amme den Korb mit einer steinernen Platte zu. In kurzer Zeit beginnen die Triebe an den Korbseiten emporzuwachsen. Den auf diese Weise geschmückten Korb entdeckt im Vorübergehen Kallimachos, ein berühmter Maler und Bildhauer, er assoziiert mit dem gedeckten Korb sofort ein Säulenkapitel und erfindet aus dieser Beobachtung die spezielle Korinthische Säule mit dem Akanthus-Schmuck.

Quercus cerris: Zerreiche

Diese Blätter hier erkennt ihr sofort: die Blätter einer *Eiche*. Ein Botaniker wird euch sehr schnell darüber aufklären, dass es nicht die Blätter eurer deutschen Eiche sind. Die Eichen mit diesen Blättern wachsen vor allem in Griechenland und der Türkei. Gemeinsam ist allen aber, dass dieser stämmige Baum seit Jahrtausenden Symbol für Kraft, Ruhm, Langlebigkeit, Stolz ist.

Um nur einige Beispiele zu nennen: Die Orakelstätte Dodona im antiken Griechenland hatte eine mächtige Eiche als heiligen Baum umschlossen, als Zeusheiligtum. Die weiß gekleideten Priesterinnen lauschten dem Rauschen der Blätter und erkannten darin die Stimme des Gottes. Nahe Rom lag das antike Heiligtum der Diana, im Zentrum auch hier eine heilige Eiche, diesmal der Göttin des Mondes und der Fruchtbarkeit geweiht, Tag und Nacht von einem Priesterkönig bewacht, schließlich ist Diana auch Beschützerin der Frauen und Mädchen.

Euch Germanen ist dieser Baum eh vertraut als göttliches Zeichen. In größerer Zahl vereinigten sich die Eichen zu einem heiligen Hain und wurden zur Wohnstatt von ansehnlichen Götterfamilien. Den römischen Besatzern war das natürlich ein Dorn im Auge; so sorgten sie für radikalen Kahlschlag und holzten Haine und Baumdenkmäler ab, um euch Germanen die heidnischen Kultstätten und Symbole zu nehmen. Dafür verordnen sie euch ihre Altäre.

Die berühmteste heilige Eiche war die Donareiche in der Gegend von Kassel, vom hl. Bonifatius gefällt. Der war als Heidenmissionar von Rom aus unterwegs, um den Christengott über die heidnischen Götter triumphieren zu lassen. Die Einheimischen mussten tatenlos zusehen, wie ihr Heiligtum umgelegt wurde, aber sie rechneten fest mit dem gerechten Zorn ihres Gottes. Die Hoffnung auf Bestrafung des Frevlers allerdings erfüllte sich nicht. Es fuhr kein Blitz herab, um den Bonifatius zu zerschmettern, sein Gott war stärker! Gedemütigt und von ihrem Donar enttäuscht, ließen die heidnischen Germanen sich taufen: in der Kirche, die Bonifatius aus eben dem Holz der von ihm gefällten Eiche errichtete.

Diese hier ist meine besondere Freundin: Frau *Feige*, äußerst hübsch anzuschauen, sanfte Blätter, süße Früchte, sehr schmackhaft – das haben die Menschen schon in ältester Zeit zu schätzen gewusst, haben sie gehegt, gepflegt, sie angebaut und sie fest in ihren

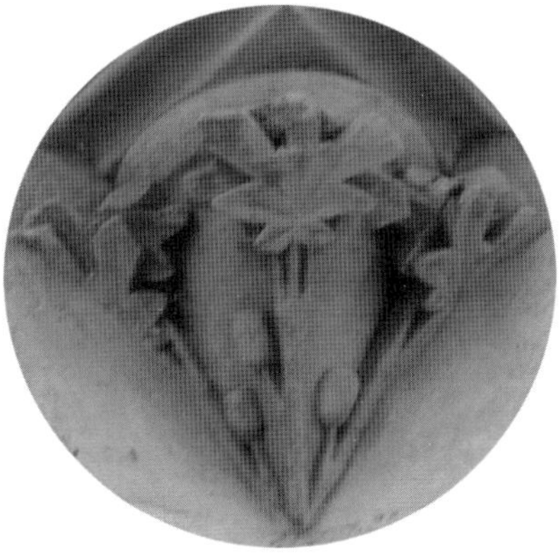

Ficus carica: Echte Feige

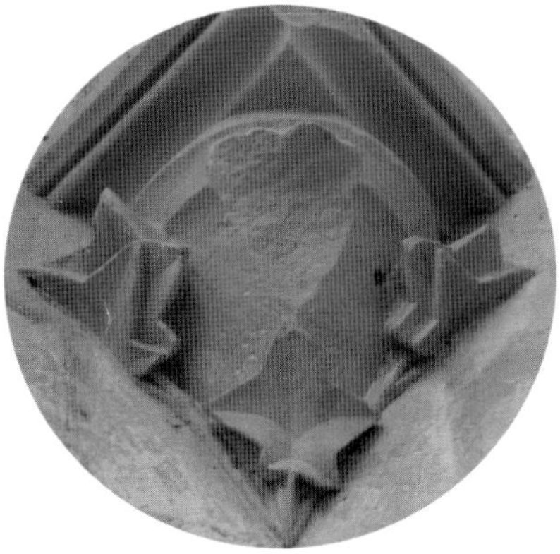

Hedera colchica: Georgischer Efeu

Speiseplan eingefügt. Sie braucht Wärme, dafür wenig Wasser, geschaffen für den Orient. Die getrocknete Feige übrigens war die Lieblingsfrucht von Platon – und ein so schönes Konterfei wie hier findet ihr im Umkreis von 1000 Meilen nicht, sie ist einzigartig!

Anders als Akanthus und Eiche hat Ficus carica, die Echte Feige, zahlreiche Auftritte im Buch der Bücher, der Bibel. Über 50 Mal bringt sie sich ins Gespräch, ob als Frucht, Baum oder Blatt. Der populärste Auftritt ist dieser hier, ihr wisst alle, worum es geht: „Da gingen beiden die Augen auf und sie erkannten, dass sie nackt waren. Sie hefteten Feigenblätter zusammen und machten sich einen Schurz" (Genesis 3,7).

Aber immer wieder wird sie als Nahrungsmittel aufgeführt, bei Moses z. B.: „Wozu habt ihr uns aus Ägypten hierher geführt? Nur um uns an diesen elenden Ort zu bringen, eine Gegend ohne Korn und Feigen, ohne Wein und Granatäpfel? Nicht einmal Trinkwasser gibt es" (Numeri, 20,5), oder bei Samuel als besonders belebend: „Man griff dort im Gelände einen Ägypter auf und brachte ihn zu David. Sie gaben ihm Brot zu essen und Wasser zu trinken, außerdem gepresste Feigen und zwei Rosinenkuchen. Als er gegessen hatte, kehrten seine Lebensgeister zurück; er hatte nämlich schon drei Tage und drei Nächte keinen Bissen Brot mehr gegessen und keinen Schluck Wasser getrunken" (1. Buch Samuel, 30,11–12). Ihr könnt alles und noch viel mehr nachlesen und finden, wenn ihr das schönste Buch der Welt mal wieder in die Hand nehmt! Von mir gibt es da auch allerhand zu lesen. Schaut einmal ins Buch der Lieder. Wunderbar!

Efeu, immergrün und allgegenwärtig, auch wenn hier mal ein Blatt abgeschlagen wurde, in meiner unmittelbaren Nachbarschaft, hätte auch jeden von uns treffen können. Hedera colchica jedenfalls, vom mächtigen Kaukasusgebirge herabgestiegen, ist heute überall zu Hause und mit einem mächtigen Programm beladen: ewiges Leben, ewige Treue und Wiederauferstehung. Ein Programm, das mit diesen drei ganz besonders wichtigen Eigenschaften ganz nach dem Geschmack der Tempelritter war. So wichtig war ihnen die Efeuranke, dass sie ihr die Ehre erwiesen, sie gleich zweimal in unserem Pflanzenreigen aufspielen zu lassen: neben dem Auftritt im Chorraum strahlt sie vom Schlussstein auf die Empore, dorthin, wo die Mächtigen der Komturei Mücheln Platz nahmen. Das ist nur ihr zugestanden.

Vitis vinifera: Weinrebe

Platanus orientalis: Morgenländische Platane

Hedera colchica: Georgischer Efeu

Auch hier gibt es Sagenhaftes zu berichten: Der Efeu war dem Weingott Dionysos geweiht. Er galt neben der Weinrebe als dessen Lieblingspflanze, so dass Dionysos, oder Bacchus, wie ihn die Römer nannten, auch den Beinamen Kissos, Efeugott, trug. Der Gott wurde vor allem von einer Gruppe von Frauen verehrt, den sogenannten Mänaden. Die „Rasenden" waren bekränzt mit Efeu, hüllten sich in Hirsch- oder Rehfelle und trugen Fackeln und den mit Efeuranken umwundenen phallischen „Bacchusstab", mit einem Pinienzapfen an der Spitze. Vom starken und nicht ganz ungiftigen Efeuwein berauscht, sollen sie, dem Dionysos verfallen, wild, nackt oder nur mit Efeuranken bedeckt, außer sich und schreiend durch die Wälder gestreift sein und so die Gabe der Weissagung erhalten haben.

Der Efeu ist in viele heidnische Rituale eingebunden und in keiner Weise in christliche Rituale verwoben. Die Bibel nennt ihn auch nur einmal: als Zeichen heidnischen Unglaubens (2. Buch Makkabäer 6,7). Bemerkenswert findet ihr vielleicht, dass die ersten Christen ihre Verstorbenen auf Efeu betteten, steht er doch seit Menschengedenken für ewiges Leben. Dieser Brauch hat bis in eure Zeit überdauert, ein Blick auf den Friedhof überzeugt sofort mit dem Unterschied, dass der Verstorbene nicht über dem Efeu, sondern unter dem Efeu seine Ruhe zum ewigen Leben findet. Über die irdische Heilwirkung werdet ihr noch erfahren.

Am kunstvollsten – so mögt ihr es nennen – sind gewiss die drei Schlusssteine im Gewölbe der Kapelle. Wie ein Dreiklang schweben sie da droben, drei wunderschöne Kreisfiguren, die Blätter und die Ranken ganz sorgfältig aufeinander abgestimmt: Im Zentrum je 4 Blätter, im Außenkranz je 8 Blätter, die Ranke als Spirale von innen nach außen alle verbindend. Ein wirklich großer Entwurf in meisterlicher Ausführung!

Der Künstler hat mit seiner Kunst die Verschiedenartigkeit ihrer Urbilder weggezaubert, in der

Wandmalerei des 16. Jahrhunderts mit dem Motiv der Lilie oberhalb des Lilien-Konsolsteines

Vielheit die Einheit erkannt und sichtbar gemacht: Aus der Anschauung in der Natur kennt ihr die sich windende *Weinrebe*, ein kletternder Strauch, den mit seinen Wurzeln über Stock und Stein kriechenden *Efeu* und schließlich die höchst aufragende *Platane* mit ihren riesigen Blättern. Das muss schon ein echter Meister gewesen sein, der diese drei dort so mit Ebenmaß versehen konnte. Er erkennt und zeigt, was sie verbindet.

Bei uns dagegen wird sichtbar, was uns voneinander unterscheidet. Wir auf der mittleren Ebene sind in unserer Besonderheit dargestellt, jede von uns sieht anders aus, ist an ihren Einzelheiten zu identifizieren und unverwechselbar. Bei meinen 5 kleineren Schwestern unter der Empore erkennt ihr, dass wir sogar untereinander, wir Lilien, die wir doch so ebenmäßig sind, auch noch jeweils ein anderes Gesicht zeigen. Ihr findet die Vielheit in der Einheit und da erinnert ihr euch daran, dass dieses ein ganz großes Thema schon für die alten Griechen war und in der Folge für alle gottesfürchtigen Christen und für alle Anders- oder Nichtgläubigen auf dem ganzen Erdball.

So sieht der Reigen schließlich aus, der, unter der Empore beginnend, sich über die Konsolsteine von der Empore über den Chor und zur Empore zurück bis hoch ins Gewölbe zu den Schlusssteinen zieht. Die Kapelle, ihre Proportion und Ordnung binden uns alle harmonisch zusammen, uns, die wir zunächst nur eine Idee, eine Vorstellung von etwas Höherem waren, und die wir dann in fester Gestalt dauerhaft vom Geheimnis des Gartens aus Stein künden. Ein wenig davon haben wir für euch gelüftet. Jetzt seid ihr dran.

Blick zum Chor der Templerkapelle

Lowry Burgess

Die Magie des Ortes

Das Ineinanderverwobensein von Himmel und Erde, von West und Ost in der Templerkapelle

Mein künstlerisches Leben wird durch Intuition, kreatives Suchen und bewusste Wahrnehmung von Gefühlen bestimmt. Es ist eine Leidenschaft von mir, meine Umwelt ganzheitlich zu erfahren und nach übergreifenden Strukturen und Mustern zu untersuchen. Die Templerkapelle war in dieser Hinsicht eine besondere Herausforderung. Es handelt sich zweifelsfrei um ein vielschichtiges Bedeutungsgefüge, das ein unbekannter Meister vor bald 800 Jahren als bauliches, symbolisches und liturgisches Ganzes verwirklichen konnte, indem er diese Kapelle schuf. Vieles davon habe ich in Gesprächen mit Achim Lipp herausgefunden. In den letzten Jahren hatte ich dreimal Gelegenheit, die Kapelle mit all meinen Sinnen zu erfahren und mich intensiv mit diesem einmaligen Ort zu beschäftigen.
Mir stockte der Atem, als ich die Kapelle vor nahezu vier Jahren zum ersten Mal mit Achim Lipp betrat, angesichts ihres ruinösen Zustands, die großen Wandflächen nahezu nackt, akzentuiert durch das kalte Dunstlicht. Im blässlichen Licht, das durch die Kleeblattfenster sickerte, überwältigte mich schrittweise eine Eingebung: ich war auf das Fragment einer Unterhaltung zwischen Euklid und Pythagoras gestoßen, während der sie geometrische Diagramme an die Kante eines niedrigen Vulkans in der Nähe der mäandernden Saale geschrieben hatten, die unweit herüberschimmerte, und meine Aufgabe war es, die Fragmente in ihrem Zusammenhang zu sehen. Ich hatte die Vorstellung, dass sich allmählich die verstümmelten und beschädigten Details wie von selbst zu einem großen proportionalen Ganzen zusammenfinden würden – einer womöglich einheitlichen Form, die ein integrativer Intellekt hervorgebracht hat und dem es gelungen ist, sowohl göttliche Liturgie mit symbolischen Strukturen als auch den spezifischen Ort mit dem himmlischen Kosmos zu verbinden. Jetzt, nahezu 800 Jahre nach dem Bau der Kapelle, sind wir nicht nur geschichtlich sondern auch gedanklich weit entfernt von der Kultur und dem großen Geist, der mit gezielter Absicht dieses Meisterwerk schuf.
Eines der ersten Details, das mich in den Bann schlug, war der mittlere der drei Schlusssteine am Gewölbehimmel. Im Gegensatz zu seinen Nachbarn war ich mir zunächst nicht ganz sicher, um welchen Baum es sich handelte, dessen Blätter da oben so elegant in Stein gemeißelt waren. Ich hatte niemals zuvor in irgendeiner Kirche oder Kathedrale diesen besonderen Typ eines Blattes gesehen. Aber da ich im Jahr zuvor über tausendjährige Morgenländische Platanen auf dem Peloponnes gesehen hatte und ich aufgrund meiner künstlerischen Arbeit sowieso mit diesem Baum, seinen Blättern und Samen vertraut war, kamen für mich nur die Platane oder aber vielleicht auch der Ahorn in Frage. Der im Blatt ähnliche Ahorn schied aus, da sich für ihn keine Bedeutungsebene ausmachen ließ, die seine Darstellung an so zentraler Stelle rechtfertigen würde. Außer-

dem war er kein so offensichtlicher Bedeutungsträger wie der Efeu oder der Wein. Es handelte sich da oben im Gewölbe um die Blätter der Platane, eine Festlegung, aus der sich dann der Leitgedanke für die Entschlüsselung der Kapelle entwickeln sollte.

I Das Bildprogramm der Kapelle

Aber zuerst wende ich mich einigen anderen Details zu. Als ich mir in der frostigen Kapelle die mageren Reste der Gemälde genauer anschaute, wurde mir trotz allem klar, dass hier, im Verein mit allen sichtbaren Attributen der Kapelle, ein einzigartiges Bildprogramm ausgeführt worden war, das es herauszufinden galt.
Zunächst ist da das leidlich intakte Bild der Jungfrau im blauen Gewand mit Kind, beide Gesichter durch Zufall als bemalte Steine erhalten. Dieses Motiv ist ungewöhnlich platziert, nämlich nicht im Altarraum, sondern im hinteren Drittel in der Mitte der Kapelle über der Säule, die die darüber liegende Empore trägt. Vom Altarraum also vollflächig sichtbar, und nicht für die Gläubigen im Schiff der Kapelle, wenn sie dem Altarraum zugewandt waren. Dies war nach meinem bisherigen Wissen eine vollkommen ungewohnte Position für die Madonna. Warum war das Bild dort?
Zum anderen waren da die auffälligen, wenn auch wenigen Reste der Wandmalerei links vom Altar. Ich fixierte die ursprüngliche Bildfläche mit meinen Augen, ließ sie umherwandern und suchte Anhaltspunkte zu finden, die ich mit Bildern verglich, die ich schon einmal gesehen hatte. Und da erkannte ich die Spuren einer großen sitzenden Apostelfigur im ottonischen Stil, die eine Bibel auf ihren Schoß hatte. Wegen seiner großen Abmessung und der Nähe zum Altar vermutete ich, es sei ein bedeutender Heiliger.
Ich schaute nach oben in das gerippte gotische Gewölbe, das in einem klaren eleganten Stil gearbeitet war – für die Zeit ein sehr moderner Stil. Die Gewölberippen waren als Regenbogen bemalt, soviel ist aus den Farbresten noch zu erkennen, in alle Richtungen die Kapelle überspannend. Regenbogen, die den gesamten Raum wie eine Landschaft, wie einen Garten überstrahlen!
Sie überstrahlen auch die wunderbaren Steinpflanzen, die am Fuß der Regenbogen in Stein gehauen sitzen und sie zu halten scheinen. Es sind Pflanzen ganz besonderer Art, viele von ihnen nicht sofort identifizierbar, da sie weder typisch noch lokalen Ursprungs waren. Was mich darüber hinaus beeindruckte war, dass nur Pflanzen und keine menschlichen Gesichter auf mich herabschauten.
Die hier ausgeführten Pflanzen und ihre Bedeutungen in der liturgischen Praxis sind erst im Ansatz untersucht und erfordern noch mehr Forschungen. Achim Lipp und ich gingen diesen Fragen nach, als wir das Botanische Hunt Institut der Carnegie Mellon University in Pittsburgh besuchten. Das Hunt Institut ist eines der führenden Botanischen Institute der Welt und verfügt über eine exzellente Kollektion von Texten und nahezu 40000 Originalarbeiten über auf Pflanzen bezogene Kunst.
Die Pflanzen des steinernen Herbariums der Templerkapelle in Mücheln wurden Wissenschaftlern dieser Institution vorgestellt, darunter dem Direktor Robert Kiger, der

Bibliothekarin Charlotte Tancin und dem Wissenschaftler James White. Die bis dahin von uns vorgeschlagenen Zuordnungen der einzelnen Pflanzen wurden diskutiert und in der Regel bestätigt. Dr. Kiger identifizierte schließlich die einzig bislang unerkannte Pflanze als die sehr abstrakt gehaltene Lilie. Er kommentierte den streng definierten Pflanzenaufmarsch in der Kapelle mit der Bemerkung, den in Stein gehauenen Pflanzen würde mit ziemlicher Sicherheit ein bestimmtes, uns jedoch bislang verborgenes Auswahl- und Organisationsprinzip zugrunde liegen. Und es würde ein hoch spezialisiertes Wissen brauchen, um diese Kriterien zu dekodieren.

2 Deutungen des Bildprogramms

Meine Frau und ich haben uns über die Platane in der Kapelle unterhalten, die bei uns in Amerika Sykamore Tree heißt. Am nächsten Morgen fiel ihr beim Erwachen ein Lied ihrer Kindheit ein, in dem die Sykomore eine besondere Rolle spielt:

„Zachäus war ein kleiner Mann,
ein schrecklich kleiner Mann war er.
Er stieg auf eine Sykomore,
weil er den Herrn sehen wollte,
und als der Erlöser vorbeikam,
schaute er auf den Baum und sagte:
Zachäus komm herunter,
denn ich komme heute in dein Haus,
denn ich komme in dein Haus."

Dieses Liedchen bezieht sich auf eine Stelle im Lukas-Evangelium. Dort heißt es in Kapitel 19,4–6: „Und er (Zachäus) rannte voraus, kletterte auf einen Maulbeerfeigenbaum, um ihn zu sehen, denn er würde genau da vorbeigehen. Und als Jesus an diese Stelle kam, schaute er nach oben, sah ihn und sprach zu ihm, Zachäus, beeile dich, komme herunter, denn heute will ich in deinem Haus verweilen. Und er beeilte sich, kam herunter und empfing ihn freudig."

Im zitierten Liedchen hingegen klettert Zachäus auf eine Sykomore, um Jesus bei seinem triumphalen Einzug in Jericho zu sehen. Zachäus war nicht nur von kleinem Wuchs, d. h., er konnte nicht einfach über die Köpfe der vor ihm stehenden Leute blicken, um Jesus vorbeiziehen zu sehen. Er war zudem ein Steuereintreiber und damit ein Unreiner, der eigentlich in der Nähe von Gläubigen nichts zu suchen hat. Das besondere ist nun, das Jesus genau diesen Unreinen herunterruft und ihm die Ehre erweist, ihn in seinem Haus zu besuchen, was seine Jünger ziemlich erbost hat.

Später, in Griechenland, berichtete ich meinem Freund, dem griechisch-orthodoxen Geistlichen Seine Eminenz Maximos, Metropolit von Pittsburgh, von der Kapelle und den Schlusssteinen ihres Gewölbes. Wir standen dabei gerade unter den großen Platanen von

Arachova und er bewunderte diese Bäume. „Zachäus!" rief er aus, und er erklärte mir dann, dass in der orthodoxen Theologie die Sykomore, als die er die Platane bezeichnete, eine ganz besondere Bedeutung hat und immer auf das Lukas-Evangelium, Kapitel 19 verweist. Wenn dieser Bezug angenommen werden kann, und es handelt sich bei der biblischen Sykomore um Platanus occidentalis und nicht um Ficus sycomorus, die Maulbeerfeige, lässt sich der Schlussstein im Zentrum des Gewölbes in einem überraschenden Sinne entschlüsseln: Am Fuße der Platane steht – mitten unter den Gläubigen auf dem Boden der Kapelle – Jesus und ruft dem ungläubigen Zachäus zu: „Komm herunter zu mir!"
Diese Einladung an einen Ungläubigen passte ganz besonders in diese Kapelle, weil sie eine Kapelle des Templerordens ist. Denn wie ich von Achim Lipp erfuhr, gehörte es zu den Privilegien dieses Ordens, dass er u. a. von der Kirche Exkommunizierte in seinen Komtureien aufnehmen durfte. Das war keiner anderen Einrichtung der Kirche erlaubt!
Ein weiterer Schlüssel für die Bedeutung des Platanenschlusssteins lag in historisch weiter Ferne: er lag bei der großen Platane auf der griechischen Insel Kos, nördlich von Rhodos gelegen. Das war ein uralter sagenumwobener Baumriese, dessen Wurzeln noch leben, auch wenn nur ein schmaler Splintholzgürtel, durch Aufrisse unterbrochen, den Methusalem-Baum am Leben hält. Ein Korsett aus Eisenrohren stützt ihn, aber immer noch bringt er grüne Blätter hervor, die Sprösslinge aus den Samen wachsen besonders gut! Unter dieser Platane lehrte Hippokrates – und 500 Jahre später predigte der Apostel Paulus unter diesem besonderen Baum das Evangelium, als er auf seinen Missionsreisen unter anderem auf die Insel Kos kam. Und nun die Blätter der Platane im Gewölbe der Kapelle: So ist der Apostel auch in dieser Kapelle gegenwärtig und mit ihm das Evangelium.
Die Platane führte mich von Hippokrates also zum Apostel Paulus. Ich betrachtete wiederholt die schwach schimmernden Reste der Malerei an der linken Seite des Altarraumes, in der ich bereits die Gestalt eines Heiligen erkannt zu haben glaubte. Die Platane von Kos brachte mich zur Annahme, dass die große Figur, links vom Altar, der Apostel Paulus sein muss, denn Paulus, der seinen Sitz im Heiligen Land, in Damaskus, hat, ist dem Templerorden ganz besonders verbunden: Er ist der Schutzheilige des Ordens. Wem sonst, wenn nicht ihm, gebührt ein so wichtiger Platz im Altarraum?!
Ich habe mir nun die gegenüberliegende Wand des Altarraumes mit ihren wenigen blassen Farbresten noch einmal genau angesehen und nach einer Beziehung zwischen den beiden nun kaum mehr sichtbaren Bildern gesucht.
Eine naheliegende Vermutung betraf die andere große Figur auf der rechten Seite, die nur durch die Reste eines Wappenschildes und einer Palmen-Helmzier sichtbar wird. Beide Fragmente deuten darauf hin, dass an dieser Stelle eine weltliche Figur, ein Ritter, dargestellt war, und zwar in derselben Größe wie der Apostel, und an einer ebenso wichtigen Stelle des Kirchenraumes. Wenn Paulus also als der geistliche Patron der Templer dargestellt wird, so kann es sich beim Gegenüber folgerichtig nur um den weltlichen Patron der Tempelritter handeln. Und zwar des hier ansässigen Templerordens, der Templer der Komturei Mücheln: Dann ist der Ritter Konrad von Wettin, Stammvater der Wettiner, der als Pilger in Jerusalem war und deswegen den Palmzweig als Helmzier tragen durfte. Sein Nachfahre ließ diese Kapelle bauen und schmückte sie entsprechend mit dem Bild des Ahnen.

Das Heilige Kreuz, Zeichen des lebendigen Evangeliums, flankiert vom Baum des Lebens rechts und links, je umwunden mit Weinreben und Efeuranken. Harbaville-Triptychon, Elfenbeinschnitzerei, byzantinisch, Mitte 10. Jh., Louvre, Paris

Das triumphale Eingangsmotiv im Gewölbe der Kapelle fand im Altarraum zu beiden Seiten des Altars mit den dargestellten Schirmherren seine Entsprechung: mit dem Apostel Paulus und Konrad I. von Wettin.
Je mehr ich mich umblickte und nachdachte, umso mehr wurde mir die einzigartige profunde Verschmelzung von Ost und West in dieser kleinen Kapelle klar: ein östlich-orthodox geprägtes Bildprogramm, umfangen von einem Baukörper der Frühgotik.
Ein weiteres Indiz für den byzantinischen Einfluss auf die Gestaltung der Kapelle fand ich auf einem berühmten Schnitzaltar. Es handelte sich um die Rückseite der großen byzantinischen Elfenbeinarbeit, des Harbaville-Triptychons. Hier finden sich Efeu und Wein zusammen und ergänzen sich zu einem Dritten; bilden in ihrer Mitte eine neue Figur: Sie winden sich um Zypressen, machen eine Wendung nach links bzw. rechts und vereinigen sich zu einem großen Kreuz mit einer Rosette in der Mitte.
Da schien mir eine ganz unerwartete Verwandtschaft auf zwischen dem aus Elfenbein geschnitzten Altar aus Byzanz und den Schlusssteinen im Gewölbe der Templerkapelle: Efeu und Wein nehmen hier die Platane in ihre Mitte!

3 Schlussbetrachtung

Wo war ich? In einem Garten, streng von der übrigen Welt abgegrenzt, mit Skulpturen geschmückt und ausgemalt, überstrahlt von leuchtenden Regenbogen, von einer Platane beschirmt und den Zeichen der Vergebung und des ewigen Lebens, und darunter, im Garten mitten zwischen den Gläubigen, Jesus, flankiert von Maria mit dem Kind und dem geistlichen wie dem weltlichen Patron der Templer von Wettin.
War ich in einem byzantinischen Hortus conclusus? Es schien mir der orthodoxe Garten der Erfüllung zu sein, der Garten der Allaussöhnung, der keine ewigen Höllenqualen kennt, der apokatastatische Garten Eden, umschlossen von der himmlischen Stadt Jerusalem am Ende aller Zeiten, in der Gegenwart des Heiligen Geistes.
Für die Templer war der Verlust Jerusalems und ihrer Kirche auf dem Tempelberg im Jahre 1187 eine ganz einschneidende Erfahrung und der schleichende Verlust ihrer Autorität unübersehbar, der sich dann in der gewaltsamen Auflösung des Ordens 1312 erfüllte. In der Kapelle verkörpert sich die Gewissheit um den Verlust des irdischen Jerusalems, die Erinnerung an die Kirche der Apostel auf dem Tempelberg und die Sehnsucht nach dem himmlischen Jerusalem.
Auch wenn wir den Glaubens- und Kulturrahmen des sich dem Ende neigenden Zeitalters der Kreuzzüge nicht mehr aktiv verstehen können, so bin ich doch sicher, dass ich die Indizien in richtiger Weise erfasst habe: Die Zusammenschau der architektonischen, skulpturalen und malerischen Fragmente sowie die durch den historischen Prozess nahe liegende Verknüpfung mit christlich-byzantinischen Traditionen lässt die Intention der Baumeister aufscheinen, auch heute noch.
Das ist es, was die Magie dieses Ortes ausmacht.

Dagmar Radke

Pflanzenmotive in der Templerkapelle Mücheln: Mythologie und Arzneiwirkung

Die Templerkapelle Mücheln, ein durchaus schlichter, nüchterner Andachtsraum, für die Männer des Templerordens geschaffen, dennoch geschmückt mit Blattwerk von bestimmten Pflanzen – nicht mit wunderschönen Blumen, um auszuschmücken, sondern mit Pflanzen, die offensichtlich wegen ihrer mythologischen Bedeutung und ihrer heilenden Kräfte in dieser Kapelle dargestellt werden sollten.
Immer haben Pflanzen den Menschen begleitet. Ohne Pflanzen wäre die Entwicklung des Homo sapiens nicht nur nicht denkbar, sondern gar nicht möglich gewesen. Pflanzen dienten und dienen dem Menschen zur Nahrung, als Genuss- und als Arzneimittel. Ihre Produkte halfen und helfen dem Menschen, in seiner Umwelt zu überleben.
Pflanzen, besonders oft solche, die zu Heil- und Zauberzwecken benutzt wurden, sind in vielen Kulturen in künstlerischer Weise dargestellt, nicht nur ihres dekorativen Charakters, sondern auch ihres Symbolwertes wegen. Diese Typisierung von Pflanzen und ihre Zuordnung zu bestimmten legendären Personen oder zu geschichtlichen und religiösen Gestalten und Ereignissen, ihre Einordnung in besondere Charakterbereiche – ihre besondere Heilkraft – müssen natürlich aus der Mentalität der Betrachter verstanden werden, für die sie geschaffen wurden. Nicht l'art pour l'art – Kunst um der Kunst willen – stand hier im Vordergrund, sondern die Information der des Schreibens und Lesens nicht Kundigen war die Aufgabe der Symbole.
Mit dieser Aufgabe stimmt überein, dass von frühester Zeit über die Antike bis zum Mittelalter in den meisten Fällen der Künstler hinter sein Werk zurücktritt und unbekannt bleibt. Erst in der Renaissance, die das Individuum in den Mittelpunkt rückte, stellte sich der Künstler gleichwertig neben sein Werk.

1 Die Pflanzendarstellungen der Kapelle

Wenn man nach oben in das Gewölbe der Kapelle schaut, dann sieht man 3 Schlusssteine, die mit Pflanzenblättern verziert sind. Im Chorraum die Blätter des *Weinstocks*, ganz hinten über der Empore der *Efeu* und zentral im Kapellenraum die *Platane*. An den Seiten befinden sich 8 Konsolsteine, mit denen die Gewölbebögen jeweils abschließen. Dort finden sich ebenfalls Pflanzendarstellungen: Pflanzen, die ihre Heimat im Mittelmeerraum haben.
Wenn diese Pflanzen so wichtig für die Erbauer der Templerkapelle waren, so dass sie hier in dieser Kapelle verewigt und dargestellt wurden, dann müssen sie für die Templer

auf ihren Kreuzzügen eine besondere Bedeutung gehabt haben; sowohl mythologisch, als auch medizinisch. Unter diesem Aspekt soll nun eine Führung durch das Blattwerk stattfinden, wobei zunächst die drei Schlusssteine im Kapellengewölbe in den Blick genommen werden.

1.1 Der Efeu

Über der Empore, dem bevorzugten Aufenthalt der „Führungselite" des hier ansässigen Templerordens, finden wir das Blattwerk des Efeus – des Symbols des ewigen Lebens.
Der Efeu war als immergrüne Pflanze bereits in alter Zeit Wahrzeichen des ewigen Lebens und der Treue. In Ägypten war er Osiris, im antiken Griechenland dem Gott Dionysos geweiht. Efeukränze schmückten nicht nur die Gäste Bacchus' geweihter Feste, auch Brautpaare erhielten Efeuzweige als Sinnbild immerwährender Verbundenheit. Ist doch die Efeuranke in ihrem Wachstum auf den Partner, an dem sie sich emporrankt, angewiesen. Die gegenseitige Abhängigkeit und notwendige Hilfestellung sollten wohl damit ausgedrückt werden.
Dieses Hindeuten auf das Gemeinsame, die ewige Treue bis über den Tod hinaus, begründet sicherlich die meisten Efeudarstellungen auf frühchristlichen Katakomben, Fresken und Sarkophagen. Ausgehend von der antiken, aber auch frühchristlichen Symbolik ist dann die vielfältige Verwendung der Efeuranken in den Kirchen des Mittelalters zu sehen.
Aber wie so oft bei einem pflanzlichen Sinnbild kann auch der Efeu einem Januskopf gleichen. Denn Hedera helix – der Efeu – kann zerdrücken und damit zerstören. Und bereits 1539 schrieb Guillaume de La Perrière: „Der Baum schützt den jungen Efeu, ernährt und stützt ihn ständig. Der groß gewordene Efeu aber erdrückt den Baum und umschlingt ihn so fest, dass er nach kurzer Zeit dürr und tot ist. So handelt auch immer der undankbare Mensch an denjenigen, die ihm Gutes tun." Sterben, um leben zu können, dieses uralte Motto unseres Seins wird uns hier bildhaft und eindringlich vor Augen geführt. So verkörpert der Efeu das Leben in sozialem Miteinander, hier und heute, gesellschaftliche Strukturen, die notwendig sind, um miteinander zu leben.

Efeu

Aber auch die Arzneiwirkung von Hedera helix sollte man in diesem Zusammenhang nicht vergessen.
Efeu in sehr verdünnter Form, als potenzierte Arznei, wird heute noch im homöopathischen Heilverfahren mit Erfolg als Bronchotherapeutikum, besonders bei Asthma bronchiale, aber auch als heilende Arznei bei Neurodermitis eingesetzt.
Der Kontakt mit Efeublättern macht Hautfluoreszenzen. In der Volksmedizin wurde die Pflanze bei

Morgenländische Platane

Hauterkrankungen eingesetzt, indem Blätter des Efeus auf die Haut aufgetragen wurden. Hier finden wir schon das Ähnlichkeitsprinzip der Homöopathie: Similia similibus curentur – Ähnliches werde mit Ähnlichem geheilt. Die gereizte Haut wird mit einer Pflanze behandelt, die auf die Haut eine reizende Wirkung hat und damit wird der Organismus zur Selbstheilung angeregt.

1.2 Die Platane

Wenden wir uns nun dem Schlussstein über den Kapellenraum zu: In zentraler Stellung finden wir hier die Blätter der Platane.
Die Platane wurde schon bei den alten Griechen verehrt. Auf der Insel Kos in der Nähe von Rhodos steht auf einem Brunnenplatz der bekannteste Vertreter dieser Art und der angeblich älteste Baum Europas, die Hippokrates-Platane. Unter diesem Baum soll der Urvater der Medizin seine Schüler unterrichtet und Jahrhunderte später der Apostel Paulus das neue Evangelium gepredigt haben. Heilung und Heil stehen somit als uraltes Wissen und als Weisung im Zentrum dieser Kapelle.

1.3 Der Weinstock

Und schließlich sehen wir über dem Chorraum die Darstellung der Blätter des Weinstocks. In der biblischen Tradition galt Wein als Symbol der Fruchtbarkeit, des Wohlstands, der Sicherheit und des Friedens. Das erwählte Volk Israels wird mit einem eingepflanzten Weinstock verglichen (Psalm 80), der alle Fürsorge erhalten hatte, jedoch

Weinrebe

nur schlechte Trauben hervorbrachte und daher seinen Feinden als Raub überlassen wurde. Im Alten Testament erscheint der Wein weiterhin als Symbol für geistliche Gaben, aber auch für den Zorn Gottes (Zornesbecher, Jer 25,15–29).
Im Neuen Testament wird die geistliche Bedeutung des Weins einzigartig vertieft im Kelch des Abendmahls, wenn Jesus über das Gewächs des Weinstocks sagt: „Das ist mein Blut des Bundes, das vergossen wird für viele zur Vergebung der Sünden" (Mt 26,28). Vergessen wir in diesem Zusammenhang aber auch nicht den Weinessig – Acidum aceticum –, eine homöopathische Arznei, die wir den Schwächsten, den elenden Patienten in der Sterbephase geben, damit sie noch einmal Kraft haben, durch die Sterbestunde ohne Verzweiflung hindurchzugehen.
Auch Christus am Kreuz wurde in der Stunde der schlimmsten Verzweiflung ein Schwamm mit Essig gereicht. Das war keine Infamie, wie man annehmen möchte, sondern uraltes Wissen über die Heilkräfte des Weinessigs für die Elenden, die Verzweifelten, für die Sterbenden.
So finden wir in den drei Schlusssteinen die Entwicklung des Menschenlebens, aus dem ganz irdischen Dasein, zur geistig seelischen Entwicklung unter den Platanen bis hin zum Blick auf die Verheißung Gottes im Opfertod des Gekreuzigten.

2 Die Blattwerke an den Konsolsteinen

An den acht Konsolsteinen sind Pflanzen wiedergegeben, die die Templer offensichtlich im Mittelmeerbereich durch ihre heilenden Kräfte kennengelernt und ihnen hier in der Kapelle ein Denkmal gesetzt haben.
Alle diese Pflanzen sind Heilpflanzen, die sehr giftig sind und erst in verdünnter Form, besonders dann auch in potenzierter Form, ihre ganze Wirklichkeit der Heilkraft entwickeln. So ist es nicht verwunderlich, dass auch heute noch diese Pflanzen im homöopathischen Heilverfahren einen wichtigen Platz einnehmen und ein bewährtes Behandlungskonzept darstellen.
Die folgende Vorstellung der Pflanzen beginnt von der Empore aus links, wobei die Betrachtung des stark beschädigten Konsolsteins, der z. T. als Acanthus mollis (Weicher Bärenklau) gedeutet wird, ausgespart wird.

2.1. Laurus nobilis

Der Küsten- oder Gewürzlorbeer ist ein immergrüner Busch oder seltener Baum, der bis zu einer Höhe von 15 bis 20 m wachsen kann.

Lorbeer

Laurus nobilis, der edle Lorbeer, mit Recht so benannt wegen seiner Schönheit, wurde schon im Altertum benutzt, um Gerichte zu würzen. Seine Blätter gehören auch jetzt noch in jede gute europäische Küche.
So wie in der Küche wird der Lorbeer auch medizinisch zur Förderung der Magensekretion genutzt, aus den Früchten wird eine Lorbeersalbe gewonnen, ein beliebtes Mittel gegen Rheumatismus und Gicht.
Im homöopathischen Heilverfahren werden die frischen Blätter der Lauraceaen zur Arzneiherstellung verwendet. Bei der dargestellten Pflanze könnte es sich aber auch um sogenannten Kirschlorbeer (Lauro cerasus) aus der Familie der Rosengewächse handeln, der ähnlich wie echter Lorbeer aussieht und ebenfalls medizinisch bedeutsam ist. Lauro cerasus ist eines unserer wichtigsten Mittel bei der cardialen, pulmonalen und cerebralen Insuffizienz. Überall da, wo chronischer Sauerstoffmangel durch Rechtsherzinsuffizienz, pulmonaler Diffusionsstörung, aber auch bei Höhenkrankheiten oder bei Carcinomsichtum vorkommen. Es ist eine Arznei für erschöpfte alte Menschen. Seine stabilisierende Wirkung auf das Herz steht bei der Verordnung der Arznei im Vordergrund.

2.2 Cynara scolymus

Artischocke

Die Artischocke ist die nächste Pflanze, die an den Konsolsteinen zu erkennen ist. Sie war schon zur Zeit des alten Roms sowohl für therapeutische Zwecke als auch als Speise beliebt.
Die bitter schmeckenden Stängelblätter enthalten die pharmakologisch genutzten Bestandteile. Auch heute noch in der Phytotherapie als Fluidextrakt und Tinktur verwendet, besitzt die Artischocke eine große therapeutische Breite.
Es ist ein Roborans, wird zur Verbesserung des Gallenflusses, zur Entgiftung der Leber und als harntreibendes Mittel genutzt. Sicherlich eine Arznei, die den Templern unterwegs viele gute Dienste leisten konnte. Zudem wurde die Artischocke in der Dermatologie bei juckenden Entzündungen, Nesselsucht und Ekzem erfolgreich eingesetzt.

2.3 Quercus cerris

Die Galle der Zerreiche ist ein eigenartiger Auswuchs, den man an den Blättern dieser kleinasiatischen Eiche findet. Sie wird durch bestimmte Insekten (Gallwespen) hervorgerufen, die die Blattknospen anbohren und ihre Eier dort hineinlegen.

Eiche

Gallen sind wegen ihres hohen Gerbsäuregehaltes kommerziell und pharmazeutisch hoch geschätzt. Im 17. Jahrhundert benutzten Frauen die Galle, um sich die Haare schwarz zu färben. Sie werden in den alten Kräuterverzeichnissen als gutes Mittel, um Blutungen jeder Art zu stillen, erwähnt.

2.4 Ficus carica oder Ficus religiosa

Kommen wir nun zum Feigenbaum, ebenfalls eine Pflanze, die in ihrer pharmakologischen Wirksamkeit besonders das Blutgerinnungssystem beeinflusst. In der Homöopathie werden die daraus gewonnenen Präparate besonders bei Blutungsstörungen der Frauen, aber auch bei Darmblutungen nach Dysenterie (Ruhr) und zur Behandlung blutender Hämorrhoiden eingesetzt. Auch hier können wir uns wieder vorstellen, dass es eine segensreiche Arznei war, um den Rittern auf ihren Zügen Erleichterung zu verschaffen.

Feige

2.5 Hedera colchica

Noch einmal wird eine Efeupflanze, konkret der georgische Efeu, als Blattwerk hervorgehoben. Es wurde bereits angedeutet, dass Efeu therapeutisch bei Lungenleidenden als Broncholytikum und auch als Hautmittel eingesetzt werden kann.

Aber im konkreten Zusammenhang, mit den Missionen der Templer-Ritter, gibt es für den Efeu noch einen anderen ganz praktischen Hinweis: Im Mittelalter war Hedera helix (Gemeiner Efeu) ein Teil des „Schlafschwammes", einer übelriechenden, aber damals unentbehrliche Mischung von Schierling, Alraune, Mohn, Lattich und anderen Kräutern, die auf einen Schwamm gegossen wurde, den man dann in die Nase des Patienten als Betäubungsmittel steckte. Das bedauernswerte Opfer fiel unweigerlich in Ohnmacht, nachdem es auch nur eine „Nasevoll" von dieser gelungenen Mischung genommen hatte. Efeu besitzt zudem starke antiseptische Eigenschaften und wurde daher zur Bekämpfung der Pest eingesetzt. Die gelben Beeren einer anderen Efeuart wurden übrigens bei Leberleiden in Folge von Trunksucht eingesetzt.

2.6 Carduus marianus

Die Mariendistel, bis 1,50 m hoch, wächst an sonnigen, trockenen Stellen und gedeiht deshalb besondern gut in südlichen Ländern, vor allem auch in Steppengebieten.
Im homöopathischen Heilverfahren spielt sie eine entscheidende Rolle bei Lebererkrankungen. Die Mariendistel ist ein wertvolles Anfangsmittel bei akuter und chronischer Leberentzündung, bei Gelbsucht und Leberzirrhose. Obendrein wird diese Arznei wieder bei Hauterkrankungen eingesetzt, besonders bei Juckreiz im Genital- und Analbereich, wie z. B. auch das Afterekzem nach langen Ritten, was umgangssprachlich einen „Wolf" reiten genannt wird. Auch dies wieder ein Hinweis auf ganz praktische Hilfe im täglichen Leben der Templerritter.

Mariendistel

2.7 Lilium candidum

Nun ganz zum Schluss richtet sich der Augenmerk auf die letzte Pflanze im Reigen der acht Konsolsteine. Es ist die schönste von allen Pflanzen hier und die einzige, an der man noch etwas von der Farbe der früheren Malerei sehen kann; denn alle Pflanzen in der Kapelle waren ursprünglich farblich gestaltet.
Die Rede ist von der Madonnenlilie aus der Familie der Liliaceae. Die Madonnenlilie ist eine Pflanze, die in ihrer Sinnbildhaftigkeit gar nicht überschätzt werden kann. Für viele Betrachter mittelalterlicher Gemälde ist gerade am Beispiel der Lilie der Symbolcharakter der Pflanzen besonders deutlich geworden. Fehlt doch auf kaum einem Bild, das den Moment im Leben Marias darstellt, da ihr der Erzengel Gabriel die frohe Botschaft verkündet, der Lilienstängel.
Aber auch Karl der Große erließ 790 im *Capitulare de villis* eine Anweisung zum Anbau von Nutzpflanzen, die mit den Worten beginnt: „Volumus quod in horto omnes herbas habeant: id est lilium, rosas ..." (Wir legen fest, welche Pflanzen alle in den Gärten enthalten sein sollen: Das sind Lilien, Rosen ...). Unter den rund 100 genannten Pflanzen steht die Lilie also an vorderster Stelle. Ganz sicher war schon damals die Lilie nicht die wichtigste Heilpflanze im Sinne von Arzneipflanzen. Ihre Bedeutung als Heilsbringerin begründet jedoch ihren Platz an erster Stelle.
Heil und Heilung waren damals nicht nur etymologisch miteinander verknüpft; Heilung ohne Heil war nicht denkbar. Der ganze Mensch als beseeltes Lebewesen wurde vom Arzt behandelt. Diese Verknüpfung von Arzt und Priester, die weit in die Frühzeit zurückgeht und besonders auch in den altägyptischen Kulturen ausgeprägt war, führt uns wieder zu der Liliensymbolik. Denn bereits in der ägyptischen Kunst versinnbildlicht die Lilie in ihrer weißen Farbe die Jungfräulichkeit, die Reinheit und Unschuld.

Lilie

Darüber hinaus ist bereits in der alttestamentlichen Tradition die Lilie (hebr. Shushan) das Symbol des Auserwähltseins. So wie der Herr Israel unter den Völkern auserwählt hat, so wurde im Hohelied Salomos die Braut vom Bräutigam als Lilie unter den Dornen besungen, eines der schönsten Liebeslieder, die ich kenne: „Ich bin eine Blume in Saron und eine Lilie im Tal. Wie eine Lilie unter den Dornen, so ist meine Freundin unter den Mädchen" (Hld 2,2).
Und so wurde Maria unter den Frauen Israels zur Erfüllung der höchsten Aufgabe, die Gott einem Menschen anvertrauen konnte, bestimmt. Gleich den Lilien auf dem Felde, die nicht arbeiten und spinnen und trotzdem schöner als Salomo selbst gekleidet werden (Mt 6,28), lieferte sich Maria der Gnade Gottes bedingungslos aus.
Doch die Lilien besitzen auch eine Arzneiwirkung. In der homöopathischen Heilung werden die Liliengewächse heute noch mit großem Erfolg bei Frauenleiden eingesetzt. Da, wo wir mit diversen fragwürdig gewordenen Hormonpräparaten therapieren, da haben die alten Ärzte mit dieser Pflanze schon erstaunliche Erfolge erzielt. Von der Behandlung von Entzündungen der Genitalorgane, über hormonelle Dysregulationen bis hin zum Kinderwunsch. So manch glückliche Schwangerschaft in meiner Praxis verdankt ihre Entstehung dem Liliengewächs.
So schließt sich hier der Kreis der Heilpflanzen von den Herzmitteln über die Verdauungs- und Rheumamittel, die Blutungsmittel und schließlich die Lebermittel.
Alles Arzneien, die wichtig zum Überleben waren für die Männer auf ihren Kreuzzügen; und dann schließlich die Liliengewächse, eine ganz frauliche Arzneigruppe, das ewig Weibliche, das Heil und Heilung bringt.

Jürgen Lasch

Die Platane: Vom Götterbaum zur molekularen Medizin

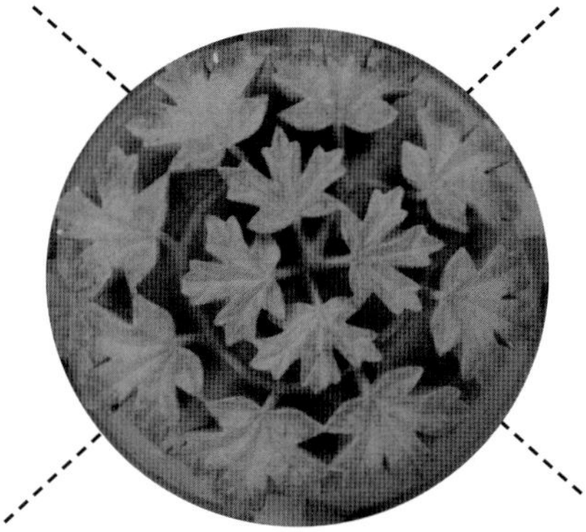

Abb. 1: Blätter der Orientalischen Platane als zentraler Schlussstein der Templerkapelle Mücheln

Jede Pflanze des steinernen „Pflanzengartens“ der Templerkapelle in Mücheln hat eine teilweise noch rätselhafte Bedeutung und einen Verwendungszweck in der liturgischen Praxis. Man ist fasziniert, wie viel magische Pflanzenchemie und alte Heilkunst in der Kapelle verborgen sind.

Es gibt keine Überlieferung, warum die Blätter einer Orientalischen Platane (*Platanus orientalis*) den Schlussstein, also das zentrale Symbol der Kapelle, bilden (Abb. 1). Die Platane war kein Mitbringsel der Kreuzfahrer und eine Verwendung in der Heilkunst des frühen Mittelalters ist nicht nachzuweisen.

Es gibt spätere, ältere Mitteilungen, dass Breiumschläge aus frisch zerstampften Platanenblättern Wundschmerzen und Augenentzündungen lindern und dass Tee aus Platanenblättern Diarrhöen heilt. Hinzu kommt, dass eine Abkochung der Platanenrinde in Essig ein schmerzlinderndes Gurgelwasser sein soll. Nichts von all dem ist geblieben in unserer modernen Medizin. Dennoch soll am Ende der Betrachtungen zur Platane ein stürmisches Comeback in der molekularen Medizin vorgestellt werden.

1 Die Platane in der Überlieferung

Zurück zum Baum selbst und seiner Mythologie. Die Familie der Platanengewächse, *Platanaceae,* besteht aus 10 Arten. Die uns allen wohlbekannte Platane in den Städten und

Abb. 2: Die Gewöhnliche Platane: Baumhybrid im Park des Schlosses Dieskau bei Halle (Saale)

ENGLISCH	DEUTSCH
Sycamore [bot.]	**(I.) Morgenländische Platane (115 Mio J.) Abendländische Platane, wiss.: *Platanus orientalis* (II.) Amerikanische Sykomore (ca. 40 Mio J., Kreidezeit) wiss.: *Platanus occidentalis***
Sycamore tree [bot.]	**(III) Europäische Platane (Hybrid-Platane), gewöhnliche Platane, (1650 Kreuzung von I. und II. in Spanien, Verbreitung über ganz Europa) wiss.: *Platanus hispanica, auch Platanus acerifolia* (= ahornblättrig)**
Sycamore (Brit.) [bot.]	**Der Bergahorn (Spitzahorn), wiss.: *Acer pseudoplatanus***
Sycamore [bot.] (Sycamore fig)	**Die Sykomore, Der Maulbeerfeigenbaum wiss.: *Ficus sycomorus***

Abb. 3: Platanetypen und –bezeichnungen

Parks Europas (Abb. 2), ist die Gewöhnliche Platane, ein europäischer Baumhybride. Die Bezeichnung Platane leitet sich vom griechischen Wort *platys* (flach) ab und bezieht sich auf den breiten Wuchs oder auf die großflächigen Blätter. Sie ist als Fossil bis in die Kreidezeit, also 115 Mio. Jahre zurück, belegbar. Sie kam vom westlichen Himalaya in den östlichen Mittelmeerraum; im Tertiär, also vor ca. 30 Mio. Jahren, spaltete sich von der *Platanus orientalis* die *Platanus occidentalis*, auch Amerikanische Platane genannt, ab. Die Europäische, uns allen bekannte Gewöhnliche Platane stammt aus Spanien, wo sie um 1650 durch Kreuzung der Morgenländischen Platane mit der Abendländischen Platane entstand. Der Bastard wird seitdem überall in Europa angepflanzt.

Schaut man in englische und botanische Wörterbücher, tut sich eine verwirrende Vielfalt von Bezeichnungen auf, wie auf Abb. 3 erkennbar ist.

Wo finden wir nun die Platane in der Mythologie und der Religion? Seit den frühesten Zeiten menschlicher Kultur waren Bäume der Fokus religiösen Lebens für viele Menschen auf der ganzen Welt. Als die größte Pflanze der Erde, war der Baum die Hauptquelle mythischer Imaginationen und religiöser Empfindungen. Baumkulte, in denen einzelne Bäume oder Haine verehrt und angebetet wurden, haben zu bestimmten Zeit praktisch überall existiert. So wie im vorchristlichen Europa, gibt es heute noch heilige Haine in Japan und Indien.

1.1 Bekannte Platanen und Platanenhaine

Wollen wir einmal vier berühmte, um nicht zu sagen heilige Platanen, und zwei Platanenhaine näher betrachten.

Die „Platane des Hippokrates"

Der angeblich älteste Baum Europas ist eine Morgenländische Platane, die „Platane des Hippokrates" (Abb. 4). Auf der griechischen Insel Kos zeigt man in der gleichnamigen Stadt (gegenüber der Burg, nahe der Hadji-Hassan-Moschee) eine von einem Eisengerüst gestützte Platane, unter der schon Hippokrates (460–370) seine Schüler unterrichtet haben soll. Der Apostel Paulus hat unter ihr den Griechen das Christentum verkündet. Der Baum wäre demnach 2500 Jahre alt. Das exakte Alter lässt sich jedoch nicht nachweisen, da das Kernholz längst vermodert ist. Nur ein schmaler Splintholzgürtel, durch Aufrisse unterbrochen, hält den Methusalem-Baum am Leben, der jetzt

Abb. 4: Die „Platane des Hippokrates" auf Kos

von einem Korsett aus Eisenrohren gestützt werden muss und immer noch grüne Blätter hervorbringt.

Die Kretische Platane

Die zweite Platane ist uns aus der griechischen Mythologie (oder auch aus dem Geschichtsunterricht über die Namensherkunft des Wortes „Europa") bekannt. Zeus raubte die sehr schöne phönizische Königstochter Europa in Gestalt eines weißen Stieres. Wenn man die Legende genauer nachliest, erfährt man, dass er sie zur Entführung verführte. Er brachte sie nach Kreta, dem antiken Ort Gortina, wo er unter einer Platane mit ihr den kretischen König Minos zeugte und sie reich beschenkte. Letzteres ist wenig bekannt. Er schenkte ihr einen windschnellen Jagdhund, der jede Beute apportierte, und einen Speer, der immer das Jagdwild traf. Wir dürfen uns natürlich fragen, was eine junge schöne Königstochter mit einem Speer anfangen sollte. Die Platane soll aufgrund des göttlichen Ereignisses die Blätter nie mehr verloren haben, als Zeichen einer immergrünen Verbindung. In der Tat gibt es auf Kreta 29 Exemplare einer immergrünen Unterart der Platanaceae.

Das Baumheiligtum Plataniotissa

Die dritte Platane befindet sich in der Nähe der griechischen Stadt Kalavrita im Baumheiligtum Plataniotissa. (Abb. 5). Die an der Basis zweistämmige Platane, die der Legende nach bereits im Jahre 352 n. Chr. bestand, ist mit 23 m Umfang des Stammfußes die größte bekannte Platane. In ihrem Inneren befinden sich 2 Räume: ein kleiner Altarraum von 3 x 3,50 m und ein sich anschließender Gebetsraum, der Raum für 6–8 Personen bietet.

Abb. 5: Platane mit Altarraum im Baumheiligtum Plataniotissa in Griechenland

Caligulas Platane

Die vierte Platane war die des berühmt-berüchtigten römischen Kaisers Gaius Caesar Augustus Germanicus (12–41), besser bekannt als Caligula. Der Kaiser war beeindruckt von einer Platane auf seinem Grundstück bei Veltriae, besonders von den tiefliegenden horizontalen Ästen, die als Sitze dienten. Er hielt Bankette in diesem Baum. Die breiten Blätter wirkten wie Markisen in einem „Speiseraum", der groß genug war, um 15 Gästen und den Dienern Schatten zu spenden. Caligula nannte dieses Speisezimmer seinen „Adlerhorst", wie Plinius der Ältere in seiner Naturgeschichte (Buch XII) überliefert hat.

Der Platanenhain von Altis

Der berühmteste Platanenhain war der, der Zeus geweiht war, bekannt als Altis bei Olympia. In den Olympischen Spielen und der Architektur Olympias vereinigte sich griechische Religiosität mit sportlicher Begeisterung.

Abb. 6: Der heilige Bezirk „Altis“ in Olympia mit Zeus- und Heratempel (am Berghang der heilige Platanenhain). Modell im Britischen Museum, London

Das Heiligtum Olympia dehnt sich am Fuße des grünen bewaldeten Kronion-Hügels aus, dort wo die Flüsse Alpheios und Cladeos zusammenfließen. Im Namen Altis findet sich diese Bewaldung wieder, denn ἄλσος ist das altgriechische Wort für Hain (auch geweihte Stätte, Heiligtum). Altis bezeichnete das Gebiet in Olympia, wo sich die Haupttempel (Zeus- und Hera-Tempel) und Heiligtümer befanden (Abb. 6). Die auf dem Abb. 6 erkennbaren spärlichen Baumreste waren einst ein prächtiger Platanenhain.

Der Hain der platonischen Akademie

Einen weiteren bekannten Platanenhain beschrieb Plinius der Ältere im Park der bekannten Akademia Platons im Nordwesten von Athen. Dort standen prächtige Platanen, die schattige Laubengänge bildeten. Verblüfft stellt man fest: Platons Name klingt ähnlich wie der der Platane. Ob dieser entweder von seiner breiten Stirn oder seinem breiten Redefluss herrühren könnte (Diogenes Laertius) bleibt ungeklärt. Der berühmte Philosoph hielt jedoch unter diesen „platanischen“ Laubengängen seine Vorträge. Gepflanzt hatte diese Platanen (nach Plutarch) im Jahr 480 v. Chr. Kimon, ein in den Kämpfen gegen die Perser erfolgreicher Feldherr. 400 Jahre später belagerte der römische Feldherr Sulla Athen; respektlos lies er die Platanen der Platonischen Akademia fällen und aus ihrem Holz Wurfmaschinen bauen.

1.2 Die Platane in der Mythologie

Wie steht es um den Mythos der Platane? Der mit der Entführung der phönizischen Königstochter symbolisierte Griff des Vorderen Orients nach Europa war schon berichtet, was bleibt?

In der griechischen Mythologie ist die Platane wegen ihrer Schuppenborke, die sich stets erneuert, ein Symbol der Regeneration. Die Erneuerbarkeit wurde damals meist von der *lernäischen Hydra* repräsentiert, einem neunköpfigen Ungeheuer, dem die Köpfe nach dem Abschlagen doppelt nachwuchsen. Zeus' Frau Hera zog die Hydra an einer Quelle unter einer Platane, dem Baum mit der erneuerbaren Borke auf (erinnert sei daran, dass Herakles dieses Ungeheuer tötete und dass Hera der lernäischen Hydra als Mitstreiter gegen Herakles einen Riesenkrebs Namens Karkinos schickte, den Herakles ganz nebenbei mit dem Fuß zerstampfte und den Hera dann aus Dankbarkeit als Sternbild an den Himmel setzte).
Vor der Abfahrt nach *Troja* versammelten sich die Griechen unter einer Platane, um den Göttern zu opfern. Die Götter sandten als Zeichen eine Schlange, die sich den Stamm hochwand und eine Vogelnest plünderte: acht Nestlinge und ihre Mutter wurden von der Schlange getötet, bevor sie zu Stein erstarrte. Der Seher Kalchas deutete dieses Ereignis in Bezug auf die Dauer und den Ausgang des bevorstehenden Krieges: der Krieg werde neun Jahre dauern, erst im zehnten Jahr werde Troja fallen. Das trojanische Pferd schließlich wurde der Überlieferung nach aus Platanenholz gefertigt.
Platon lässt den berühmten *Dialog des Sokrates mit Phaidros* an einem Nymphenheiligtum unter einer schattigen Platane spielen. Und noch heute ist die Platane der Landesbaum Griechenlands.
Auch in der Bibel wird die Sycamore (siehe Abb. 3) erwähnt. Sehr bekannt sind aus Lukas 19,5 die Worte Jesus zum *Zöllner Zacchaeus* (dt. Zachäus), dem Oberzöllner von Jericho: „Zacchaeus, steig eilend hernieder; denn ich muss heute in deinem Haus einkehren." Der Baum, auf den Zacchaeus geklettert war, um den einziehenden Jesus zu sehen, war ein Baum der Gattung Platanaceae, aber offenbar ein Maulbeerfeigenbaum, auch Ägyptische Feige genannt (vgl. Abb. 3).

2 Medizinische Verwendbarkeit der Platane

Machen wir am Ende meiner Betrachtungen einen Sprung um 2500 Jahre. Die gegenüber den anderen Pflanzen des steinernen Herbariums spärliche medizinische Bedeutung der Platane wird in der modernen molekularen Medizin überwunden.
Das molekulare Geheimnis der Platane steckt in ihrer Borke. Im Winter bestechen Platanen vor allem durch ihre glatte, in großen Platten abbrechende Rinde. Helle, junge Rinde wird freigelegt, wodurch ein bizarres Muster entsteht. Dieses Phänomen wurde schon einmal einer Platane in einem Kurpark zum Verhängnis, weil man meinte, sie sei abgestorben.
Mehrere Gruppen in Deutschland und Österreich, darunter drei vom Weinberg-Campus der Universität Halle-Wittenberg, haben der Platanenrinde ihr molekulares Geheimnis entlockt. Es waren die Gruppen um Frau Prof. Dräger, Prof. Csuk, und Dr. Paschke von der BioService GmbH Halle (BSH).
Das Molekül, dessen Derivate Einzug in die molekulare Medizin halten, heißt *Betulinsäure* (Abb. 7), ein Oxidationsprodukt von Betulin. Betulin ist der entsprechende Alkohol,

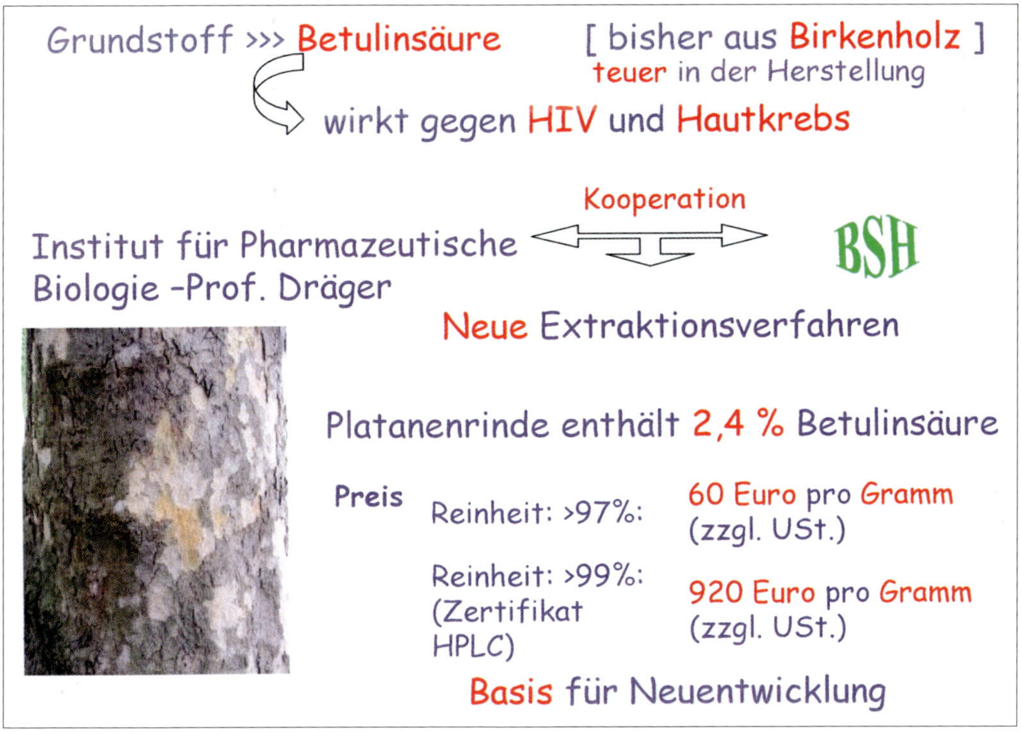

Abb. 7

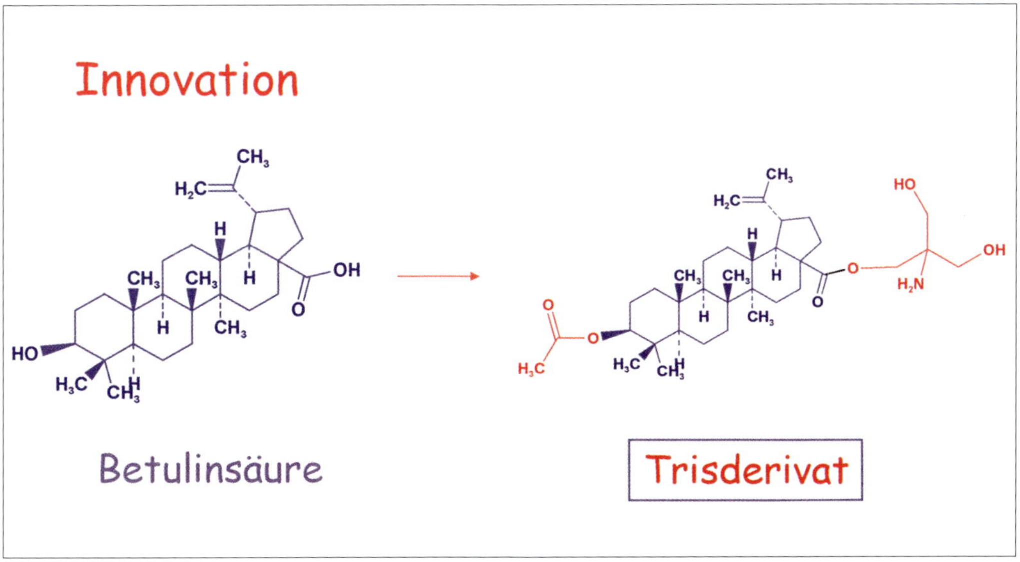

Abb. 8: Chemische Modifikationen zur Überführung des Betulins in ein wasserlösliches Derivat

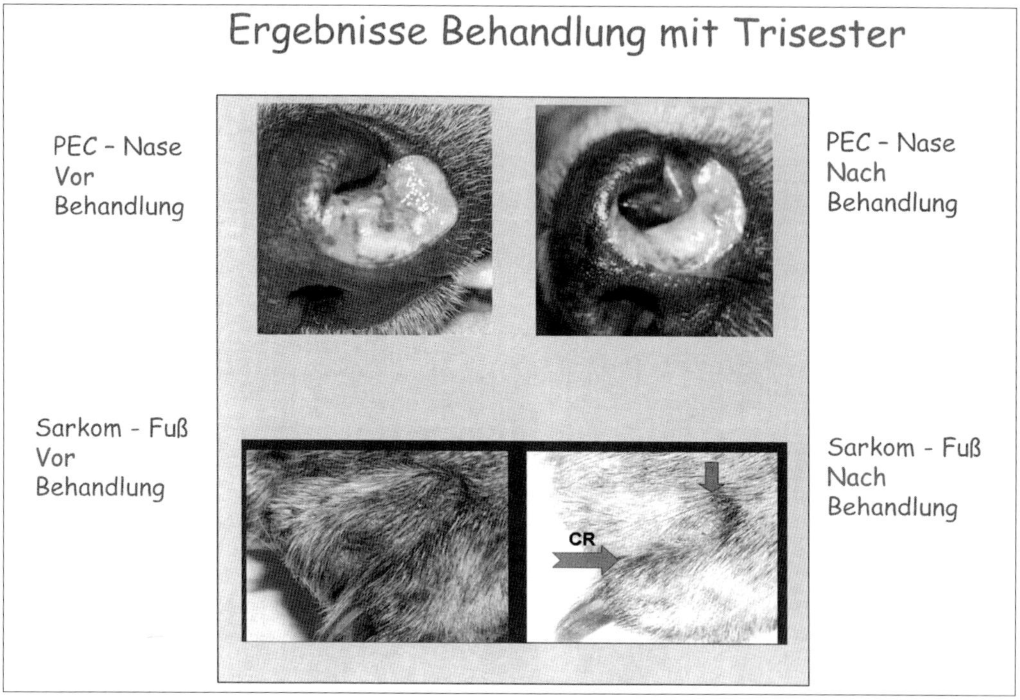

Abb. 9: Therapieerfolge mit Betulinsäuretrisester beim Plattenpithelcarcinom (PEC) und Sarkom am Hund

eine Verbindung, die zur Goethezeit 1788 erstmals vom Chemiker Lowitz aus Birkenrinde isolierte wurde. Die Birke (*Betula pendula*), stand Pate bei der Namensgebung. Um Betulin in ausreichenden Mengen aus der Birkenrinde zu isolieren, müsste der ganze Baum geopfert werden. Zum Glück fand man eine große Menge pro Gramm in der Platanenrinde (aus 1 g Rinde können 25 mg Betulin gewonnen werden), die sie, wie oben erwähnt, ja jährlich zum großen Teil abwirft, um sich wie eine Schlange zu „häuten". Für ein kleines Entgelt sind Studenten bereit, sie säckeweise zu sammeln.

Die daraus hergestellte Betulinsäure ist eine Triterpencarbonsäure und wird durch die BioService GmbH Halle verkauft. Die Aufgabe der Biopharmazeuten bestand nun darin, die extrem schlecht lösliche Betulinsäure wasserlöslich zu machen und zugleich die medizinisch nutzbaren Eigenschaften zu erhalten. Ein solches wasserlösliches Produkt ist das Trisderivat (Abb. 8). Wirksame Derivate der Betulinsäure lösen in Tumorzellen den sogenannten programmierten Zelltod aus. Dies ist schon gut untersucht und dokumentiert für Melanomzellen, für Lungenkarzinomzellen, für Hirntumorzellen, den Neuroblastomzellen und. für Sarkome, den bösartigen Fleischgeschwulsten, wie die Übersetzung lautet.

Am Schluss seien zwei Tierpatienten aus der Veterinärmedizin vorstellt (Abb. 9). Wohlgemerkt, keine Versuchstiere, sondern Hundepatienten, die Sarkome hatten. Nach

Versagen der konventionellen Therapien wurde in die Geschwulste ein wasserlösliches Derivat der Betulinsäure injiziert. Es konnte nach Wochen sogar eine vollständiges Verschwinden der Sarkome festgestellt werden.

3 Schluss

Kehren wir zur Kapelle zurück: Was haben die Steinmetze der Komturei Mücheln oder ihre Magister gewusst und was zum Ausdruck bringen wollen? Einen Bezug der Platane zur älteren Heilkunst ist schwerlich herzustellen. Die Steinmetze der Kapelle – die zweifellos eine grandiose Architekturleistung, ein Schnittpunkt west-östlicher Tradition und Religion ist – haben in der Bauplastik die Platane als Baum, dessen Wipfel sich zum himmlischen Wohnsitz von Jesus und Maria erheben, in das Zentrum der Kapelle gesetzt. Ohne Zweifel sind hier die sehr viel älteren Vorstellungen vom Sitz der Götter im himmlischen Olymp übernommen worden.

Laurus nobilis

Achim Lipp und Stephan Zierz

Gedankensplitter unterm Lorbeer

Immer umwind' uns
Du das Haar, und die Leier, und du den Köcher, o Lorbeer!

Konsolstein mit Laurus nobilis und Originalfarbresten (siehe auch Umschlagbild)

So heißt es bei Ovid, wenn er von der Verwandlung der Daphne in einen Lorbeerbaum berichtet. Diese, von Apollon im Liebestaumel verfolgt, hatte ihren Vater, den Flussgott Peneios, darum gebeten. Die Erinnerung an die mythische Nymphe findet sich noch heute in der griechischen (Daphne) und türkischen (Dafne yepregi) Bezeichnung für unseren Echten Lorbeer.

Jeder kennt heutzutage Lorbeer – als Strauch, als Blatt oder zum Kranz gebunden – aus Küche und Baumarkt, Garten und Sportmagazin, vom Suppenteller und vom Haupt des Siegers. Die präzise wissenschaftliche Bezeichnung des Echten Lorbeers ist *Laurus nobilis* aus der botanischen Abteilung der *Magnolophyta* und der Familie der *Lauraceae*. Andere Gewächse aus anderen botanischen Familien schmücken sich ebenfalls gerne mit dem Lorbeernamen, wie z. B. der Berglorbeer *Kalimia latifolia (Ericaceae)*, der Alexandrinische Lorbeer *Danae racemosa (Liliaceae)*, die Lorbeer-Eiche *Quercus laurifolia (Fagaceae)* sowie die Lorbeer-Kirsche *Prunus laurocerasus (Rosaceae)*. Der botanische Namen des Seidelbast *Daphne laureola (Thymelaceae)* verweist sogar auf die ganze ovidische Metarmophose.

Der Echte Lorbeer ist ein als Strauch oder Baum wachsendes Laubgehölz mit lederartigen, auf der Oberseite glänzenden, aromatisch duftenden Blättern. Er ist immergrün, und seine Heimat sind nicht die deutschen Gärten. Das sieht man ihm irgendwie an, auch wenn die Baumärkte uns das Gegenteil glauben machen wollen: Er hat sich, aus Vorderasien kommend, im Laufe der Jahrhunderte über den Mittelmeerraum verbreitet. Durch griechische Kolonisten in Süditalien wurde er den Römern bekannt. Dort kann er als Baum bis zu 10 Meter hoch werden.

Doch dann stieg er über die Alpen, und bereits 200 Jahre vor dem ersten Jahrtausend empfahlen Karl der Große in seinem *Capitulare de villis* und der Sankt Gallener Klosterplan den Lorbeer zum Anbau, damit er als Arznei und Gewürz verwendet würde – wohl wissend, dass er nur bedingt winterhart ist: Andauernder Frost und die Blattlaus sind die größten Widersacher des Lorbeers.

1 Geschichten um den Lorbeer

Viel wird gemunkelt, dass der Echte Lorbeer, wenn er in größeren Mengen genossen wird, zu Trance und Bewusstseinsstörungen führt, dass er hilft, das Verborgene zu sehen, dass Lorbeer als Heilmittel gegen die Pest hilft, vor Zauber und Feuer schützt, Seuchen und Verwesung vertreibt.

Über die Fähigkeit, mit Hilfe von Lorbeer Ungesehenes sichtbar zu machen, wissen wir – wenn auch nicht genau, so doch gerüchteweise – vom Orakel in Delphi. Diese dem Gott Apollon geweihte „Auskunftsstätte" der alten Griechen ist über 1.000 Jahre verbindliche Entscheidungshilfe bei Fragen des Alltagslebens, der Kriegskunst und der hohen Politik. Wie aber kam der Lorbeer nach Delphi?

Aegeus befragt die Pythia. Rotfigurige Schale (Kylix) des Kodros-Malers, 440–430 v. Chr., Antikensammlung der Staatlichen Museen in Berlin

Nachdem Apollon in Delphi den Drachen Python getötet hatte, musste er zu Buße neun Jahre im Tempeltal bei König Admetos verbringen. Als Phoibos (reiner) Apollon kehrte er dann schließlich mit Lorbeer bekränzt und einen Zweig des heiligen Baumes in Händen nach Delphi zurück.

Die entscheidende Rolle beim delphischen Orakel spielte – als einzige Frau im Tempel – die Pythia, die Priesterin des Apollon. Die jeweilige amtierende Pythia, zumeist eine Frau aus Delphi, die jungfräulich sein musste, wurde zum Medium des Gottes. Wie verlief nun eine Weissagung der Pythia? Die Sitzung wird zunächst durch das rituelle Bad in der Quelle des Apollon inmitten des Heiligtums vorbereitet, wobei sie sich ihrem Haar mit besonderer Aufmerksamkeit widmet. Die Pythia betritt nun, mit Lorbeer bekränzt, das Adyton, das Allerheiligste des Tempels, und nimmt auf dem Dreifuß Platz, der über und über mit Lorbeer geschmückt ist, die Sitzfläche mit Blättern dicht belegt. Der Raum ist erfüllt von Düften und Dämpfen des Lorbeers, seinen Blättern und Früchten, die vorsichtig geröstet werden und ihre Aromen und Wirkstoffe freigeben. Möglicherweise hat sie auch von den Lorbeerfrüchten genascht?

Nach einiger Zeit setzt die Wirkung ein, jetzt kann der Priester die Fragen vortragen: Mit den berauschenden Dünsten empfängt die Pythia zugleich die Eingebungen des delphischen Gottes und ringt körperlich um ihre Verkündigung. Ihr Gesicht, so wollen es einige wissen, wechselt die Farbe, konvulsive Zuckungen durchlaufen ihre Glieder und aus ihrem Munde ertönen Klagegeschreie und langes Stöhnen. Die Augen funkeln, der Mund schäumt, die Haare sträuben sich, sie scheint zu ersticken, die assistierenden Priester halten sie sicher auf dem Dreifuß – und da beginnt sie Worte auszustoßen.

Tempel des Apollon in Delphi. Modell, Archäologisches Museum von Delphi

Worte, geschrieen, geflüstert, geröchelt, schwer verständlich, ohne erkennbaren Zusammenhang. Aber die Priester passen auf. Sie schreiben mit, was sie hören. Sie notieren alles. Anschließend ordnen die Priester, was sie notiert haben, versuchen Sinn in die Sache zu bringen, gelingt das nicht wird der Ausleger herbeigerufen, Prophet genannt. Er stellt den Zusammenhang her, das ist die Antwort auf die Frage – und die wird dem Fragesteller übergeben.
Dass der Sinn allerdings nicht selten mehrdeutig ist und mit fatalen Folgen falsch ausgelegt werden kann, haben Fragesteller immer wieder erfahren müssen. Ein berühmtes Beispiel nennt Herodot: Der lydische König Krösus will im Jahre 546 v. Chr. gegen den Perserkönig Kyros in den Krieg ziehen. Sicherheitshalber befragt er das Orakel von Delphi. Er werde ein großes Reich zerstören, lautet die Antwort. Krösus fühlt sich ermutigt und wagt den Angriff. Tatsächlich behält das Orakel Recht, und er zerstört ein großes Reich. Es ist jedoch sein eigenes, er verliert nämlich den Krieg gegen die Perser. Ein anderes folgenreiches Orakel war das an Laios, den Vater des Ödipus. Ihm wurde geraten, keinen Sohn zu zeugen, da dieser ihn einst erschlagen und seine eigene Mutter heiraten werde.
Die letzte Auskunft erteilte die Orakelpriesterin im Jahre 392 n. Chr.: Das Christentum war inzwischen Staatsreligion des Römischen Imperiums, und Kaiser Julianus Apostata, der Abtrünnige (denn er wollte vom Christentum wieder zurück zur Verehrung der heidnischen Götter) wollte in Erfahrung bringen lassen, ob die heidnische Orakelstätte wohl eine Zukunft hätte. Sein Bote erhielt eine Antwort, die diesmal eindeutig war und sich auch bewahrheitete:

Künde dem König, das schön gefügte Haus ist gefallen.
Phoibos Apollon besitzt keine Zuflucht mehr:
der heilige Lorbeer verwelkt.
seine Quellen schweigen für immer,
verstummt ist das Murmeln des Wassers.

Die Delphische Sibylle. Michelangelo 1509, Detail, Sixtinische Kapelle Rom

Ihr Ende hatte die Priesterin Pythia richtig vorhergesagt: Die Geschichte des Orakels endet mit dem Siegeszug des Christentums im Römischen Reich, 398 wurde es unter Kaiser Arcadius zerstört. Der Lorbeer war jedoch unverwelklich und überstand die Zerstörung: Er wurde in die christliche Symbolik als Zeichen des ewig Dauernden aufgenommen. So wurden die Toten auf Lorbeerblättern aufgebahrt, da die in Christo Verstorbenen nicht aufhören zu leben, und als Zeichen der Taufe deutet der Lorbeer auf das neue Leben in Christo hin. Und die Pythia selbst? Lebt sie weiter in der geheimnisvollen delphischen Sibylle in der Sixtinischen Kapelle?

2 Der Lorbeer als Gewürz

Lorbeerblätter sind aus der Küche nicht mehr wegzudenken. Gute Lorbeerblätter müssen grün, trocken, stielfrei und unzerbrochen sein. Beim Brechen eines trockenen Blattes soll sofort der charakteristisch würzige, balsamische Geruch frei werden. Der Geschmack ist typisch würzig und leicht bitter. Sind die Blätter älter als ein Jahr, haben sie allen Geschmack verloren und sind wertlos.
Lorbeer ist vielseitig verwendbar und muss, weil er sehr leicht in den Speisen dominiert, vorsichtig dosiert werden, oft genügt ein halbes oder ein viertel Blatt. Vor dem Servieren herausnehmen!
Die aromatischen Blätter passen zu Suppen, Eintöpfen, zu Fleisch- und besonders zu Wildgerichten, aber auch zu Fisch, zu Soßen, Marinaden und Beizen sowie zu Essigfrüchten und Pasteten. Sie dienen zur Würzung von eingelegten Gurken und Heringen. Interessante Geschmacksnoten entstehen, wenn sie bei Salzkartoffeln oder Gemüse mitgekocht werden.

2.1 Geschmortes Wildschwein mit Lorbeerblatt

Die Daube ist eines der klassischen Schmorgerichte im Süden Frankreichs. Früher stellte man am Abend des wöchentlichen Backtages einen Keramiktopf mit Fleisch und einer „Garnitur" aus aromatischen Gemüsesorten in den erkaltenden Steingutofen, um die Resthitze zu nutzen. Am nächsten Mittag dann, nach vielen Stunden sanften Schmorens, hatte man ein wunderbar duftendes Gericht. Die modernen Spezialtöpfe für eine Daube sind hoch und schmal und möglichst aus Keramik, der Topf wird mit einem Teigstrang aus Mehl und etwas Wasser versiegelt, auf den man den Deckel drückt.

Hier ein Rezept für eine Daube aus dem südlichen Frankreich, bei dem Lorbeer sich gut entfalten kann: Geschmortes Wildschwein.

Für Geschmortes Wildschwein benötigt man
200 g Karotten, 1 Zwiebel, 4 Knoblauchzehen, 2 Lorbeerblätter, 1½ kg Wildschwein aus Schulter oder Keule in etwa faustgroße Stücke geschnitten, 1 Flasche Rotwein, 600 g Waldpilze (etwa Pfifferlinge oder Steinpilze).

Geschmortes Wildschwein mit Lorbeer

So wird es gemacht: Die Karotten waschen, schälen und in Scheiben schneiden. Zwiebel und Knoblauchzehen abziehen und grobhacken. Diese aromatischen Gemüse, den Lorbeer, das Fleisch und den Rotwein in ein Porzellangefäß geben, das alle Zutaten bequem fasst. Mindestens 24 Stunden marinieren.
Am nächsten Tag die Pilze mit einem feuchten Küchentuch abreiben. Große Pilze in Stücke schneiden. Petersilie waschen, trocknen, feinhacken. Fleisch und Gemüse aus der Marinade heben, gut abtropfen lassen, das Fleisch mit einem Küchentuch trockentupfen. Das Öl in einer Pfanne über großer Flamme erhitzen, bis ein Wassertropfen zischend verdampft. Das Fleisch unter häufigem Wenden auf großer Flamme von allen Seiten kurz anbraten. Mit etwas Mehl bestäuben und in unseren speziellen Topf geben. Die Marinadenflüssigkeit, Pilze, Petersilie, die Lorbeerblätter (!) aus der Marinade, Tomatenmark und etwa 500 ml Wasser dazugeben. Die übrigen Gemüse aus der Marinade werden nicht mehr benötigt. Salzen und ganze Pfefferkörner zugeben.
Aus dem Mehl und etwa 200 ml Wasser einen feuchten Teig anrühren und zu einem Strang ausrollen, zwischen Gefäß und Deckel des Keramiktopfs kleben, um diesen zu versiegeln.
Dies ist bei einer Daube besonders wichtig, denn während der vielen Stunden, die das Fleisch bei geringster Hitze sanft schmort, muss alle Flüssigkeit im Tontopf bleiben. Der Teigstrang versiegelt darüber hinaus auch die Aromen im Topf. Bei 110° C (Umluft 100° C) im vorgeheizten Ofen 4–5 Stunden schmoren. Erst dann den Topf öffnen, abschmecken. Die Daube mit Kartoffeln, Kartoffelbrei oder mit Kastanienpolenta servieren. Dazu schmeckt Rotwein aus der Provence.

2.2 Grutbier zum Wildschwein

Wenn wir aber Geschmortes Wildschwein nicht in südlichen Gefilden verspeisen, sondern mit den Tempelrittern im klösterlichen Refektorium der Komturei Mücheln? Wildschweine gibt es nämlich reichlich in „Mücheln unter den Eichen", so die überlieferte Benennung. Nun, dann gibt es keinen Wein zu trinken, sondern es gibt Bier. Und das hat es in sich im wahrsten Sinne des Wortes, es wird uns Grutbier eingeschenkt.

Grutbier war ein Bier, das noch nicht allein aus Hopfen, Gerstenmalz und Wasser gewonnen wurde. Anstelle des Hopfens wurde eine ganze Palette von Kräutern und Beeren zugesetzt, darunter die berauschenden Säfte des Gagelstrauches und unser in Duft und Wirkung ähnlicher Lorbeer.

Die Lorbeerblätter für das Grutbier hatten möglicherweise die Steinmetze aus Südfrankreich im Gepäck, als sie zum Bau der Templerkapelle und zur Gestaltung des steinernen Herbariums der Kapelle in Mücheln eintrafen. Das war um 1280 oder einige Jahre früher.

Eine feste Rezeptur gab es nicht. Weitere mögliche Zutaten waren z. B. Gerste, Dinkel, Hafer, Beifuß, Schafgarbe, Heidekraut, Kümmel, Ingwer, Rosmarin oder Harz. Auch halluzinogene Kräuter wie Bilsenkraut und Stechapfel oder auch Fliegenpilze konnten das Rezept beleben.

Allmählich bekamen die Grutbiere starke Konkurrenz durch die Hopfenbiere: Die konnten sich nicht nur durch Verordnungen und von Amts wegen gegen die Grutbiere durchsetzen, sie waren zugleich als Handelsgut tauglich und nicht nur für den Stammtisch im Brauhaus oder in der heimischen Küche verwendbar. Die konservierenden Wirkung des Hopfens machte sie haltbarer als Grutbier, das schnell verdarb und daher nicht über größere Strecken gehandelt werden konnte.

Außerdem hat der Hopfen eine eher beruhigende Wirkung, was die Verfasser der Reinheitsgebote für Bier sehr wohl wussten, als sie u. a. auch den Lorbeer und andere berauschende Kräuter aus der Rezeptur des Volksgetränks verbannen.

3 Von der innerlichen zu den äusserlichen Anwendungen

3.1 Das Lorbeeröl

Der Lorbeerstrauch trägt kleine grüngelbe Blütendolden, die bringen glänzende, blauschwarze Beeren hervor, die Lorbeeren. Aus diesen Beeren wie aus den Blättern gewinnt man das Lorbeeröl. Das ist eine starkwürzige und butterartige grünliche Masse, die zu rund 95 % aus fettem Öl und zu 5 % aus ätherischem Öl besteht.

Das Lorbeeröl hat es in sich und ist Bestandteil etlicher Medikamente zum Einreiben, hilft bei Prellungen, Verstauchungen und rheumatischen Beschwerden. In seiner reinen Form nützt es zum Beispiel gegen Läuse und Krätzmilben, die sich mit Vorliebe auf dem Haupthaar ansiedeln.

Aus diesem Grunde verfiel man auf die Idee, das Tragen von Hüten zugleich mit der Parasitenbekämpfung zu verbinden: *Oleum lauri* wurde wegen seiner antiparasitären und zugleich auch glättenden Wirkung auf den Hutfilz aufgetragen. Um Hüte aufzubewahren, werden sie in der Regel aufeinandergesetzt, sie werden gestapelt. Dabei ereignet es sich nun, dass die lorbeerölhaltige Substanz des Filzes auf die Hutbänder der je darüber liegenden Filzhüte übertragen wird, wenn die Substanz bereits bei der Behandlung nicht nur auf den Filz übertragen, sondern gleich auch auf das Hutband ausgedehnt wurde.

Dieses Hutband kommt dann allerdings nicht allein mit dem Haar des neuen Hutbesitzers in Berührung, sondern erreicht auch freie Hautpartien. Dort löst das so übertragene Oleum lauri häufig eine allergische Reaktion aus, die sich als streifenförmiges Ekzem im Stirnbereich zeigt. Dies ist nicht nur den Hutträgern schmerzlich aufgefallen, sondern auch den Hautärzten: Es handelt sich dabei um eine Kontaktdermatitis, die als sogenannte Hutfilz- oder auch Hutbanddermatitis besonders in den 1960er Jahren beobachtet wurde. Als Verursacher wurde das Lorbeeröl ausgemacht.

Als möglicher Erreger von Allergien erkannt, gibt es seit den 1970er Jahren eine EU-Richtlinie, die die Verwendung von Lorbeeröl drastisch einschränkt und die Verwendung in Kosmetika, das sind vor allem Seifen, untersagt. Nur als Gewürz ist es zugelassen und nur in kleinen Mengen empfohlen. Die Hutbanddermatitis jedenfalls, durch Lorbeeröl hervorgerufen, spielt heute keine Rolle mehr.

Die Experten sind sich allerdings nicht ganz einig in der Angelegenheit, denn es gibt keine eindeutige Definition des Lorbeeröls: Man gewinnt es durch Pressen und durch Auskochen, sowohl destillativ aus den Blättern als auch durch Extraktion aus den Früchten. Aufgrund der nicht eindeutigen Definition des Ölgemisches und ungeklärten Rechtslage, so zeigt sich das Bundesinstitut für Risikobewertung irritiert, finden wir durchaus Kosmetika, die Lorbeeröl enthalten. Unter ihnen die berühmteste aller Seifen: die seit dem Altertum bekannte syrische „Aleppo-Seife“ mit den besonderen Eigenschaften des Lorbeeröls.

3.2 Ein Geheimnis des Orients zur Pflege von Haut und Haar

Aleppo, eine Stadt im Norden Syriens, unweit der türkischen Grenze, mit einiger Bedeutung in der Zeit der Kreuzzüge, ist der arabische Geburtsort eines ganz besonderen Kosmetikums. Seit über 1200 Jahren versteht man sich hier auf die Kunst, aus pflanzlichen Ölen ganz besonders feine Seifen herzustellen, die ersten Seifen von fester Konsistenz überhaupt. Noch heute gibt es in Aleppo über 70 kleinere Siedereien, die oft schon seit vielen Jahrhunderten bestehen und als Familienbetriebe geführt werden.

Von hier aus tritt die duftende und handliche Seife ihren Siegeszug durch den gesamten Mittelmeerraum an. Mit der Ausbreitung des Islam kommt sie zunächst nach Spanien. Mit den Kreuzfahrern dann nach Italien, über die Alpen nach Frankreich und in deutsche Lande, wo man sich noch der alten germanisch-gallischen Rezeptur aus Ziegen-, Rinder- oder Hirschtalg bediente, um so etwas wie Seife zu fabrizieren. Die jedoch war eher als Pomade zu nutzen, mit der man das Haar in Facon brachte, als Reinigungsmittel taugte sie wenig.

Dagegen die Seife aus Aleppo: Sie reinigt nicht nur, sie pflegt Haut und Haare, hält sie weich und geschmeidig – und hat einen wunderbaren Duft. Die Seife wird im gesamten Orient von Frauen und Männern geschätzt, auch die westliche Welt verlangt zunehmend nach dem Aroma und den pflegenden Eigenschaften dieser Seife.

Die Seife gibt zudem, zwischen die Wäsche gelegt, ein gutes Mittel gegen Motten ab. Sie eignet sich zur Reinigung empfindlicher Materialien – und hilft nach Insektenstichen. Die jeweils betroffene Stelle reibt man mit einer fast trockenen Seife ein.

Aleppo-Seife

Die Herstellung der Aleppo-Seife findet nur in der Zeit zwischen November und März statt, das ist die Zeit der Olivenernte und des frisch gepressten Öls. Sechs bis neun Monate trocknet die „rohe“ Seife in luftigen Gewölben, dann ist sie „reif“ und kann verkauft werden.

Das Original ist eine Mischung der Hauptbestandteile Olivenöl und Lorbeeröl, und die Herstellungsprozedur ist seit mehr als 1000 Jahren unverändert. Am Ende der langwierigen Verseifung des Olivenöls wird schließlich das entscheidende Lorbeeröl zugesetzt. Der Anteil kann variieren. Es sind Mischungen von 2% bis 40% Lorbeeröl üblich, wobei das am häufigsten anzutreffende Verhältnis 85% Olivenöl und 15% Lorbeeröl ist.

Mit den Kreuzfahrern kommt der Ruhm dieser einmaligen Lorbeerseife in die unkultivierten Regionen Europas – wie die gesamte Kultur des Waschens und Badens übrigens auch. Die schafft es aber zunächst nur bis auf die Burgen der Fürsten und Grafen nördlich der Alpen. Vielleicht auch in die eine oder andere öffentliche Badestube – wer weiß? Und ist es nicht ein schöner Gedanke, sich vorzustellen, die Bademädchen auf einer Bildtafel der Manessischen Liederhandschrift, die den Ritter und Minnesänger Jakob von Warte umsorgen, würden ihn mit der wunderbaren Lorbeerseife aus Aleppo einseifen, die einer der aus dem fernen Orient heimkehrenden Kreuzfahrer mitgebracht hat? Rosenblätter rieseln auf den badenden Jüngling aus einem Rosenkranz herab, den ihm eine der Badejungfern gleich aufs Haupt setzen wird. Ein Kranz aus Rosen, der als Zeichen der Liebe und zarter Verehrung überreicht wird – und zugleich Dichterkrone ist, die nur dem Besten zusteht.

Mit dem Kranz, der dem Dichter und Sänger Jakob von Warte überreicht wird, hat es eine lange Tradition. Allerdings ist die Verleihung der Dichterkrone im Badezuber nicht die offizielle Version, auch sind wohl selten schöne junge Damen die Hauptakteure dieser Zeremonie. Ohne die idyllische Badeszene wäre es sicher nicht die beziehungsreiche Rose gewesen, die dem Poeten verehrt wird. An ihre Stelle wäre der immergrüne Lorbeer getreten, mit dem seit der Antike die herausragendsten Künstler geehrt werden.

4 Aus Bad und Küche nun aufs Haupt des Siegers!

Die symbolischen Kräfte des Lorbeers überragen die pragmatischen seit Jahrtausenden: Mit den Zweigen des Lorbeerbaumes werden ungewöhnliche Leistungen ausgezeichnet. So treten die Dichter im antiken Griechenland turnusmäßig zum Wettstreit an, sozusagen als Vorprogramm für die sportlichen Wettkämpfe z. B. in Olympia oder Delphi, wobei die gesamte Veranstaltung in die kultische Verehrung einer Gottheit wie etwa Zeus

Heinrich von Warte. Große Heidelberger Liederhandschrift (1305 bis 1340)

oder Apollon eingebettet ist. Der Vierjahresrhythmus wird die verbindliche Spanne. Im künstlerischen Wettstreit wird der Sieger ermittelt, und zwar nach Kriterien, die eine Jahrhunderte währende Tradition möglich machten. Heute ist das nicht mehr denkbar. Oder liegt es am Lorbeer, am immergrünen Lorbeer, mit dem der Sieger des künstlerischen Wettbewerbs gekrönt wird und der dann offiziell den Titel Poeta laureatus tragen darf, der „gelorbeerte Dichter", mit dem Versprechen des dauerhaften Ruhmes?

Im Zuge der Expansion Roms bringen die Griechen neben vielen anderen kulturellen Errungenschaften auch den Dichterwettstreit und den obligatorischen Lorbeerkranz in die römische Welt, ihre Götter werden bekanntlich umgetauft und in den römischen Götterhimmel integriert, aus Zeus wird Jupiter, aus Poseidon wird Neptun, Apollon wird zu Apollo usw. Siegreiche Feldherren setzen sich auch schon mal gern selbst den Lorbeerkranz auf, wenn sie in eine eroberte Stadt einreiten, und sie lassen auch Münzen prägen, die von einem Lorbeerkranz umschrieben sind.
Mit dem Ende des Römischen Imperiums geht eine hoch entwickelte Kultur zugrunde. Und folgerichtig verschwindet der Lorbeer nicht nur von zu krönenden Häuptern und umkränzten Münzen, sondern auch aus dem Kochtopf.
Die Barbaren aus den Urwäldern Mitteleuropas überrennen die Römer und können mit dem Lorbeer weder in Küche und Bad noch im Wettstreit etwas anfangen. Und so taucht er für die nächsten 1000 Jahre einfach ab.
Erst als im Mittelalter antike und römische Traditionen und Kultur wiederentdeckt werden und in das Alltagsleben einzufließen beginnen, wird die „gelorbeerte" Ehrung von künstlerischer Leistung thematisiert. Sie ist aber nicht notwendig als abschließendes krönendes Element in einen Sängerstreit eingebunden. So gibt es bei den „Meistersingern von Nürnberg" statt des Lorbeerkranzes die Braut des Bürgermeisters zu gewinnen.

Büste mit Lorbeerkranz. Goldmünze (Aureus) des Postumus, römischer Gegenkaiser in Köln, 260–269 n. Chr.

Anderenorts wird die Auszeichnung des Dichters mit Lorbeerkranz und Titelverleihung auch ohne wettkampfartige Konkurrenz wieder aufgegriffen. Sie erreicht zu Ostern 1341 ihren Höhepunkt auf dem Kapitol in Rom: Nach dem König Robert von Anjou Francesco den Poeten in Neapel auf seine dichterischen Fähigkeiten geprüft hatte, verleiht der römische Senator und Freund des Dichters, Graf Ursus d'Anguillara, Petrarca den Lorbeerkranz und ernennt ihn zum Poeta laureatus. Damit nimmt er die bedeutendste und für die Entwicklung der Dichtkunst einflussreichste Dichterkrönung überhaupt vor. Petrarca ist der für die Ausbildung der modernen europäischen Lyrik bedeutendste Schriftsteller. Er führt den aus sich selbst inspirierten, aus der eigenen Erfahrung von Natur, der Beobachtung eigener Gefühle gespeisten Künstler ein – das künstlerische Subjekt, das aus sich selbst schöpft und sich selbst verwirklicht. Für die Renaissance wird diese Individualisierung dann programmatisch.
Bemerkenswert ist, dass Petrarca eine erste Einladung zu Titel und Lorbeerkranz abgewiesen hat. Die wurde von einem konkurrierenden Fürsten angetragen. Die Tatsache, dass Petrarca ein Angebot ausschlagen kann – ohne zu wissen, ob ein anderes folgen würde – weist auf die Unabhängigkeit und Selbstgewissheit des Künstlers hin. Er hat eben nicht nach vorgegebenen Regeln ein Werk verfasst, eben keinem Herrscher Extralob gezollt – und der König von Neapel hat dieses von Amts wegen gewürdigt.

Das wird von künftigen Preisverleihern anders aufgefasst werden: Sie erkennen in der offiziellen Auszeichnung die Möglichkeit, den „gelorbeerten" Dichter öffentlich als jemanden darzustellen, der mit ihnen auf gleicher Augenhöhe ist, mit dem sie in höchstem Maße einverstanden sind – und dessen Ruhm nun auch zu ihrem Ruhme wird. Der Staatsdichter wird geboren. In der Folge sind es dann die Kaiser des Heiligen Römischen Reichs Deutscher Nation, die Dichter als Staatsdichter „belorbeeren" und sie zugleich in Beschlag nehmen. Auch Päpste folgen diesem Beispiel.

Im 16. Jahrhundert kommt es zu einer entscheidenden Veränderung. Universitäten werden an vielen Orten gegründet, Experten sammeln sich an diesen Orten, der Gelehrte wird ein Stand für sich, auf den sich die Regierenden einlassen müssen. Der Kaiser erkennt die Notwendigkeit, diese Experten einzubeziehen, sie zu verpflichten und sich ihrer zu bedienen.

Immer seltener nimmt er selber die Krönung mit der Dichterkrone vor. An seiner Stelle dürfen nun die Rektoren besonders privilegierter Universitäten die Ehrung vornehmen, wobei diese verbunden ist mit der Erlaubnis, an deutschen Universitäten in Rhetorik und Poetik zu dozieren. Das hatte eine kaum erwartete Folge: Es kommt zu einer wahren Inflation von Verleihungen: Ist Kaiser Friedrich III. während seiner über 50-jährigen Regierungszeit (1440–1493) mit 23 Dichterkrönungen schon sehr großzügig, so sind es zwischen 1601 und 1700 an die 800 Dichter, die die Herrschenden auszeichnen lassen: Acht Lorbeerkränze pro Jahr werden den Dichtern aufs Haupt gedrückt! Dass diese nicht immer aus der ersten Liga sind, kann man mit Recht vermuten – in der Regel dichten sie lateinisch und nicht deutsch, in der Sprache der Gelehrten und nicht der des Volkes und derer, die es regiert.

So verliert der Titel Poeta laureatus seine gesellschaftliche Bedeutung im Laufe der folgenden 100 Jahre: Die Dichter selber finden in Zeiten des ausklingenden Absolutismus und der keimenden Aufklärung kaum noch Interesse an der fürstlichen Auszeichnung, an der Dichterkrönung, am Herrscherlob.

So ist es nicht weiter verwunderlich, dass die letzte kaiserlich privilegierte Dichterkrönung 1804 stattfindet, und mit dem von Napoleon bereiteten Ende des Heiligen Römischen Reichs 1806 verschwindet auch der Poeta laureatus als herrschaftlich anerkannte Institution.

Eines der wenigen Beispiele zur alternativen Dichterkrönung gibt Goethe: Wenige Tage nach Erscheinen des „Oberon" von Wieland muss er ein Exemplar in die Hand bekommen haben – und ist überwältigt. In einer spontanen Reaktion, und

Goethe auf dem Totenbett mit Dichterkranz, Achim Lipp, 1982 (nach Preller, 1832)

nur dieses eine Mal überhaupt, ordert er einen Lorbeerkranz und übersendet ihn als Zeichen höchster Bewunderung an Wieland, den Künstlerkollegen. Dass dieser das Werk dann noch sieben Mal umarbeitet und es erst 16 Jahre später als abgeschlossen ansieht, steht auf einem andern Blatt.
Mit diesem besonderen Vollzug der Dichterkrönung jedoch macht Goethe deutlich: Ich spreche hier als Dichterkollege, nicht als Potentat; ich lobe als Fachmann den Kollegen, weil ich etwas von der Sache verstehe! Das ist bereits die vollkommene Abkehr vom überlieferten Modell.
Ein weiteres Mal treffen wir Goethe mit einem Lorbeerkranz an, wieder ist ein Dichterkollege mit von der Partie: Zum 100. Geburtstag des Dichterfürsten wird ein Denkmal entworfen, das ihn heute noch in Weimar überlebensgroß zusammen mit Schiller zeigt, die Linke freundschaftlich auf dessen Schulter gelegt, in der Rechten einen Lorbeerkranz haltend, in Hüfthöhe, so vor sich hin – Freundschaft, nicht Wettstreit, verbindet die beiden. Sie sind sich selbst genug, der Dichterkranz ist ihr gemeinsamer Ausweis und steht ihnen, den Ausnahmegeschöpfen, einfach zu.

5 „Um Kranz oder Tod"

So betet mancher Athlet vor den sportlichen Wettkämpfen in den antiken Arenen von Olympia, Delphi, Korinth und anderen Städten.
Mehr als 1000 Jahre lang nehmen die Athleten aus der gesamten griechisch sprechenden Welt im vierjährigen Rhythmus an diesen Wettkämpfen teil. Sei es bei Diskuswurf, Sprung, Speerwurf, Laufen mit Rüstung, Staffellauf, Ringen, Faustkampf oder Pferderennen: Es geht allein um den Sieg. Jede Niederlage ist eine Schande, fast wäre man lieber tot. Und so sind die Ehrungen der Sieger auch gigantisch. Sie reichen vom feierlichen Einzug bei der Rückkehr in die Heimatstadt, der Errichtung einer Statue und Zahlung einer städtischen Siegesprämie bis zu lebenslanger Speisung auf Kosten der Stadt. Der Glanz des Siegers erhellt auch seine Heimat-

Lorbeerkranz aus Gold, vermutlich Zypern, 4./3. Jh. v. Chr.; Reiss-Engelhorn-Museen, Mannheim

stadt, daher bemühen sich die Städte, die besten Wettkämpfer zu ihren Bürgern zu zählen. Entsprechende Bemühungen lassen sie sich enorm viel kosten, man kauft die Athleten ein, so dass man sich um die Einkünfte dieser Profis wohl kaum Sorgen machen musste.
Die Ehrungen am Ende der Wettkämpfe werden mit der Übergabe des Siegerkranzes eingeleitet. Bei den Spielen zu Ehren des Zeus in Olympia sind es die Zweige vom Olivenbaum, bei den Spielen in Korinth zu Ehren Poseidons die Zweige der Fichte, bei den Spielen zu Ehren Apollons in Delphi sind es die Zweige des Lorbeers, auf die man sich im Laufe der Jahrhunderte dann generell einigt.
Was es mit dem Lorbeerkranz als Dichterkrone auf sich hat, haben wir schon gesehen. Der ist als Staatslob für künstlerische Erfindung seit zweihundert Jahren nicht mehr gefragt. Anders beim sportlichen Wettkampf in heutiger Zeit.

5.1 „Lorbeerblatt statt Kaffeeservice“

So titelt am 5. Dezember 2007 Focus online: Die Nationalmannschaft der Fußballerinnen hat den WM-Titel geholt, und der Bundespräsident überreicht ihr feierlich ein Lorbeerblatt, ein silbernes Lorbeerblatt, seit 1950 die höchste staatliche Ehrung für besondere Leistungen im Sport. „Bleiben Sie als Team so, wie Sie sind, und bleiben Sie damit das, was das silberne Lorbeerblatt würdigt: Vorbilder durch Leistung und Persönlichkeit“, führt Horst Köhler aus. Er lobt die rasante und positive Entwicklung des deutschen Frauenfußballs – und aus der dunklen Erinnerung an die Tradition der antiken Spiele, die Frauen generell von jeder aktiven wie passiven Teilnahme ausschlossen, sieht er die Zeiten „endgültig vorbei, in denen Frauen erst gar nicht und dann laut DFB-Regularien nur mit kleineren und leichteren Bällen Fußball spielen durften“. Mit Blick auf die zum Teil in Bundeswehr-Uniformen erschienenen Kickerinnen ergänzt er: „Angesichts Ihrer Erfolge ist unsere Männer-Nationalmannschaft bestimmt schon ein paar Mal vor Neid erblasst.“
Dann folgt ein weiterer Schritt, der an die durchaus antike Tradition anknüpft, die bisher den Fußballherren vorbehalten war: Erstmals gibt es ein Preisgeld für die Fußballdamen: Vom Weltverband FIFA erhält der Deutsche Fußballbund 735.000 Euro für den Sieg, jede Spielerin bekommt 55.000 Euro. „Das zeigt, dass sich was tut. Die Zeiten von Bügelbrett und Kaffeeservice – 1989 noch die Siegprämie für die gewonnene Europameisterschaft – sind vorbei. Der Frauenfußball hat sich den Platz erkämpft und verdient“, so das Staatsoberhaupt.

6 Nach Sieg und Platz nun wilde Hatz

Dahinten! Da saust der Bundespräsident hinter der Fußballerin her über Stock und Stein, um ihr den silbernen Lorbeer anzuheften? Nein, doch nicht! Das ist Apollon! Einer jungen Frau dicht auf den Fersen, will sie packen! Die schöne Daphne, bezaubernde Nymphe, jungfräuliche Jägerin, ewig junge Naturgottheit, in Wald und Flur zu Hause und nun auf der Flucht!

Sie muss darunter leiden, dass der bildschöne Apollon Eros, den kleinen Liebesgott, dereinst verspottet hat, worauf dieser in seinen Köcher greift und zwei Pfeile hervorzieht von entgegen gesetzter Wirkung. Den bleiernen, Liebe tötenden schießt er auf Daphne, den goldenen, Liebe erregenden Pfeil dagegen auf Apollon. Das Ergebnis ist vorhersehbar: Apollon verliebt sich unsterblich in Daphne, während diese für jene Liebschaft unempfänglich wird und macht, dass sie davonkommt.
Der römische Dichter Ovid greift den Mythos auf und lässt dabei den Daphne hinterher eilenden Apollon rufen:

„Rauh sind dort, wo du eilest, die Gegenden: mäßiger, fleh' ich,
Lauf', und hemme die Flucht; dann mäßiger folg' ich dir selber.
Wem du gefällst, erkundige doch! Nicht haus' ich in Berghöhn,
Nicht hier schalt' ich als Hirt, nicht weidende Rinder und Schafe
Hüt' ich in wüster Gestalt! Nicht weißt du es, Törin, du weißt nicht,
Welchen du fliehst: das macht dich entfliehn! Mir huldiget Delphos,
Klaros und Tenedos mir, und die pataräische Hauptstadt!
Jupiter zeugete mich! Was war, was ist, und was sein wird,
Weissag' ich, und heiße das Lied einstimmen den Saiten!
Treffend ist unser Geschoss; nur war ein einziger Pfeil noch
Treffender, welcher die Wund' in das ruhige Herz mir gebohret!
Ich erfand die heilende Kunst; Heilbringer und Retter
Nennt mich die Welt; und die Kraft der Genesungskräuter gehorcht mir!
Ach, kein linderndes Kraut erwächst für die Gluten der Liebe,
Und nichts frommt dem Besitzer die Kunst, die allen umher frommt!"

Apollon, dem doch sonst immer alles gelingt, wird auch hier siegen. Er ist schnell und holt allmählich auf – und die fliehende Daphne kommt ihm näher und näher, scheint ihm immer schöner, begehrenswerter.

„Hold erschien sie auch jetzt; es enthülleten Winde die Glieder,
Vor dem begegnenden Hauch entflatterten ihre Gewande,
Und ihr wallte das Haar rückwärts in dem leisen Gesäusel.
Eile vermehrte den Reiz. Nicht trug's der unsterbliche Jüngling,
Daß er noch länger umsonst liebkosete; sondern wie Amor
Antrieb, folgt' er den Spuren mit angestrengterem Schritte.
Wie wenn der gallische Hund im freieren Felde den Hasen
Sah, und jener um Raub sich beschleuniget, dieser um Rettung."

Schon spürt die Fliehende im Nacken den Atem des Gottes. Ihre Kräfte lassen nach. Sie weiß keinen Ausweg. Da ruft sie voll Verzweiflung ihren göttlichen Vater Peneios an, dass er sie im Erdreich versinken lassen oder ihre den Apollon so aufreizende Gestalt wandeln möge.

„Rette mich, rief sie, o Vater, wenn Macht euch Ströme beseelet!
Du, wo zu sehr ich gefiel, zerspalte dich unter mir, Erde!
Oder verwandele diese Gestalt, die mir Kränkungen bringet!“

Gleichsam im Nu erstarren ihre Glieder und sie verwandelt sich in einen Baum. Es ist der Baum, der im Griechischen ihren Namen trägt, nämlich δάφνη (dáphnē) und den wir Lorbeerbaum nennen:

„Kaum war geendet das Flehn; und gelähmt erstarren die Glieder.
Zarter Bast umwindet die wallende Weiche des Busens;
Grün schon wachsen die Haare zu Laub', und die Arme zu Ästen;
Auch der so flüchtige Fuß klebt jetzt am trägen Gewurzel;
Und ihr umhüllt der Wipfel das Haupt: nur bleibt ihr die Schönheit.
Phöbus liebt auch den Baum; und mit angelegeter Rechte
Fühlet er noch aufheben in junger Rinde den Busen.
Und mit zärtlichen Armen die Äst', als Glieder, umschlingend,
Reicht er Küsse dem Holz; doch entflieht vor den Küssen das Holz auch.“

Die schwellende Brust überzieht sich mit feiner Rinde. Es wachsen die Haare zu Blättern, zu Zweigen die Arme, auch die Füße, eben so rasch noch, sie hängen in trägen Wurzeln. Das Haupt wird Wipfel. Die Verwandlung! Was bleibt, ist die glänzende Schönheit. Apollon, der auch Phöbus, der Strahlende, genannt wird, liebt den Baum ebenso. Er legt seine rechte Hand zärtlich auf den Stamm und spürt das Herz noch pochen. Da umschlingt er die Zweige wie Glieder mit seinen Armen und küsst das Holz, das vor den Küssen zurückbebt, noch jetzt.
Sein Schicksal annehmend, verkündet Apollon schließlich: „Da du mein als Gattin nicht sein kannst, / Wenigstens sei als Baum du die Meinige! Immer umwind' uns / Du das Haar, und die Leier, und du den Köcher, o Lorbeer!“ Mit eben entstandenen Zweigen nickt ihm der Lorbeer Beifall zu, und gleich einem Haupt scheint zustimmend sich der Wipfel zu neigen.
Wir blicken von der verwandelten Daphne empor zum versteinerten Lorbeer. Wir fragen uns, ob wir auf unserem Streifzug durch den Lorbeerwald auch einen Fuß in die Gedankenwelt des Künstlers gesetzt haben, aus der heraus er uns diesen ewigen Lorbeer schuf und die den geheimnisvollen Garten aus Stein umwittert?

Jacob Auer, Apollo und Daphne. Wien, um 1688/90. Statuette aus Elfenbein. Kunsthistorisches Museum Wien, Kunstkammer

Die Weinrebe als Schlussstein über dem Altarraum

Wulf Diepenbrock

Die algorithmische Schönheit der Pflanzen

1 Einleitung

Die Epoche der Gotik hat in der ornamentalen Gestaltung von Sakralbauten eine Hinwendung zur Biologie, speziell zur Botanik, ausgelöst. Die Bildersprache hatte sich im Übergang von der Romanik von Tieren, Fabelwesen, typisierten Menschenfiguren sowie abstrakt verschlungenen Ornamenten hin zur naturalistischen Darstellung von Pflanzen gewandelt.
In der Templerkapelle Mücheln finden wir Darstellungen von Bärenklau (*Acanthus mollis*), Distel-Artischoke (*Cynara cardunculus* L.), Feigenbaum (*Ficus carica* L.), Kolchischem Strauch-Efeu (*Hedera colchica*), Echtem Lorbeer (*Laurus nobilis* L.), Madonnen-Lilie (*Lilium candidum* non L.), Morgenländischer Platane (*Platanus orientalis*), Zerreiche (*Quercus cerris* L.), Mariendistel (*Silybum marianum* [L.] Gaertn.) und Echter Weinrebe (*Vitis vinifera* L.). Die botanische Symbolik ist in ein Netzwerk biblischer Bezüge eingelassen. Daneben wirken die Objekte allein durch ihre Ästhetik, der ein klar gegliederter Algorithmus, der Bauplan der Pflanzen, zugrunde liegt. Den Erschaffern des Steinschmuckes war bereits vor mehr als 700 Jahren bewusst, dass das reale Abbild der Natur nur auf dieser Grundlage in einem dreidimensionalen Modell gestaltet werden kann.
Auch die gegenwärtige Wissenschaft der pflanzlichen Modellierung orientiert sich an der Morphologie der Pflanzen, die heute jedoch mit den Wachstums- und Entwicklungsprozessen der Pflanzen gekoppelt wird. Die entsprechenden modellhaften Darstellungen werden zunehmend im 3D-Raum eines Computers, also in einer virtuellen Welt, generiert.
Gestern wie heute sind Modelle als Abbilder realer Systeme zu werten.

2 Morphologie der Pflanzen

Die überwiegende Zahl der Nutzpflanzen gehört den angiospermen Kormophyten an, die trotz einer großen Vielfalt unterschiedlicher Formen einen gemeinsamen Bauplan aufweisen. Das äußere Erscheinungsbild gliedert sich in Spross (abgeleitet vom Sprossvegetationspunkt des Embryos) und Wurzel (abgeleitet vom Wurzelvegetationspunkt des Embryos).
In der Unterabteilung der Angiospermen (neu: Magnoliophytina) finden sich die Klassen der einkeimblättrigen Pflanzen (Monocotyledonae; neu: Liliatae) und zweikeimblättrigen Pflanzen (Dicotyledonae; neu: Magnoliatae). Sie stimmen in der allgemei-

nen Aufteilung der Grundorgane Wurzel, Hypocotyl (Abschnitt zwischen Wurzel und Stängel), Epicotyl (Abschnitt zwischen Keimblättern und erstem Laubblatt) und Spross (Sprossachse und Blätter) überein. Die am Spross angeordneten Blüten dienen der geschlechtlichen Fortpflanzung, werden aber nicht als eigenständige Organe aufgefasst, sondern als Metamorphosen (= gestaltliche Änderungen) von Spross und Blättern.
Die oberirdischen Wuchsformen sind durch das arttypische Verzweigungssystem des *Sprosses* gekennzeichnet, der aus der Sprossachse und den Blättern gebildet wird. Angiosperme Pflanzenarten zeigen stets eine gleichartige und sich wiederholende Unterteilung des Sprosses in Nodien (Knoten) mit Blattansatz und Internodien. Die Verzweigungen des Sprosses werden am Sprossvegetationspunkt angelegt und gehen aus meristematischen Geweben der Seitenknospen hervor, die in jeder Blattachsel zu finden sind. Dabei kommt nicht jede Seitentriebanlage zur Ausbildung, weil deren Aktivierung artspezifisch und vom Entwicklungsstand der Gesamtpflanze abhängig ist.
Grundsätzlich wird zwischen monopodialen und sympodialen Sprossen unterschieden. Ein monopodialer Spross entsteht unter fortgesetzt dominantem Wachstum der Hauptachse (z. B. Raps). Beim sympodialen Spross treten ein oder zwei (auch zahlreiche) Achselknospen eines Knotens hervor, so dass die Hauptachse nacheinander aus dominanten (Neben-)Achsen mit begrenztem Wachstum zusammengesetzt ist (z. B. Lupine). Am Ende einer solchen Achse bildet sich eine Terminalknospe, mit der das Wachstum eingestellt wird. Aus darunter liegenden Verzweigungen gehen (eine bis viele) neue Achsen hervor, die ihrerseits die Hauptachsenfunktion übernehmen.
Die *Pflanzenwurzel* unterscheidet sich vom Spross durch die Blattlosigkeit, die radiale Anordnung der Leitbündel im Zentralzylinder, die Wurzelhaube und die endogene Verzweigung. Wachstum und Entwicklung des Wurzelsystems variieren stark in Abhängigkeit von den Faktoren der Wurzelumwelt.
Die *Laubblätter* werden am Vegetationskegel angelegt und sind im mikroskopischen Bild zunächst als kleine Höcker, d. h. Blattprimordien, zu erkennen. Das vollständige Laubblatt besteht aus Oberblatt mit Blattspreite und Blattstiel sowie Unterblatt mit Blattgrund und gegebenenfalls Nebenblättern. Bei Monokotyledonen sind die Gefäßsysteme streifenartig, bei Dikotyledonen netzartig verteilt.
Bei den monokotylen Pflanzenarten sind die aufeinanderfolgenden Blattanlagen stets wechselständig im Winkel von 1800 angeordnet, so dass die Blätter in zwei Zeilen stehen (Distichie). Dikotyle Arten können davon abweichen und ihre Blätter in kleineren Winkelabständen inserieren, so dass sich die Blätter nicht gegenseitig bedecken. Sie erscheinen dann meist in 3, 5 oder 8 Reihen längs der Achse (Dispersion). Bei gegenständiger Blattstellung vieler Dikotylen treten zwei Blätter je Nodium auf und die Blattpaare sind jeweils um 900 versetzt (Dekussion). Sind mehr als 2 Blätter an einem Nodium angeordnet, liegt eine wirtelige Blattstellung vor.
Blüten werden erst nach Umsteuerung des Sprossvegetationspunktes vom vegetativen zum generativen Zustand angelegt. Unter dem Einfluss regulativer Umweltfaktoren ändern die Blattanlagen ihre Funktion und dienen jetzt der Entwicklung der verschiedenen Blütenteile, d. h. der Kelch-, Blüten-, Staub- und Fruchtblätter. Dabei sind Kelchblätter

(Sepalen) wie auch Blütenblätter (Petalen) meist auf das Unterblatt reduzierte Organe, die sowohl aus Hochblättern (z. B. Kelch) als auch aus umgewandelten Staubblättern (z. B. bei Blütenblättern) hervorgegangen sind. Zusammen bilden sie die Blütenhülle. Die Staubblätter sind die männlichen Blütenorgane, die zusammen das Androezeum darstellen. Die Fruchtblätter (Gynoezeum) sind meist zum Fruchtknoten zusammengewachsen und repräsentieren die weiblichen Organe. Männliche und weibliche Organe können in einer Blüte zusammenstehen. Es handelt sich dann um monoezische (einhäusige) Pflanzen mit zwittriger Blüte (hermaphrodite Pflanzen). Pflanzen mit getrenntgeschlechtlichen Blüten (Blüten mit Staubblättern oder mit Fruchtblättern auf der gleichen Pflanze) sind ebenfalls monoezisch. Diözische Pflanzen tragen dagegen männliche und weibliche Blüten auf verschiedenen Individuen.
Einige bis zahlreiche Blüten befinden sich in einem Blütenstand (Infloreszenz) der racemös oder cymös ausgebildet sein kann. Racemöse Blütenstände entstehen aus monopodialer Verzweigung mit deutlich ausgeprägter Hauptsprossachse. Cymöse Blütenstände leiten sich von der sympodialen Verzweigung der Sprossachse ab, so dass der terminale Vegetationspunkt des Haupttriebes für die Endknospe verbraucht wird. Ein (oder zwei) Seitensprosse übernehmen dann das weitere Wachstum und überragen dabei die Endknospe.
Befindet sich die Blüte im Zustand der Samenreife so ist eine *Frucht* entstanden.
Gelegentlich sind noch vertrocknete Blütenorgane wie Kelch- und Staubblätter sowie Griffel zu erkennen. Während der Fruchtreife ist der Fruchtknoten stark herangewachsen und in seinem Inneren haben sich ein bis mehrere Samen entwickelt. Die verschiedenen Fruchtformen werden oft nach dem Verbreitungsmechanismus der Samen klassifiziert, die sich zur Samenreife entweder öffnen oder geschlossen bleiben. So wird zwischen Öffnungsfrüchten (Balg, Hülse, Kapsel, Schote) und Schließfrüchten (Beeren, Steinfrüchte, Nüsse) unterschieden. Sammelfrüchte bestehen aus einer einzelnen Blüte mit mehreren apokarpen Fruchtblättern, während Fruchtverbände aus ganzen, miteinander verwachsenen Blütenständen bestehen.

3 Pflanzliche Modellierung

Ausgehend von der beschreibenden Morphologie hat sich die moderne pflanzliche Modellierung entwickelt. Sie nutzt heute die mathematische Formulierung von Kausalzusammenhängen, die dem Wachstum und der Entwicklung von Pflanzen zugrunde liegen. So stellt sie ein wirksames theoretisches Werkzeug u. a. für die Formulierung und Testung von Hypothesen, für die quantitative Beschreibung von Zuständen und für Untersuchungen des dynamischen Verhaltens komplexer Systeme dar. Solche Modelle fördern eine ganzheitliche Sicht der Probleme und tragen zu einem besseren Verständnis der Funktionsweise und Vernetzung biologischer Systeme bei. Sie beantworten nicht nur die Frage „was geschieht", sondern geben auch eine quantitative Antwort auf die Frage „wie und warum etwas geschieht".

3D-Computergrafik von Pflanzen

Externe Einwirkungen auf Pflanzen werden durch sogenannte Einflussgrößen und Wechselwirkungen erfasst. Dabei spielt das Licht als Antrieb für den Prozess der Photosynthese eine entscheidende Rolle.
Die neueste Forschung auf dem Gebiet der pflanzlichen Modellierung ist auf die Darstellung von Formen und Prozessen im virtuellen Raum ausgerichtet.

3.1 Virtuelle Pflanzen

In den letzten Jahren hat sich die dreidimensionale Computergraphik von einem reinen Forschungsgegenstand schnell zu einem Teil unserer Erfahrungswelt entwickelt. Realistische computergenerierte virtuelle Welten in Film und Fernsehen gehören heute schon zu unserem „Alltag". Doch sie werden auch in Wissenschaft und Ingenieurtechnik angewandt, so in der Medizin, der Astronomie und der technischen Konstruktion. Der besondere Wert virtueller Welten liegt in der Möglichkeit ihrer interaktiven Erzeugung, ihrer Visualisierung und nicht zuletzt in der möglichen Veränderung. Beispiele sind hier die Planung und Gestaltung von Stadtlandschaften, die Konstruktion von Gebäudearchitekturen oder die Optimierung der Lichtverhältnisse in Arbeitsräumen.

In neuester Zeit findet der Begriff „virtuelle Welt" auch im Bereich der Pflanzenwissenschaften Eingang – so als *„virtueller Pflanzenbestand"* (engl. virtual crop). Unter dem Begriff „virtuelle Pflanzenbestände" werden Computersimulationen der strukturellen Entwicklung und des Wachstums von Pflanzenbeständen im 3D-Raum verstanden. Solche „virtuellen Pflanzenbestände" können auf der Grundlage dynamischer Modelle, die die verschiedenen Hierarchieebenen des Pflanzenbestandes beschreiben (Genom bzw. Zelle, Einzelorgan, Einzelpflanze, Pflanzenbestand), räumlich dreidimensionale Beziehungen sowie topologische und morphologische Charakteristika abbilden. Unter Einbeziehung der Zeit als vierte Dimension lassen sich darüber hinaus Wachstums- und Entwicklungsprozesse sowie die Architekturdynamik von Pflanzen im Raum darstellen. Der Begriff „virtueller Pflanzenbestand" umreißt also ein naturwissenschaftliches, stark interdisziplinär orientiertes Arbeitsgebiet. Dabei werden die Zusammenhänge im Systemverbund Pflanzenbestand-Boden-Atmosphäre mit den Mitteln der mathematischen Modellierung im virtuellen Raum erforscht und computergraphisch visualisiert.
Die Arbeiten werden im Rahmen einer DFG-Forschungsgruppe auf dem Gebiet der virtuellen Pflanzenbestände durchgeführt, die an der Martin-Luther-Universität in Halle koordiniert wird und in der Wissenschaftler aus verschiedenen Hochschulstandorten Deutschlands mitarbeiten.
Neben den innovativen Einsatzmöglichkeiten im Bereich der computergestützten Entscheidungshilfe in landwirtschaftlichen, forstwirtschaftlichen und gärtnerischen Produktionssystemen, in der Pflanzenzüchtung und der Biotechnologie bieten „Virtual Plants" insbesondere auch neuartige Möglichkeiten für die forschungsnahe Vermittlung von pflanzenbiologischem und pflanzenbauwissenschaftlichem Fachwissen in der Lehre durch interaktive computergestützte Systeme. Durch die Orientierung auf den Einsatz moderner Informationstechnologien werden dabei interaktive computergestützte und internetbasierte Methoden der Visualisierung, Animation und Simulation biologischer Prozesse für die Lehre entwickelt und nutzbar gemacht. Übergeordnetes Ziel ist dabei der schrittweise Aufbau nachhaltig wirksamer sowie multivalenter und dezentral nutzbarer Softwaresysteme und Internetplattformen zur statischen und dynamischen Visualisierung. Visualisierungstechniken bieten insbesondere die Möglichkeit der interaktiven Daten- und Prozessanalyse, der Unterstützung des Verständnisses für Dateninhalte durch Einbindung von Hintergrundwissen, wobei je nach aktueller Fragestellung gleichzeitig unterschiedliche Prozessebenen (z. B. Photosynthese, Strahlungstransfer, Stoffbildung) und räumliche Strukturebenen (z. B. pflanzliches Organ, Einzelpflanze, Pflanzenbestand) in ihrer Prozessdynamik analysiert und visuell veranschaulicht werden können.

4 Interpretation

In der Templerkapelle Mücheln spiegelt sich die botanische Welt der Gotik wider. Die dort abgebildeten Pflanzenarten haben eine besondere Symbolkraft mit meist biblischem bzw. christlichem Hintergrund:

- Bärenklau *(Acanthus mollis)* – Ornamentik in stilisierter Form an korinthischen sowie später römischen Säulen,
- Distel-Artischoke *(Cynara cardunculus L.)* – typische Bauplastik in portugiesischen Klöstern,
- Feigenbaum *(Ficus carica L.)* – Jesus mahnt mit Hinweis auf einen noch unfruchtbaren Feigenbaum zu Geduld, Mut und Hoffnung (Lk 13,6–9); aus den großen Blättern flochten Adam und Eva sich Schurze (1 Mose 3,6–7),
- Kolchischer Strauch-Efeu *(Hedera colchica)* – Efeu wird in der Bibel als Symbol für die Verehrung heidnischer Götter erwähnt (2 Makk 6,7),
- Echter Lorbeer *(Laurus nobilis L.)* – Athleten erhalten einen vergänglichen Sieges-(Lorbeer)-Kranz, die Krone, die ein Christ empfängt, wird jedoch unvergänglich sein (1 Kor 9,25)
- Madonnen-Lilie *(Lilium candidum non L.)* – die Lilie ist ein Sinnbild der Gnade Gottes; der Engel Gabriel trägt die Lilie bei der Verkündung der Geburt Jesu (1 Kön 7,19; Hld 2,1–2; Hos 14,5; Jes 35,1–2),
- Zerreiche *(Quercus cerris L.)* – vielfach genutztes gotisches Ornament,
- Mariendistel *(Silybum marianum [L.] Gaertn.)* – die Bibel erwähnt Dornen und Disteln sehr häufig und oft in Form von Metaphern; Disteln sind etwas Gemeines, Stechendes, Schmerzhaftes,
- Echte Weinrebe *(Vitis vinifera L.)* – im neuen Testament wird der Wein zum Symbol für Jesus Christus: „Ich bin der Weinstock, ihr seid die Reben. Wer in mir bleibt und ich in ihm, der bringt viel Frucht“ (Joh 15,5). Beim Abendmahl ist Christus in den Zeichen von Brot und Wein gegenwärtig (Mt 26,29).

Das Gesamtwerk vermittelt den Eindruck, dass die *Deckenornamente* der Kapelle die Licht spendende Sonne symbolisieren. Die Bögen der Deckengewölbe verbinden sie mit den Modellen der Pflanzen und deuten damit die Lichtstrahlen an, die über den Prozess der Photosynthese jede Form des höheren Lebens auf der Erde begründen.

5 Zusammenfassung

Beim Übergang von der Romanik zur Gotik sind in Sakralbauten Tierbilder, typisierte Menschenfiguren und Fabelwesen durch naturalistisch nachgebildete Pflanzen ersetzt worden. In den meisten Fällen sind sie in ein Netzwerk biblischer Bildersprache eingebunden. Als Abbild realer Pflanzen stellen sie hoch entwickelte Modelle der früheren Epochen dar. In diesem Sinne verläuft eine Traditionskette von der Antike bis in unsere Zeit. Heutige Modelle nehmen ebenfalls Bezug auf die Morphologie der Pflanzen und verbinden sie mit der mathematischen Formulierung von Kausalzusammenhängen des Wachstums und der Entwicklung von Pflanzen. Neueste Modellierungsansätze nutzen die Darstellung von Gestaltbildung und Prozessen im 3D-Raum des Computers. Es entsteht eine virtuelle Pflanze. Die Innengestaltung der Templerkapelle in Mücheln kann als Gesamtkunstwerk aufgefasst werden, in dem die Grundlage jeglichen höheren Lebens auf der Erde durch die Verbindung der Lichtkraft der Sonne mit pflanzlichen Strukturen dargestellt ist.

Christian-Heinrich Wunderlich

Das Geheimnis der roten Madonna von Mücheln

Pigmentuntersuchung an einem Wandmalereifragment der Templerkapelle

Das untersuchte Malereifragment, das in den Medien gelegentlich als „die Madonna von Mücheln" bezeichnet wird, stammt aus der Emporenbrüstung der Kapelle und wird um xxx. n. Chr. datiert. Es zeigt ein gekröntes weibliches Gesicht mit Nimbus. Ein rechts unterhalb befindlicher, nur fragmentarisch erkennbarer angeschnittener kleinerer Nimbus scheint die Ikonographie eindeutig zu machen: Madonna mit Kind.
Im Wesentlichen sind nur die roten Umrisslinien bzw. Vorzeichnungen erhalten, die offenbar in den frischen Putz als Freskomalerei aufgetragen wurden. Da solche Vorzeichnungen regelmäßig mit hämatithaltiger roter Erdfarbe ausgeführt wurden, tragen

Fragment der Mariendarstellung in der Kapelle

sie in der Maltechnik die Fachbezeichnung „Sinopie“[1]. Im Bereich der Haare, insbesondere aber im Nimbus, sind kleine, schwarze, flächige Reste eines Farbauftrages erhalten. Welche bildnerische Funktion ihnen zukam, ist aufgrund des sporadischen Erhaltungszustands nicht mehr zu erkennen.

Etwas eindeutiger ist die Funktion der blassgrünlichen Farbe zu erkennen. Sie füllt im Wesentlichen den Hintergrund aus, an andere Stellen der Malerei, wie z. B. der Stirn oder der Krone der Madonna, ist sie wohl eher durch Witterungs- und Wischvorgänge geraten. Die weißen Partien wiederum sind der freigelegte, freigewitterte Putzgrund aus Kalkmörtel.

Die Pigmentuntersuchungen zielten auf die chemischen Natur der drei erkennbaren Farben – Rotbraun, Schwarz und Grün.

Hierzu wurden jeweils wenige Milligramm Probe mittels einer Kohlenstoff-Klebefolie von den zu beprobenden Partien abgeklebt und auf einem Trägerstempel in den Proberaum eines Rasterelektronenmikroskops mit einer EDX-Einrichtung (EDX: energiedispersive Röntgenspektroskopie) gebracht.[2] Bei der Beprobung kam es zu einer Überraschung. Beim Abstempeln wurde bemerkt, dass sich unter der schwarzen Farbe eine intensiv orangerote Farbschicht befindet.

1 Die Ergebnisse der Untersuchungen

1.1 Grün (Kupfer)

Die Elementaranalyse zeigt – neben den üblichen Beimengungen, die aus dem Putzuntergrund stammen – als „farbgebendes“ Element Kupfer. Eine genauere Bestimmung des Pigmentes erfolgt auf diese Weise nicht, ist in der Regel auch nicht notwendig. Das in der Freskomalerei am meisten verwendete grüne Pigment des Mittelalters ist das Kupfererz Malachit, ein basisches Kupfercarbonat. Seltener wurden auch – teils künstlich hergestellt – chloridhaltige Minerale wie beispielsweise Paratacamit (basisches Kupferchlorid) verwendet. Der messbare Chloridgehalt könnte darauf hindeuten, dass hier Paratacamit verwendet wurde. Allerdings darf eine Elementaranalyse nur unter größtem Vorbehalt interpretiert werden. Durch Umwelteinflüsse (aufsteigende Salze, Eintrag durch Regenwasser etc.)

Grüne Farbpigmente der Mariendarstellung

1 Von „Terra Sinopia“, der römischen Bezeichnung einer qualitativ besonders hochwertigen roten Ockers, der bereits in der Antike über die kleinasiatische Stadt Sinope am schwarzen Meer gehandelt wurde.

2 Die Untersuchungen konnten dankenswerterweise an dem Rasterelektronenmikroskop des Landeskriminalamts Magdeburg durchgeführt werden.

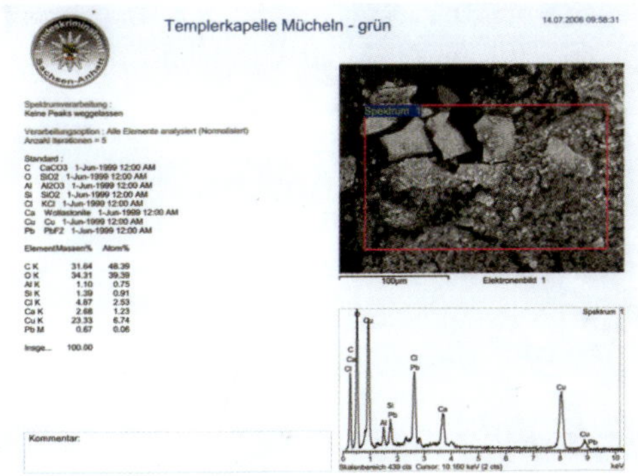

Pigmentanalyse (grün)durch das Landeskriminalamt Sachsen-Anhalt

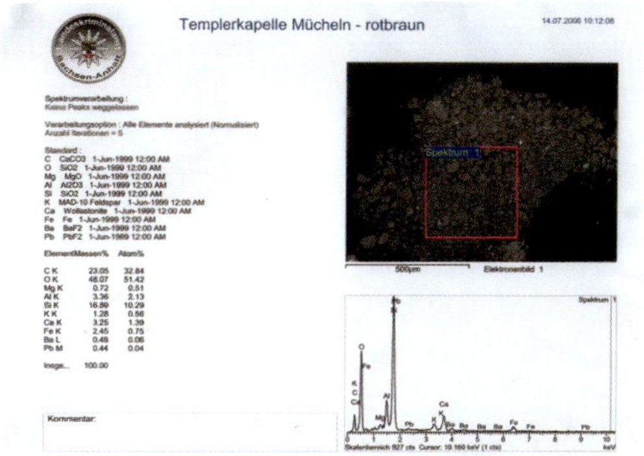

Pigmentanalyse (rotbraun) durch das Landeskriminalamt Sachsen-Anhalt

kann Paratacamit auch aus chloridfreiem kupfernem Grün und Blaupigmenten sekundär entstehen.[3]

1.2 Rotbraun

Die Pigmente enthalten als wesentliche die Farbe beeinflussende Substanzen Blei und Eisen. Es dürfte sich mit großer Sicherheit um hämatithaltige Erdfarben handeln, „Sinopien“ im klassischen Sinne (s. o.).
Das Blei ist wahrscheinlich eine Verunreinigung, es stammt, wie weiter unten ausgeführt, aus den verwaschenen, bleihaltigen Zonen der Malerei.

1.3 Schwarz und Orangerot

Sowohl rote als auch schwarze Farbschichten enthalten Blei, daneben die aus dem Putzuntergrund stammenden Elemente wie Silicium, Calcium, Aluminium. Der Gehalt an Kupfer dürfte auf verwitterte und ausgewaschene Kupferpigmente zurückzuführen sein.
Neben Blei enthält die schwarze Farbschicht etwas Schwefel. Der Bleigehalt ist auf die Verwendung von Mennige (Pb_3O_4) zurückzuführen. Mennige wurde als preisgünstiges, oranges bis rotes

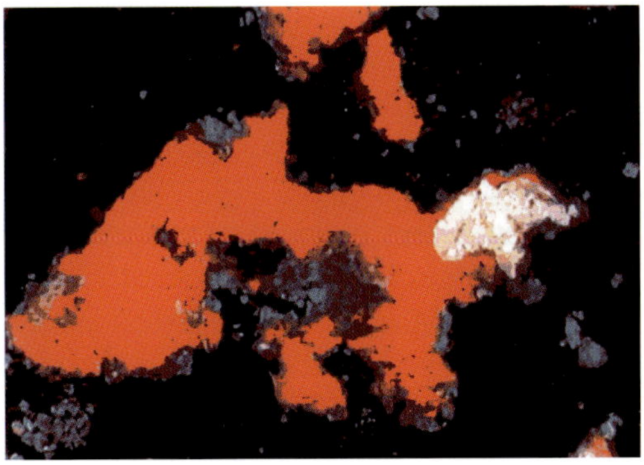

Rotschwarze Farbpigmente der Mariendarstellung

3 Es darf nicht einmal als absolut sicher gelten, dass der grüne Hintergrund immer schon grün war. Viele Blaupigmente, sowohl künstliche als auch natürliche, basieren auf Kupferverbindungen, die unter Umwelteinflüssen zur Vergrünung neigen, wie beispielsweise natürlicher Azurit (ebenfalls ein basisches Kupfercarbonat, künstliche Kupfer-Kalk-Blau-Sorten (vgl. dazu: Wunderlich 2000, Restauro).

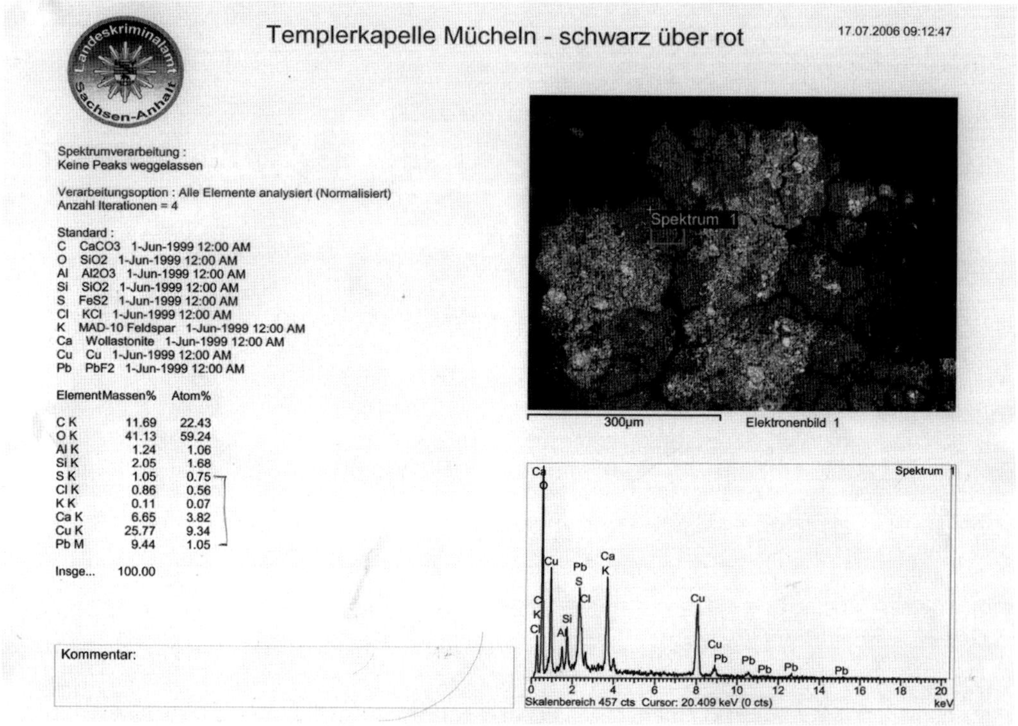

Templerkapelle Mücheln - schwarz über rot

17.07.2006 09:12:47

Spektrumverarbeitung :
Keine Peaks weggelassen

Verarbeitungsoption : Alle Elemente analysiert (Normalisiert)
Anzahl Iterationen = 4

Standard :
C CaCO3 1-Jun-1999 12:00 AM
O SiO2 1-Jun-1999 12:00 AM
Al Al2O3 1-Jun-1999 12:00 AM
Si SiO2 1-Jun-1999 12:00 AM
S FeS2 1-Jun-1999 12:00 AM
Cl KCl 1-Jun-1999 12:00 AM
K MAD-10 Feldspar 1-Jun-1999 12:00 AM
Ca Wollastonite 1-Jun-1999 12:00 AM
Cu Cu 1-Jun-1999 12:00 AM
Pb PbF2 1-Jun-1999 12:00 AM

Element	Massen%	Atom%
C K	11.69	22.43
O K	41.13	59.24
Al K	1.24	1.06
Si K	2.05	1.68
S K	1.05	0.75
Cl K	0.86	0.56
K K	0.11	0.07
Ca K	6.65	3.82
Cu K	25.77	9.34
Pb M	9.44	1.05
Insge...	100.00	

Kommentar:

Pigmentanalyse (schwarz über rot) durch das Landeskriminalamt Sachsen-Anhalt

Pigment in der Buch- und Tafelmalerei des Mittelalters verwendet, gelegentlich, wie im vorliegenden Fall, auch in der Freskomalerei. Bleimennige ist gegenüber starken Alkalien wie dem Kalkputz zwar stabil, nicht jedoch gegen atmosphärische, schwefelhaltige Verbindungen. Wird Mennige Schwefelwasserstoff oder organischen Schwefelverbindungen ausgesetzt, so schwärzt es sich unter Bildung von Bleisulfid (PbS). Dies ist ein Phänomen, das auch bei vielen anderen historischen Bleipigmenten zu beobachten ist, beispielsweise bei Bleiweiß.

Die ursprüngliche Funktion der Bleimennige im Bild kann leider nicht genau geklärt werden. Zu finden ist sie in Bereichen der Haare, aber nicht eindeutig trennbar zu Partien des Nimbus. Bleimennige ist ein hervorragender Trocknungsbeschleuniger in Ölfarben und Vergoldergründen auf Ölbasis („Mixtion“). Ob die spärlichen Reste der verschossenen Bleimennige nun auf die Reste eines vergoldeten Nimbus oder eine einst rothaarige Madonna hinweisen oder gar den Mythos „einer schwarzen Madonna von Mücheln“ begründen können, lässt sich allein mit der hier vorgestellten chemischen Charakterisierung der Farben nicht belegen.

René Csuk

Glanz früher Herrlichkeit – Farben in der Kapelle

1 Farbwahrnehmung

Farbe ist eine auffällige Eigenschaft der uns umgebenden Materie; eine Welt in Schwarz-Weiß ist für uns unvorstellbar. Bereits sehr früh wurden vom Menschen Bilder und Eindrücke seiner Umgebung geschaffen – in Farbe. Als Zeugnisse und Beispiele frühester visueller Empfindungen können die steinzeitlichen Höhlenzeichnungen dienen, bei denen unsere Vorfahren die von ihnen wahrgenommenen Farben der Natur in eigener Schöpfung mit andersartigen Farbstoffen reproduzierten. Das diesem Prozess zugrunde liegende „Farbsehen" ist ein Teilbereich der Fähigkeit, elektromagnetische Wellen verschiedener Wellenlängen in ihrer Intensität unterscheiden zu können. Diese Fähigkeit ist im gesamten Tierreich verbreitet, wobei das Absorptionsspektrum der wahrgenommenen und unterscheidbaren Wellenlängen artspezifisch ist und charakteristisch ist sowohl für die jeweilige Tierart als auch deren visuelle Qualität. Aufgrund andersgearteter Entwicklung besitzen Tiere im Vergleich zu Menschen unterschiedliche Farbwahrnehmungen, wobei sich die optischen Wahrnehmungsapparate erstaunlich parallel entwickelten. Unterschiede können allerdings sowohl für die Zahl der Rezeptortypen als auch für die wahrgenommenen Wellenlängen elektromagnetischer Strahlung festgestellt werden. Die meisten tierischen „Augen" reagieren auch auf den für Menschen sichtbaren Wellenlängenbereich des Lichtes; einige jedoch auch auf den infraroten oder den ultravioletten Bereich, der von uns Menschen nicht wahrgenommen werden kann. Ob diese „Farbinformation" letztlich auch zu einer Farbwahrnehmung führt, ist indessen nicht so leicht bestimmbar; Wahrnehmung von Farben setzt auch die Fähigkeit des Lernens voraus, und wie Tiere Farben letztlich wahrnehmen, ist bislang nur in den wenigsten Fällen geklärt worden.

2 Zur Farbensymbolik

Die künstliche und ab einem bestimmten Zeitpunkt als künstlerisch zu bezeichnende Nachbildung der Farben der uns umgebenden Natur erforderte handwerkliche Geschicklichkeit; religiöse und philosophische Betrachtungen führten zu einer erweiterten Farbsicht und waren auch allen alten Kulturkreisen gemeinsam. Der Versuch, die Natur zu imitieren, insbesondere der Wunsch, das schöne, seltene und damit teure Gold nachzustellen, wurde zur (materiellen) Grundlage der Alchemie; Gold wurde bereits sehr frühzeitig als Substanz der Götter und als Abglanz der Sonne angesehen.

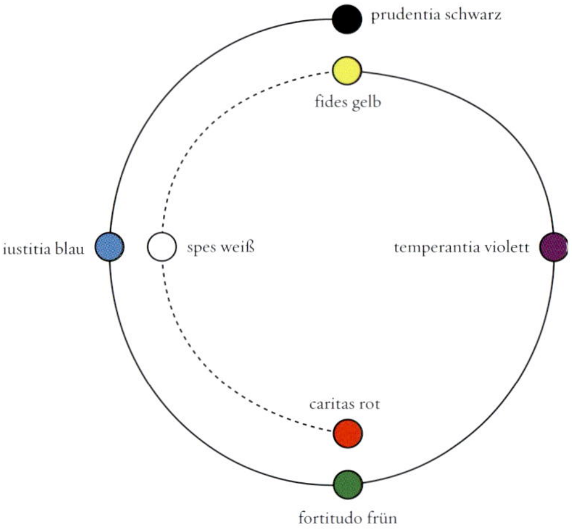

Farbsymbolismus

In den frühen Tagen der Menschheitsgeschichte war die Verwendung von Farben somit ausschließlich einer *realitätsnahen* Darstellung vorbehalten. Die Wahl der Materialien beschränkte sich im Wesentlichen auf Braun- und Rottöne; helle, weißähnliche Farbtöne finden sich dabei noch selten. Rote und gelbe Farben wurden mittels Erdfarben und Gesteinen dargestellt; Manganerze und die Kohle von Knochen und Horn oder Holzkohle dienten zur Herstellung der Farbe Schwarz. Als Bindemittel fanden Kalk und Wasser Verwendung. Die Farbe Grün fehlt in den frühen Höhlenzeichnungen; ihr Auftreten geht parallel mit der Sesshaftigkeit unserer Vorfahren und der Fähigkeit, Ackerbau zu betreiben, einher. Farbe kann demnach auch als ein Indikator früher Kulturgeschichte angesehen werden.

Im Verlauf der Hominisation wurden bestimmten Farben bestimmten Eigenschaften oder bestimmten Attributen zugeordnet. Damit wurde neben einer realitätsnahen Bedeutung Farben auch erstmals eine *symbolische* Komponente zugedacht. Während bereits sehr frühzeitig der Farbe Gold das göttliche Attribut beigestellt war, erfolgte eine strenge Regelung der Verwendung symbolischer Farben erst zur Zeit der Ritter. So unterschied man im Ritterwesen bereits zwischen Primärfarben („Lackfarben") und Sekundärfarben. Als Primärfarben galten die Farben Rot, Blau, Grün und Schwarz sowie die Metalle Gold (und die dazu analoge Farbe Gelb) und Silber (und die analoge Farbe Weiß). Mit einbezogen wurden unter anderem die Pelze Hermelin und Zobel sowie als weitere Farben Purpur und Violett. Für Turniere und Livrees fanden die Sekundärfarben Verwendung. Dazu zählten Rosa und Orange, Blut- und Karminrot, fleischfarben, Olivgrün, Grünbraun, Grüngelb, Zimtbraun, Grau, Kastanienbraun, gesprenkelt und perlfarbig sowie die Farbe der Pfirsichblüte.

Eine Möglichkeit der Darstellung dieser Farben bietet der symbolische Farbkreis, bei dem die primären Lackfarben längs dreier äußerer Kreise und die Sekundärfarben längs eines inneren Kreises angeordnet werden; im Zentrum steht dann das gesprenkelte – das aus der Vermischung von primär und sekundär entstanden ist und damit auch die schillerenden Farben umfasst. Eine derartige Anordnung brachte es auch mit sich, dass die Farben Schwarz und Weiß auf verschiedenen Bahnen nebeneinander angeordnet sind und auf dem Schnittpunkt der Verbindungslinie zwischen diesen Farben sich damit auf dem Kreis der Sekundärfarben die Mischfarbe „Grau" befindet.

Der Farbsymbolismus des Mittelalters vereint damit die beiden Naturen des Ritters: Er ist einerseits der heidnische, nordische Krieger, der Protagonist der Heldenepen und Legenden; er ist aber auch gleichzeitig der „Vagabund", der sich auf einer ständigen Suche

befindet, seinem Namen und seinem Wappen Ehre zu erweisen (wozu wiederum Turniere und andere kühne Heldentaten erforderlich sind).
Andererseits ist damit auch der Grundstein für einen Symbolismus anderer Art gelegt: Was könnte als Gut höher erachtet werden, was könnte der Ehre des Ritters mehr dienen, als der christlichen Maxime des Mittelalters zu folgen und aus dem Ritter einen Glaubensritter zu machen: einen Kämpfer für den wahren Glauben, der dem Kreuz ins Heilige Land folgt – und damit an den Kreuzzügen als Kreuzritter teilnimmt. Diese Doppelnatur erforderte allerdings auch eine präzise Klärung der Beziehung zwischen christlichen und weltlichen Tugenden (konsequenterweise beinhaltet dies allerdings bereits den Kern späteren Scheiterns der Kreuzritterorden; gleichzeitig auftretender weltlicher und kirchlicher Machtanspruch sind nur innerhalb einer Theokratie unproblematisch).
In der Farbordnung der Heraldik ist die Verbindung der Farben mit den sieben elementaren Tugenden verankert, den drei theologischen Tugenden Glaube (fides), Hoffnung (spes) und Liebe (caritas) sind die drei Farben Gold (Gelb), Silber (Weiß) und Rot zugeordnet; den vier Kardinaltugenden Weisheit (prudentia), Gerechtigkeit (iustitia), Tapferkeit (fortitudo) und Mäßigung (temperantia) die Farben Schwarz, Blau, Grün und Purpur (Violett). Damit wurde auch ein Crescendo gelegt, ausgehend vom Schwarz der Vorsicht bis zur höchsten Tugend eines Christen, der Liebe.
In einer graphisch-symbolischen Darstellung repräsentieren diese Farben/Tugenden eine Spirale, die dem Prinzip der steigenden Involviertheit folgt, wobei gleichzeitig eine chromatische Anordnung längs der beiden senkrechten Achsen, zur komplementären Beziehung der Gegensätze, auftritt.
Während das Mittelalter sich der Farben ausschließlich zur realitätsnahen Darstellung bzw. zu symbolischen Zwecken bediente, finden sich in unserer Zeit noch zwei weitere Anwendungsmöglichkeiten für Farben. Dies sind einerseits *funktionale* Zwecke: In unserem Kulturkreis wird die Farbe Grün (oder Weiß) als positiver Funktionsvermittler (man denke beispielsweise an Ampelfarben), die Farbe rot als Träger eines Verbots betrachtet. Farben können aber auch zu rein *ästhetischen* Zwecken benutzt werden. Die Gedankenwelt Philipp Otto Runges (1777–1810) aufnehmend, beschäftigt sich J. W. von Goethe in seinem Werk „Zur Farbenlehre" mit einer „sinnlich-sittlichen Wirkung" von Farben: so hat die Farbe Gelb, als Sieg des Hellen, eine leichtlebige Wirkung, der Farbe Blau wird eine dämpfende Wirkung zugeschrieben und die Farbe Purpur gilt als höchste Steigerung, da sich die Gegensätze hell und dunkel die Waage halten. Während Goethes physikalische Betrachtungen heute nur noch historische Bedeutung besitzen, sind seine Überlegungen hinsichtlich der Wirkung von Farben als der Beginn der modernen Farbpsychologie anzusehen.
Die Wahrnehmung von Farben wirkt psychologisch in zweifacher Hinsicht: Farben rufen Assoziationen hervor, also Vorstellungen, Erinnerungen an Dinge wie Gelb = Zitrone, Grün = Gras, Rot = Blut oder Feuer. Farben rufen aber gleichermaßen auch Gefühle hervor; dies zeigt sich in der Verwendung von Eigenschaftswörtern, die Farben zugeordnet werden, z. B. rot = gefährlich, grün = giftig ...

Die frühesten Farben basieren auf der Verwendung anorganischer *Pigmente*. Definitionsgemäß versteht man unter Pigmenten (von lateinisch pigmentum = Farbe, Schminke) (an-)organische bunte Farbmittel, die im Anwendungsmedium praktisch unlöslich sind. Entscheidend für die Verwendung von Pigmenten sind neben ihrer chemischen Struktur (und damit den Eigenschaften) insbesondere der durch sie vermittelte Farbeindruck als Summationsparameter von Absorption (lat.: absorptio = Aufsaugung, das In-sich-Aufnehmen, das Verschlucken) und Remission (lat.: remittere = zurückschicken, Streuung und/oder Reflexion) bestimmter Frequenzanteile des sichtbaren Lichts.
Die seinerzeit und damit auch für die Wandmalereien in der Kapelle Mücheln verwendeten anorganischen Pigmente zeichnen sich insbesondere dadurch aus, dass sie zu ihrer Verwendung keiner oder nur einer einfachen mechanischen Aufbereitung (Trocknen; Mahlen) bedürfen und dass sie mit Luftsauerstoff chemisch nicht oder kaum noch reagieren. Sie sind damit einerseits leicht zu handhaben und andererseits sehr resistent gegenüber Alterung, und sie behalten damit ihre Farbe praktisch beinahe beliebig lange bei (Alterungsprozesse resultieren meist aus dem Altern beigemengter organischer „Malhilfen“ wie z. B. Ölen).
Zur Verwirklichung der gewünschten Farbeffekte stand im Altertum und im Mittelalter eine aus heutiger Sicht recht enge Palette an Farbpigmenten zur Verfügung. „Alte“ Farben sind für weiße Farbtöne z. B. Bleiweiß (basisches Bleicarbonat: $2\ Pb(CO_3)_2 \cdot Pb(OH)_2$) oder Kreidepulver (durch Mahlen von Kalksedimenten – also $Ca(CO_3)_2$). Bleiweiß besitzt eine relativ hohe Deckkraft und schönen Glanz; es ist lichtbeständig – dunkelt allerdings durch Bildung des tiefschwarzen Bleisulfids (in Gegenwart von Feuchtigkeit und des allgegenwärtigen Schwefelwasserstoffs) nach.

3 Die Farben der Kapelle in Mücheln

3.1 Gelb

Für gelbe Farbtöne kam gelber Ocker zum Einsatz; erst wesentlich später wurden gelbe Farbtöne auch durch Antimongelb oder Auripigment möglich. Das gelbe Pigment Goethit fand bereits bei den Höhlenmalereien von Lascaux vor 17.000 Jahren Verwendung; gelber Ocker wurde von den alten Ägyptern zur Darstellung von Haut verwendet. Zusätzlich wurde hier die gelbe Farbe als Bedeutungsträger eingesetzt: Das Wort „Frau“ wurde mit gelber Farbe geschrieben.
In einigen Ländern ist Gelb „Hochzeitsfarbe“, in anderen Kulturen gilt sie als Unglücksbringer. Während in Europa „Gelb“ nie als Herrschaftssymbol fungierte (im Gegensatz z. B. zu China), trugen Königstöchter oft gelbe (mit Safran gefärbte) Seidenkleider. Die Farbe Gelb, als Safrangelb, die Farbe der Liebe und der Venus, das Sonnenlicht symbolisierend, die Erkenntnis und das Gedeihen des Lebendigen darstellend (vgl. J. M. W. Turner „Der Morgen nach der Sintflut“, ca. 1843), aber auch die Farbe des Herbstes und der Reife, erlitt im Mittelalter eine Umdeutung zur Schandfarbe von Randgruppen, z. B. der Dirnen (Tragen eines gelben Bandes, Gürtels oder Umhangs), sie wurde zur farblichen Symbo-

lisierung der Pest, sie symbolisierte ab damals die Farbe von Geiz und Neid und fand ab dem 12. Jahrhundert als Diskriminierungsfarbe für Juden (vgl. den gelben Davidstern im 20. Jahrhundert) Verwendung. Symbolistisch zeigt sich die Abwertung der Farbe Gelb besonders schön in der Freskomalerei „Der Judaskuss" (1304–1306) von Giotto di Bondone (1267–1337), in welchem Judas mit einem gelben Mantel dargestellt wird. Die Quarantäneflagge der internationalen Schifffahrt ist auch heute noch in Gelb-Schwarz gehalten. Die gelben Farbtöne der Malereien in der Kapelle sind wahrscheinlich gelber Ocker; die natürlichen Eisenoxide und Hydroxide wurden bereits in der Höhlenmalerei vor über 35.000 Jahren verwendet und zeichnen sich dadurch aus, dass sie lichtecht und wetterfest sind und darüber hinaus in hohem Maße wasserunlöslich.

3.2 Rot

Beim Erhitzen erhält man roten, gebrannten Ocker. Die Farbe Rot gilt als Farbe des Feuers und des Blutes. Blut und Feuer besitzen dabei sowohl positive als auch negative Besetzung: Dem Krieg, dem Hass, der Aggression und dem Blutvergießen stehen die Kraft, die Liebe, die Wärme und die Leidenschaft gegenüber. Das helle, leuchtende Rot war sowohl bei den Griechen in der Antike als auch später im christlichen Mittelalter mit der Verkörperung des männlichen Prinzips verbunden. Der positive Effekt der roten Farbe zeigt sich eindrucksvoll im Gemälde der „Auferstehung Christi" (Isenheimer Altar von 1515). Die in der Kapelle noch zu findenden roten Wandmalereien basieren wahrscheinlich auf rotem Ocker und symbolisieren eine lebenserhaltende Kraft. Es soll nicht unerwähnt bleiben, dass die Farbe Rot die erste Farbe ist, die ein Mensch wahrnehmen kann. Rot war die bedeutendste Farbe der Jagdvölker; Tiere wurden bewusst mit rotem Ocker gekennzeichnet, um deren Fruchtbarkeit magisch zu beschwören; gleichzeitig schützte „Rot" auch vor bösen Einflüssen. Rot war für die Alchemisten des Mittelalters die „Farbe aller Farben"; es symbolisierte den weltlichen und geistlichen Adel (Könige, Kardinäle) sowie höchste staatliche Gewalt: Der Henker trug rot und ein Rest ist heute noch verblieben in der Talarfarbe der Richter am Bundesverfassungsgericht.
Die Farbe Rot war im Altertum und im frühen Mittelalter eine im Wesentlichen positiv besetzte Farbe. So war es gängige Praxis, symbolistisch die Jungfrau Maria mit roten Haaren zu malen, wie auch die Kleider der Engel rot gefärbt waren. Parallelen ergeben sich dabei auch zum germanischen Jagdgott Donar, der mit roten Haaren dargestellt wurde – rot gefärbte Tiere galten als heilig. Ab ca. 1500 erfolgte allerdings eine Abwertung der Farbe als Spätfolge der Einführung des Christentums: Maria wurde ab diesem Zeitpunkt auf Gemälden nur noch blond dargestellt.

3.3 Blau

Die Farbe Blau gilt als Farbe des Himmels und des Wassers; sie stellt damit ein Universalobjekt dar (blauer Himmel, grüne Pflanzen, rotes Feuer, gelbe Sonne ...). Das Blau des Wassers verkörpert dabei das weibliche Prinzip, während das Himmelsblau dem männlichen Prinzip verbunden war. Im Gemälde eines unbekannten Meisters von 1490 „Verkündigung der Maria" wird Maria mit einem blauen Mantel umhüllt dargestellt; die

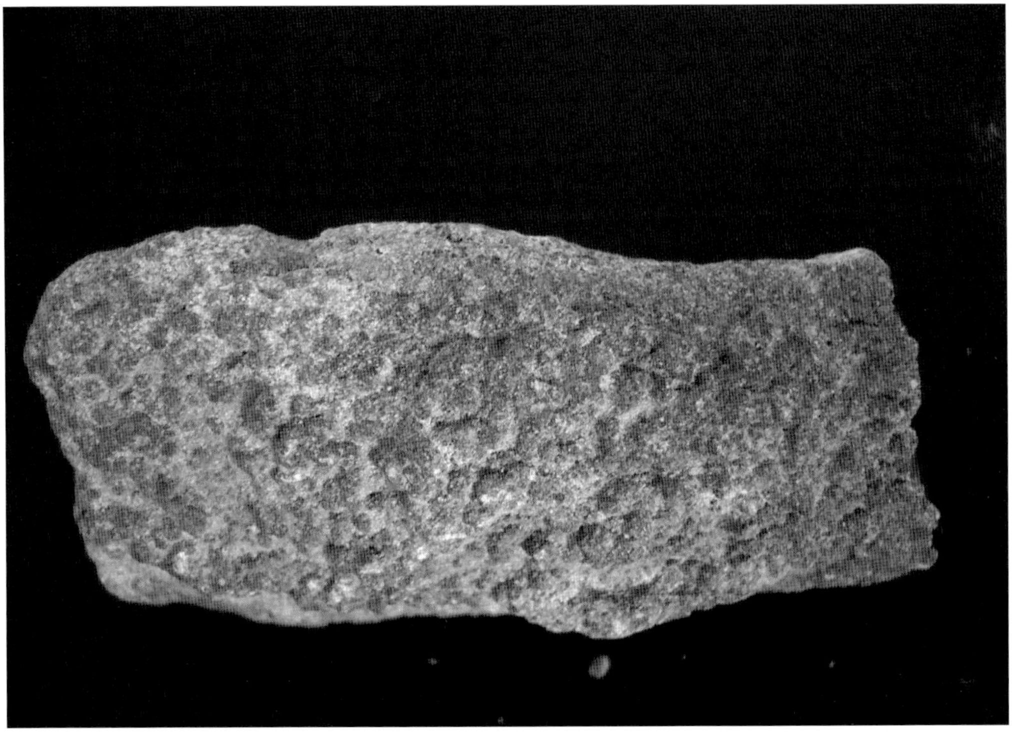

Azurit

Farbe auf dem Mantel der Maria ist gleichermaßen Symbol für Schutz und Reinheit. Eine gleiche Farbwahl findet sich auch beim Gemälde „Madonna der Demut" von Benedetto di Bindo († 1417) von 1400.
In den Wandmalereien der Kapelle finden sich auch Spuren blauer Farbe. Dabei handelt es sich wahrscheinlich um Azurit. Azurit ist ein blaues Mineral, das in der Natur oft zusammen mit Malachit auftritt. Chemisch gesehen handelt es sich dabei um ein basisches Kupfercarbonat der Formel 2 $CuCl_3 \cdot Cu(OH)_2$. Azurit kommt üblicherweise in derben, körnigen Massen vor und bildet tiefblaue bis schwarzblaue Kristalle. Manchmal wandelt sich Azurit in einer Pseudomorphose unter Beibehaltung seiner äußeren Gestalt oder seiner Kristallform zum grünen Malachit um. Azurit wurde bereits von den alten Ägyptern verwendet; es konnte sich im Altertum jedoch nicht so durchsetzen wie das leicht herstellbare Ägyptisch Blau. Ägyptisch Blau („Nil-Blau") ist ein blaues, künstliches anorganisches Pigment; chemisch gesehen handelt es sich dabei um einen Cuprorivait der Formel $CaCuSi_4O_{10}$, der durch mehrstündiges Verschmelzen von Quarzsand, Kalkstein mit Kupfererz und Pflanzenasche bei ca. 870 °C in Ägypten bereits seit der 4. Dynastie (ca 2500 v. Chr.) zugänglich gemacht wurde. Seit dem Mittelalter war Azurit in Europa das wichtigste Blaupigment; es diente darüber hinaus auch als blaue Grundierung für den wesentlich teureren Lapislazuli (Ultramarin).

Malachit

3.4 Grün

Die Farbe Grün ist die Farbe des Lebens, der Pflanzen und des Frühlings; sie ist gleichermaßen die Farbe der jährlichen Erneuerung und des Triumphs des Frühlings über den Winter und damit ein Symbol der Hoffnung und der Unsterblichkeit. Grün ist eine „subtraktive" Farbe aus der Mischung von Blau und Gelb hervorgehend. Dies mag einer der Gründe sein, weshalb ihr die Vereinigung des Geistigen (blau) mit emotionaler Wärme (gelb) zugesprochen wird. J. W. von Goethe ordnet der Farbe Grün den Begriff der Sinnlichkeit zu. Im Mittelalter wird die Farbe Grün symbolisch für Liebe verwendet; dem Bettzeug blieb die Farbe Rot vorbehalten, da dieses in der Tradition einer Signaturlehre vor den „roten Krankheiten" (Fieber, Ausschlag, Fehlgeburten ...) helfen sollte. Eine wunderschöne malerische Darstellung findet sich bei Jan van Eyck († 1441) und seinem Ölgemälde „Vermählung des Giovanni Arnolfini" (1434), in dem die Braut in ein grünes Kleid gehüllt ist. Grün ist als eine jüngere Farbe anzusehen, da es in der Höhlenmalerei der Jagdvölker praktisch nicht verwendet wurde – trotz der Existenz grüner Erden. Verwendung findet die grüne Farbe erst mit dem Auftreten von Ackerbau als Farbe der Götter.

Die grünen Farbreste in der Kapelle sind wahrscheinlich Malachit. Malachit ist ein grüner Halbedelstein, der zu seiner Anwendung meist in vermahlener Form mit Eiweiß,

Harzen oder Milch verrührt wurde. Chemisch betrachtet ist er ein basisches Kupfercarbonat, das in der Natur smaragdgrüne bis schwarzgrüne, traubenförmige Aggregate oder grüne, erdige Massen bildet. Die verhältnismäßig geringen grünen Farbspuren in der Kapelle erklären sich aus dem Verhalten des Malachits: Sonneneinstrahlung lässt ihn langsam verblassen und Wasser nimmt ihm den Glanz. Dies ist im Verlauf einiger Jahrhunderte auch dem Malachit in den Wandmalereien der Kapelle widerfahren.

4 Schluss

Auch wenn die Wandmalerei der Kapelle im Laufe wechselvoller Jahrhunderte größtenteils verlorengegangen ist, so reflektieren die noch verbliebenen Reste seinerzeitigen Glanz. Mittelalterlicher Tradition verhaftet, mögen uns die Worte Bernhards von Cluny (De contemptu mundi) als Trost dienen: „Stat rosa pristina nomine, nomine nuda tenemus“ (Die Rose von einst steht nur noch als Name, uns bleiben nur nackte Namen).

Georg-Michael Fleischer

Italien – Palästina und zurück

Mittelalterliche Pilgerfahrten, Schiffstransporte und Warenverkehr mit dem Heiligen Land

Für Carola in Liebe

Das steinerne Herbarium der Templerkapelle offenbart uns exotische Pflanzen, die die Erbauer der Kapelle oder die Künstler, die sie ausschmückten, gesehen haben müssen – niemals wären ihre Darstellungen ohnedies so wirklichkeitsnah oder auch so stilisiert möglich gewesen. Irgendwer muss die Vorlagen mitgebracht haben oder wenigstens Zeichnungen, die nach der Natur angefertigt worden waren. Über See werden sie den Rückweg aus dem Heiligen Land angetreten haben, eine lange und gefährliche Seereise wird es gewesen sein und der Transport war sicher nicht einfach. Zu diesen Wegen zurück aus dem Heiligen Land haben wir relativ wenig Informationen; der Auszug der Pilger und der Kreuzfahrer, der Hinweg zu einer verheißungsvollen und glorifizierten Reise wird in aller Regel wesentlich öfter ausführlich dargestellt als die unspektakuläre Rückfahrt, nicht selten nach verlorenen Schlachten, Niederlagen, Misshelligkeiten aller Art und Verlust von Hab und Gut. Gelegentlich finden wir in den zeitgenössischen Reiseberichten die lakonische Mitteilung, dass sie über Konstantinopel, Marseille, Rom, Venedig oder Genua zurückkehrten, manchmal ist nicht einmal erwähnt, ob über Land oder zur See. Und doch brachten sie die Bilder mit von Blumen und Pflanzen, von ungeahnten fremden Dingen und Eindrücken, vielleicht verklärend nach den Enttäuschungen, die sie vielfach erlebt haben. Spektakuläre Ausstellungen der vergangenen Jahre, wie z. B. „Saladin und die Kreuzfahrer“ in Halle (Saale)[1], zeigten vielerlei Gegenstände, die den Weg vom Heiligen Land nach Europa gefunden haben. Die Fahrten nach Palästina und zurück, die Mitbringsel der Kreuzfahrer und Pilger, einige Aspekte über die Reiseumstände der Schiffsfahrten, die Wege des mittelalterlichen Seehandels und die Umstände des Seeverkehrs sollen hier dargestellt werden und vielleicht ein Bild vermitteln, wie denn der Weg des steinernen Herbariums von der Levante nach Mücheln gewesen sein könnte.

1 Seereisen und Pilgerfahrten im frühen Mittelalter

Der Landweg ins Heilige Land über die anatolische Halbinsel war seit der Schlacht von Mantzikert 1071 mit der vernichtenden Niederlage des Byzantinischen Reichs sehr ge-

1 Katalog bei Philipp von Zabern, Mainz 2005; s.a. Hans-Jürgen Kotzur: Kein Krieg ist heilig. Die Kreuzzüge. Katalog Mainz 2004.

fährlich geworden, da die Rum-Seldschuken diese Gebiete weitgehend kontrollierten und reich ausgestattete Pilgergruppen natürlich potenziell eine lukrative Beute darstellten. Aber schon vor dieser mehr oder minder wirksamen Blockade des Landwegs, die aber den Weg nach Palästina fortwährend behinderte und damit die Entfaltung des Seewesens zur Zeit der Kreuzzüge nachhaltig beeinflusst hat, waren die Pilgerwege von räuberischen Nomaden bedroht, wie der Verlauf des berühmten deutschen Pilgerzugs von 1064/65 nachhaltig aufgezeigt hat. Von den mit Reichtümern beladenen 12.000 Pilgern, die von einer großen Muslim-Armee schon erwartet wurden, mussten mehr als zwei Drittel ihr Leben lassen und wurden grausam massakriert, alle gingen ihrer Schätze und Habseligkeiten verloren.[2] Auch die Tatsache, dass die Wege der europäischen Ritterheere durch Kleinasien während des ersten und zweiten Kreuzzugs mit erheblichen Verlusten erkämpft werden mussten, unterstreicht die Bedeutung der Seewege für den Verkehr mit Palästina zu dieser Zeit.[3] Ungeachtet der langen Reisezeiten zur See war dies de facto der schnellste Weg zu den Häfen der Levanteküste.

Bereits die ältesten uns bekannten christlichen Pilgerfahrten ins Heilige Land benutzten zumindest teilweise den Seeweg. Der namentlich unbekannte Pilger von Bordeaux, der von 333 bis 334 n. Chr. nach Jerusalem reiste, hinterließ eine ausführliche Wegbeschreibung.[4] Dabei überquerte er sowohl auf der Hin- als auch der Rückreise per Schiff die Straße von Otranto und fuhr auf der Rückreise von der Küste Palästinas nach Konstantinopel. Er hat zwar minutiös die Entfernung jeder einzelnen Station dargelegt, über die Seereise hat er leider keine Details hinterlassen.

Anders dagegen die Reise der hl. Paula (verst. 404 n. Chr.), die von Rom per Schiff im Jahre 386 ins Heilige Land reiste und deren Fahrt einer der gelehrtesten Männer der spätantiken Kirche, der hl. Hieronymus – allerdings erst 18 Jahre nach der Reise und nach dem Tod der Paula – aufzeichnete.[5] „Schon wurden die Segel gesetzt und das Schiff durch Ruderschlag auf die hohe See hinausgetragen ...“ – die Beschreibung des hl. Hieronymus lässt zweifelsfrei erkennen, dass es sich um eine Galeere handelt. Von Ostia, dem Seehafen Roms, fuhren sie zunächst zu den Pontinischen Inseln, einer Inselgruppe vor dem Golf von Gaeta. Weiter südwärts führte die Reise zwischen „Scylla und Charybdis“, wie die Straße von Messina im Altertum nach der Odyssee genannt wurde. Danach überquerten sie die Ionische See und landeten an der Südwestspitze der Peleponnes in Methone, wo einige Ruhetage eingelegt wurden (Abb. 1). Entlang der südlichen Kykladen ging die Fahrt nach Rhodos, wahrscheinlich erfolgte noch ein Halt an der lykischen

2 S.a. bei Foster S. 141, er sieht in der Schilderung dieser Vorgänge eine wichtige ideologische Vorbereitung auf den Papstaufruf Urbans II.; Kortüm durchleuchtet die Berichterstattung über die muselmanischen Grausamkeiten ausführlich anhand der zeitgenössischen Berichte und stellt die Schilderungen als Klischees dar.

3 Vgl. Fleischer. Die Bedeutung der Seeherrschaft für die Versorgung der Kreuzfahrerstaaten habe ich bereits ausführlich dargelegt, so dass auf eine erneute Darstellung hier verzichtet wird.

4 Vgl. Donner, S. 35 ff.

5 Ebd., S. 142 ff.; s.a. Baumstark, S. 8: In einem Brief anlässlich des Todes der verehrten Freundin schrieb Hieronymus die Lebensgeschichte der Paula in einem Trostschreiben an die Tochter Eustochium.

Abb. 1: Hafen von Modon (Methone), wie Felix Faber ihn im 15. Jahrhundert gesehen hat

Küste, bevor dann Zypern erreicht wurde. Nach 10-tägigem Aufenthalt erfolgte die letzte Etappe der Reise bis nach Seleucia (St. Symeon), die Hafenstadt an der Mündung des Orontes unweit von Antiochia, die siebenhundert Jahre später bei der Eroberung von Antiochia durch die Kreuzfahrer für die Versorgung des Kreuzfahrerheeres eine wichtige Rolle spielen sollte.[6] Vor hier aus erfolgte der weitere Weg der Reisenden nach Jerusalem auf dem Landweg entlang der levantinischen Küste .[7] Der hier beschriebene Seeweg ist von altersher eine häufig befahrene Route nach Palästina, die vor allem für Ruderschiffe noch Jahrhunderte bis zu deren Niedergang vielfach benutzt wurde.

Der andere Weg führte die Pilger nach Süditalien, dann ging es per Schiff über die Straße von Otranto von Bari oder Brindisi nach Dyrrhachion und auf dem Landweg entlang der Via Egnatia nach Konstantinopel. Von hier aus war dann wieder der Seeweg durch das Marmara-Meer, die Ägäis über Rhodos, Zypern zu den Levantehäfen üblich. Wir können annehmen, dass dieser Seeroute auch der sogenannte Pilger von Piacenza gefolgt ist, als er um das Jahr 570 ins Heilige Land unterwegs war.[8] Die sehr lebendige Schilderung seiner Pilgerfahrt enthält übrigens auch einen Hinweis auf die Dinge, die von der Pilgerreise mitgebracht wurden. So beschreibt er eine Gabe, die er einem Ratsherrn seiner Heimatstadt aus Jericho mitbrachte: „Ferner wachsen dort pfundschwere Datteln, von denen ich mir in die Provinz mitgenommen habe und eine dem Ratsherrn Paterius gegeben habe.“ [9]

Einige andere Beschreibungen von Pilgerreisen geben uns Auskunft über den Weg zur See in den Nahen Osten, nach Ägypten oder zurück in die heimischen Gefilde, sehr viel an Einzelheiten ist es allerdings nicht, was wir dort erfahren, oder vielmehr: Ein großer Teil der Informationen ist sowohl vom Ablauf als auch von der Topographie der

6 Vgl. Runciman, S. 212 ff.
7 Vgl. Baumstark, S. 16.
8 Vgl. ebd. S. 17.
9 Vgl. Donner, S. 265.

Reiserouten unklar. Daher bleibt manches Vermutung, wie dies auch bei der Rückreise des Bischofs Arkulf aus dem Heiligen Land (um das Jahr 680) der Fall ist, den es aufgrund widriger Winde anstatt in seine Heimat Gallien an die Westküste Schottlands (!) verschlagen hatte. Möglicherweise hatte er den Seeweg durch die Straße von Gibraltar um die Iberische Halbinsel herum einer Reise durch das damals politisch zerrissene und unsichere Frankenreich vorgezogen.[10] In dem seinerzeit berühmten Kloster von Iona auf der Insel Icolmhill, die zu den Inneren Hebriden gehört, wurde seine Geschichte vom Abt Adamnanus aufgezeichnet; hier erfahren wir auch, dass Arkulf Alexandria, Konstantinopel, Sizilien und viele Meeresinseln aufgesucht hat, also mit Sicherheit bereits vor seiner Irrfahrt mehrere Seereisen unternommen hatte. Über diese Reisen wird einiges mitgeteilt: So hat allein die Fahrt von Jaffa nach Alexandria (ca. 210 sm) 40 Tage gedauert![11] Von Alexandria, dessen Hafenanlagen und viele andere Einzelheiten er sehr genau beschrieb, fuhr er nach Kreta und dann weiter per Schiff nach Konstantinopel, auch die weitere Fahrt ging über das Meer nach Sizilien.[12]

Über eine sehr lange Seereise wird vom hl. Willibald von Eichstätt berichtet, der 723 bis 727 eine Pilgerreise nach Jerusalem unternahm: nach der Abreise von Tyrus am Andreastag (30. November) erreichte er Konstantinopel erst in der Woche vor Ostern. Der fränkische Palästinapilger Bernhard (um 870) brauchte von Benevent an der süditalienischen Küste Kampaniens nach Alexandria 30 Tage, von Jaffa nach der italienischen Küste sogar 60 Tage (Abb. 2).[13]

Solange die oströmische Herrschaft über Syrien und Palästina noch Bestand hatte (bis zur Schlacht am Yarmuq am 20. August 636)[14], ist nicht bekannt, dass von den Pilgern ins Heilige Land Persönlichkeitsnachweise gefordert wurden.[15] Oftmals wurden Privatbriefe, die den Reisenden zur Beförderung mitgegeben worden waren, als Nachweise anerkannt. Das änderte sich unter der arabischen Herrschaft grundlegend: Jetzt wurde die Mitführung eines Empfehlungsschreibens, oftmals ausgestellt von den örtlichen Behörden, unerlässlich. Das Fehlen einer solchen Legitimation hatte unter Umständen Veränderungen der Reiserouten, Gepäckkontrollen bei der Einschiffung und andere Repressalien bis hin zur Inhaftierung zur Folge.[16] Spätere Reisende berichten als selbstverständlich über Empfehlungsschreiben und Mitreisende, die derartige von hochgestellten Persönlichkeiten ausgestellte Papiere bei sich hatten, waren als Begleiter willkommen.[17]

10 Ebd., S. 296 ff.: Die Herkunft des Arkulf ist ebenso rätselhaft wie die Irrfahrt, die ihn an Schottlands Küste getrieben hat.
11 Ebd., S. 378.
12 Ebd., S. 393.
13 Baumstark, S. 22.
14 Vgl. Göckenjahn, H.: LexMA 9, S. 408 f. (2000), CD-ROM-Ausgabe.
15 Vgl. Thorau, S. 38.
16 Baumstark, S. 14 f.
17 S. a. bei Schachten, S. 14: Ritter Leonhard Wetter hatte Empfehlungsschreiben des römischen Königs und anderer Landesherren bei sich.

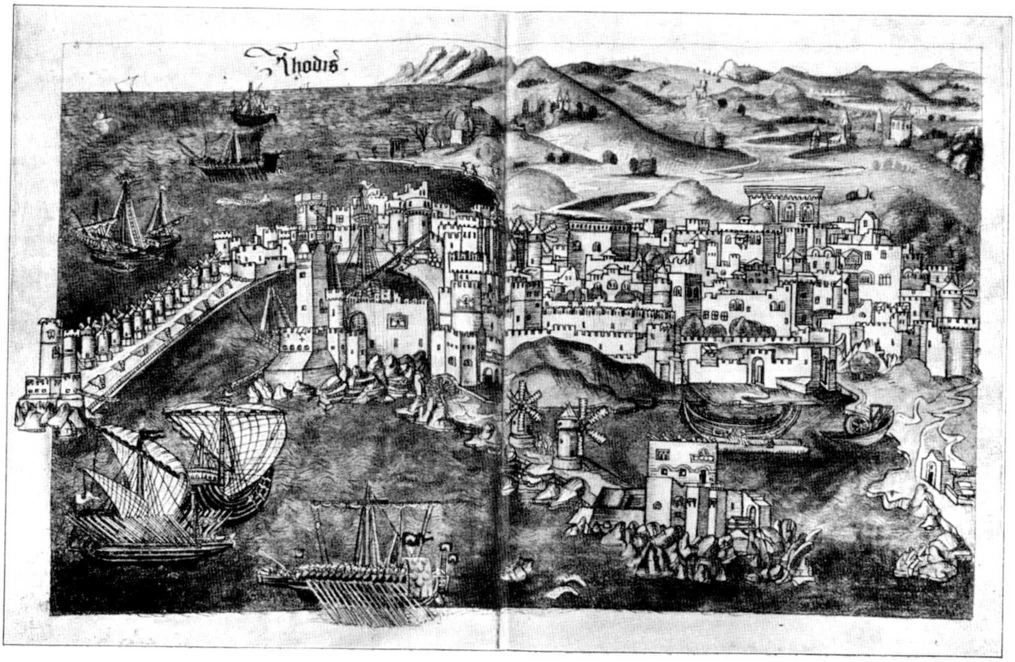

Abb. 2: Hafen von Rhodos, der von den Pilgerreisenden fast immer angelaufen wurde

2 Die Passage – Linienverkehr ins Heilige Land

Die einzelnen Berichte über die Pilgerfahrten nach Jerusalem im frühen Mittelalter liegen weit auseinander und sind insgesamt, besonders was die Aussagen zur Fahrt über das Meer und die dazu gehörenden Umstände betrifft, relativ wenig ergiebig. Wenn auch die Darstellungen darüber nur spärlich vorliegen, sind diese Unternehmungen jedoch, unabhängig von den politischen Verhältnissen im Vorderen Orient oder in den Ländern auf dem Weg dorthin, nie langfristig unterbrochen worden. Im 12. Jahrhundert, besonders befördert durch den Beginn der Kreuzzüge und die Entstehung der christlichen Fürstentümer in Palästina, nahmen die Wallfahrten ins Heilige Land ständig zu, fast unbeeindruckt von den dort fortwährend ablaufenden Kriegshandlungen.[18] Die Seewege waren bekannt und wurden schon seit Jahrtausenden befahren, jetzt allerdings entstanden Fahrten, die gegenüber dem üblichen Handelsverkehr überwiegend vom Personenverkehr geprägt waren und damit die ersten Anfänge eines Linienverkehrs darstellten.[19] Neben den großen Flotten, die zur Versorgung der Kreuzfahrerstaaten mit dringend benötigtem Kriegsmaterial oder mit Kriegsleuten ins Heilige Land unterwegs waren,

18 S.a. Sollbach, S. 16 ff.
19 Vgl. Wohlhaupter, S. 341.

reisten ständig auf den Seewegen unbewaffnete Pilger oder auch Pilgergruppen mit kriegerischen Absichten.

„Zwar hatten namentlich die Kreuzzüge zum Abschluß umfassender Transportverträge zwecks Beförderung der Kreuzfahrer Anlaß gegeben. Aber die Personenbeförderung als selbständiger Erwerbszweig der Seeschiffahrt begegnet zuerst, und zwar alsbald in den Formen des Großbetriebes, aus Anlaß der nach den Kreuzzügen beginnenden Pilgerfahrten nach dem Orient. Was wir aus den Quellen des 12. und 13. Jahrhunderts über sie erfahren, versetzt uns auf Schritt und Tritt in die Verhältnisse der modernen Auswanderung."[20]

So unternahmen Wilbrand von Oldenburg, der spätere Bischof von Paderborn und Utrecht, gemeinsam mit dem Hochmeister des Deutschen Ordens, Hermann von Salza, eine Erkundungsreise zur Vorbereitung des Kreuzzugs von Kaiser Otto IV. im Jahre 1211/12. Die Gruppe erreichte nach sechswöchiger Seereise am 25. August 1211 den Hafen von Akkon, später fuhren sie die Levanteküste von Hafen zu Hafen nordwärts bis Antiochia.[21] Einige Jahre später wird über den Grafen Richard von Cornwallis berichtet, der mit einem englischen Aufgebot an Kreuzfahrern von London durch Frankreich nach Marseille reiste, von dort kurz vor dem 8. September 1240 absegelte, am 11. Oktober glücklich in Akkon an Land ging und mit Glockengeläute und feierlichen Gesängen empfangen wurde. Wesentlich länger dauert die Rückreise, bei der er am 3. Mai 1241, ebenfalls von Akkon, in See ging und nach stürmischer Fahrt „in octavis S. Joannis" (um den 24. Juni) in Trapani, an der äußersten Westspitze Siziliens, ankam.[22]

Während diese Berichte über die Pilgerfahrten nach Palästina für die genauere Bestimmung der Reiseroute und Einzelheiten zur Überfahrt nicht selten recht unergiebig sind, liefern uns einige sehr gut dokumentierte Pilgerreisen im späten Mittelalter zum Ende des 15. Jahrhunderts detaillierte Hinweise zum Seeverkehr ins Heilige Land. Der Ulmer Dominikaner Felix Faber, der bereits 1480 eine Pilgerreise zu den heiligen Stätten unternommen hatte, war in den Jahren 1483/84 erneut mit einer Gruppe hochgestellter Persönlichkeiten in gleicher Mission unterwegs und lieferte eine ausführliche Reisebeschreibung, in der er sehr plastisch die Vorkommnisse und Widrigkeiten der Seefahrt zur damaligen Zeit schildert. Zur Charakterisierung der Größe und des Typs seines Schiffes teilt er nicht viel Hilfreiches mit – Felix Faber war Geistlicher und, obwohl weitgereist, kein Seemann. So bezeichnet er das Schiff als „Galee", die allerdings von vier Barken auf die Reede vor Venedig geschleppt

20 Pappenheim, S. 145.

21 Vgl. Laurent, S. 43 ff. Die Reisenden entgingen kurz vor Tripolis einem Schiffbruch durch einen heftigen Sturm und setzten dann die Reise nordwärts zu Pferde fort, gingen aus Furcht vor Angriffen der Sarazenen jedoch in Balanea (S. 49) wieder an Bord eines Schiffes. Über die armenische Küste gelangten sie nach Zypern, und erst von hier aus wurde zurück ins Heilige Land und nach Jerusalem aufgebrochen. Der Erkundungsauftrag erklärt den von anderen Berichten deutlich abweichenden Verlauf der Reise (Zweites Buch, ab S. 60). Auch die Beschreibung der Fahrten weicht von anderen Reisebeschreibungen ab – außer gelegentlichen Hinweisen auf Heiligtümer, Kirchen oder Geschehnisse der biblischen Geschichte werden vor allem die Befestigungen der Hafenstädte, wichtige geographische Punkte und die jeweilige Besetzung mit Sarazenen oder den „Unsrigen" geschildert.

22 Röhricht, S. 84. Er beschreibt hier noch ausführlich andere Reisen, auch mit weniger glücklicher Heimkehr.

werden musste, also war offensichtlich die komplette Besatzung mit den Ruderern noch nicht an Bord; auch muss eine beträchtliche Größe des Fahrzeugs angenommen werden.[23] Die meiste Wegstrecke scheint unter Segeln zurückgelegt worden zu sein, an anderer Stelle des Berichts schreibt Faber allerdings: „... da stellten sich die Galeoten an die Ruder und zogen das Schiff mit großer Mühe gegen die Stadt Modon."[24]

Während die Reisenden auf der Hinfahrt die Strecke von Venedig nach Akkon auf der üblichen Route (s.u. die Reise des Landgrafen von Hessen) und offenbar ohne wesentliche Besonderheiten absolvierten, war die Rückreise länger, auch wesentlich dramatischer und folgte einem anderen Kurs. Von Alexandria fuhren sie am 14. November 1383 auf direktem Weg nach Kreta (ca. 350 sm), das sie am 18. November erreichten. Am 20. November wurde die Kykladeninsel Mylo (Milos?) erreicht, wo permanent schlechtes Wetter die Weiterfahrt verhinderte. Bei einem der mehrfachen Versuche, die Insel zu verlassen, kam es im Sturm zu einem Zusammenstoß zweier Schiffe, der beinahe in einer Katastrophe geendet hätte. Erst am 9. Dezember kamen sie nach Modon, dem heutigen Methoni an der Südwestspitze des Peloponnes, nach weiteren Schlechtwetterfahrten in der Adria wurde Venedig am 8. Januar 1484 erreicht.[25] In der gleichen Reisegesellschaft war auch der Mainzer Domherr Berhard von Breydenbach unterwegs, der ebenfalls eine ausführliche Darstellung vorlegte, die außerdem mit den vielfach bekannten Bildern geschmückt war, die ein eigens auf die Reise mitgenommener Künstler angefertigt hatte.

Nur wenige Jahre später, 1491, begab sich Wilhelm der Ältere, Landgraf zu Hessen mit großem Gefolge auf eine Pilgerfahrt ins Heilige Land, die von einem seiner adligen Begleiter, dem Herrn Dietrich von Schachten, ziemlich genau aufgezeichnet wurde, so dass die Seereisen zeitlich nachvollziehbar sind und eine Skizze angefertigt werden konnte, die den zeitlichen Ablauf und den Reiseweg zur See erkennbar macht (Abb. 3).[26]

Besonders ausführlich schildert der Konstanzer Patrizier Konrad von Grünemberg, dessen Reiseschilderung in zwei Exemplaren erhalten ist, die Vorbereitungen auf eine weite Seereise zur damaligen Zeit. Minutiös werden die käuflich zu erwerbenden Gegenstände, Nahrungsmittel, Kleidung und sonstigen Vorräte und ihre Sinnfälligkeit bei der bevorstehenden Überfahrt aufgezählt – in einer damals von Pilgern geradezu überfluteten Stadt wie Venedig müssen die Einkäufe ein kleines Vermögen gekostet haben.[27] An Bord erhielten die Pilger einen genau bemessenen Platz zugewiesen: „Denn der Patron gibt dir nicht mehr Raum als drei Spannen weit und acht Schuh lang."[28]

23 Faber, S. 14.

24 Das heutige Methone an der Südwestspitze des Peloponnes.

25 Faber, S. 144 ff.: Besonders die stürmischen Wind am Kap Malea an der Südspitze des Peloponnes behinderten die Rückfahrt. Die Reisezeit war offenbar äußerst unvorteilhaft gewählt und ist für die ungünstige Witterung in diesen Seegebieten bekannt.

26 Vgl. v. Schachten; s.a. bei Röhricht, S. 171 f., dort auch Hinweise auf den Originaltext bei Röhricht und Meisner, Berlin 1880.

27 Goldfriedrich, S. 14 ff.

28 Ebenda S 15: Eine Spanne ist etwa 1,50 m, ein Schuh ca. 30 cm lang. Der Pilger hatte immerhin einen Lebensraum von mehr als 10 m², das war allerdings nur bei gut zahlenden und hochgestellten Persönlichkeiten der Fall.

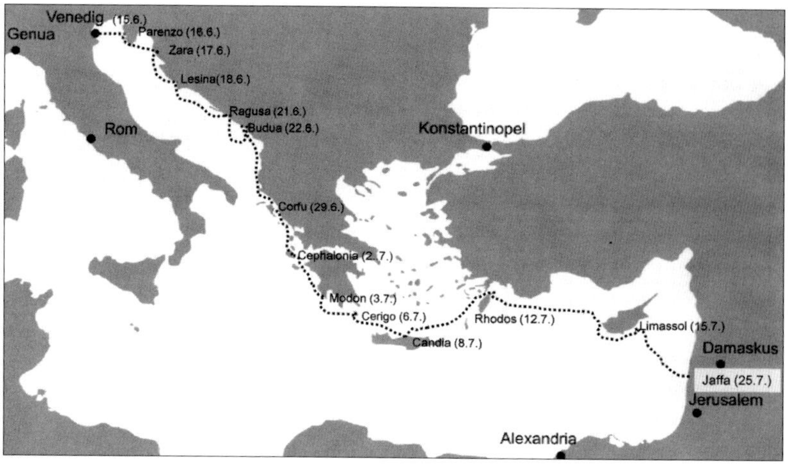

Abb. 3: Route der Pilgerfahrt Wilhelm des Älteren, Landgraf zu Hessen (rekonstruiert nach den Angaben v. Schachtens)

Besondere Bedeutung hatte der Abschluss eines Beförderungsvertrags, der zwischen den Pilgern und dem Schiffspatron abgeschlossen wurde und die beiderseitigen Rechte und Pflichten regelte.[29] Abfahrt und Ankunft wurden, vorbehaltlich einer entsprechenden Wetterlage, zeitlich festgelegt, der Schutz der Pilger gehörte zu den vornehmsten Aufgaben des Patrons und seiner Mannschaft, auch der Platz des Mitreisenden wurde wie beschrieben genau festgelegt. Natürlich war das Wichtigste die Festlegung der Gebühren, daneben auch die Frage der mitzunehmenden Gepäckstücke, des Proviants etc. – bei Mehrlast musste der doppelte Preis für die Überfahrt bezahlt werden.[30]
Die gutsituierten Pilger vom Schlage des Ritters Grünemberg bildeten aber keineswegs das Hauptkontingent der Passagiere, weder zu dieser Zeit noch im Hochmittelalter. Die wahrscheinlich älteste erhaltene Passagierliste vom Juli 1250 gibt ein genaues Bild von der Zusammensetzung der Reisenden auf der *St. Victor*, die von Südfrankreich nach Damiette in Ägypten unterwegs war. Unter den 453 Passagieren des Schiffs befanden sich 14 Ritter und Gruppenführer, 90 Begleiter und sieben Geistliche. Die übrigen 342 Passagiere (immerhin 75 %) waren Bürgerliche, die für sich reisten.[31] Die Verschiedenartigkeit der sozialen Herkunft und Stellung, wie sie sich bei den Mitreisenden des Schiffs darstellt, widerspiegelt auch die unterschiedlichen Interessenlagen und Motivationen für eine Reise in den Vorderen Orient während der Kreuzzüge: Nicht die kriegstüchtigen und vom Kampf gegen die Ungläubigen begeisterten Streiter machten das Gros der Passagiere aus, sondern Abenteurer, die ihr Glück suchten und hofften, in den neuen Ländern schnell reich zu werden.[32] Wenn

29 Vgl. Faber, der ausführlich diesen Vertrag beschrieben hat, aber auch den Bericht Grünenbergs (vgl. Goldfriedrich) und andere Pilgerberichte; s.a. bei Ohler S. 398 f.
30 S. ausführlich bei Wohlhaupter.
31 Vgl. Kedar, S. 269 ff. Diese Liste enthält außerdem genaue Daten über die soziale Herkunft, Berufe etc.
32 S.a. Prutz, S. 99 ff.

auch die Pilgerzüge im späten Mittelalter, zu mindestens was die Berichte anbetrifft, vorwiegend vornehme Reisende mit ihrer Begleitung sehen, so waren die Fahrten zurzeit der Kreuzzüge keineswegs „l'affaire des barons".[33] Das lässt sich auch schon an der Zahl der auf den einzelnen Schiffen beförderten Personen ablesen, die aus verschiedenen Ereignissen bekannt sind: 1182 erlitt ein Schiff mit 1.500 Menschen an Bord Schiffbruch vor Damiette, zwei Jahre zuvor scheiterten in der gleichen Gegend mehrere aus Apulien kommende Pilgerschiffe, wobei nicht weniger als 2.500 Wallfahrer ihren Untergang fanden.[34]

3 Reisezeiten und Reiseumstände

Die Geschwindigkeit der Seereisen wurde wesentlich durch die Art und Größe des Fahrzeugs bestimmt, zum anderen aber durch die herrschenden Witterungsbedingungen beeinflusst. Dabei sind sicher die Erfahrungen von mindesten 4.000 Jahren Seefahrt vor den Kreuzzügen reichlich überliefert worden und fanden in der Planung der Reisezeiten, Fahrtrouten und der Rückfahrten Berücksichtigung; allerdings machten die bekannten Unwägbarkeiten einer Seefahrt diese zu damaliger Zeit zu einem unkalkulierbarem Abenteuer: Sturm und Flaute, Piraten und Meuterei und vieles andere mehr konnte sie negativ beeinflussen. Wie in anderen Seegebieten (z. B. Monsun oder Passatwinde) gab und gibt es im Mittelmeer, in Abhängigkeit von der Jahreszeit, vorherrschende Winde, deren Regelmäßigkeit von den Seeleuten seit alters her genutzt oder gemieden wurde (Abb. 4).[35] Während in den Sommermonaten nordwestliche Winde im östlichen Mittelmeer und in der Adria vorherrschten, die eine Fahrt nach Palästina begünstigten, waren der Spätherbst und die Wintermonate durch raue See und stürmische Winde gekennzeichnet, so dass in der Regel die Schifffahrt zwischen November und Januar weitgehend eingestellt wurde.[36] Dementsprechend wurden auch die Reisezeiten eingeplant und teilweise per Verfügung der Regierungen festgelegt. So erließ die Signoria von Venedig für den Schiffsverkehr im Kreuzzugsjahr 1228 eine Verfügung, dass die Pilgertransporte im Frühjahrspassagium für Venedig selbst und die kleineren Häfen bis zum Quarnero (Kvarner Bucht) und nördlich von Ascona konzentriert werden, für die zweite Passage

33 Vgl. Mollat.

34 Vgl. Prutz, S. 105. Im 13. Jahrhundert sind große Pilgerscharen, die sich in Marseille einschifften, aus einem Rechtshandel zwischen den Schiffsreedern und dem Templer- und dem Johanniterorden bekannt. Offenbar übernahmen Fahrzeuge, die von den Orden gestellt wurden, auch Pilgertransporte.

35 Vgl. Lane, S. 87. Allerdings waren die vorherrschenden Winde nicht so zuverlässig wie Monsun oder Passat.

36 Ebenda, S. 191. Bis in das 13. Jahrhundert waren die Meere im Winter noch gesperrt, offenbar weniger wegen der Winterstürme, sondern weil Regen, Nebel und bedeckter Himmel die Navigation erschwerten. Mit der Einführung des Kompasses änderten sich die Verhältnisse. S.a. Schaube, S. 196: Jakob von Vitry, am 31. Juli 1216 in Perugia zum Bischof von Akkon geweiht, betrat im Oktober 1216 ein genuesisches Schiff, das ihn mit großer Flotte nach Akkon bringen sollte; er betont geradezu, dass die Genuesen gewohnt seien, auch in der Winterzeit zu überfahren, da Lebensmittel und Wasser länger haltbar blieben und der Wind beständiger wehte.

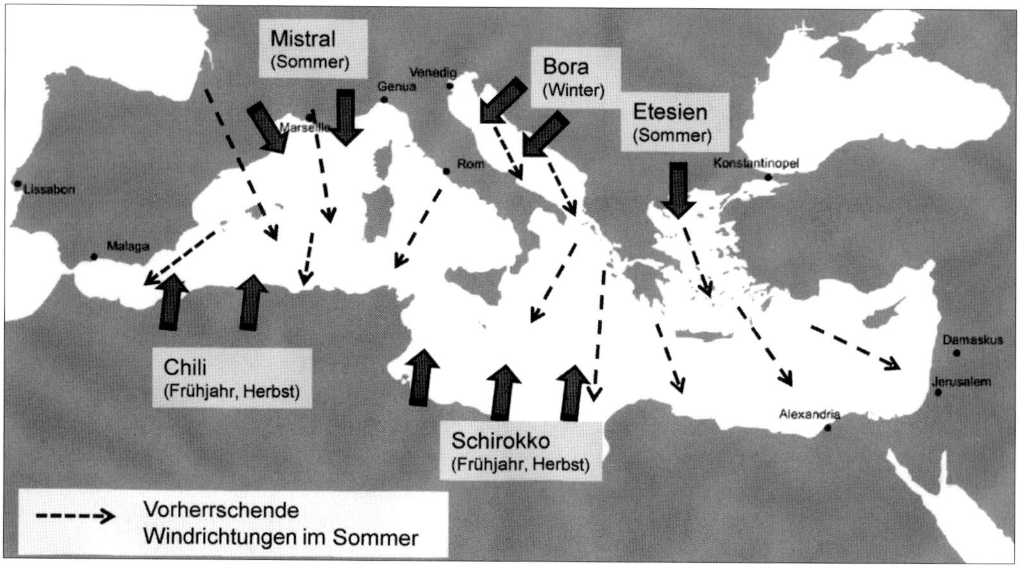

Abb. 4: Die vorherrschenden Windrichtungen im Mittelmeer während der Passagezeiten (zusammengestellt nach Pryor und aktuellen Wetterkarten) sowie die wichtigsten periodisch einfallenden Winde

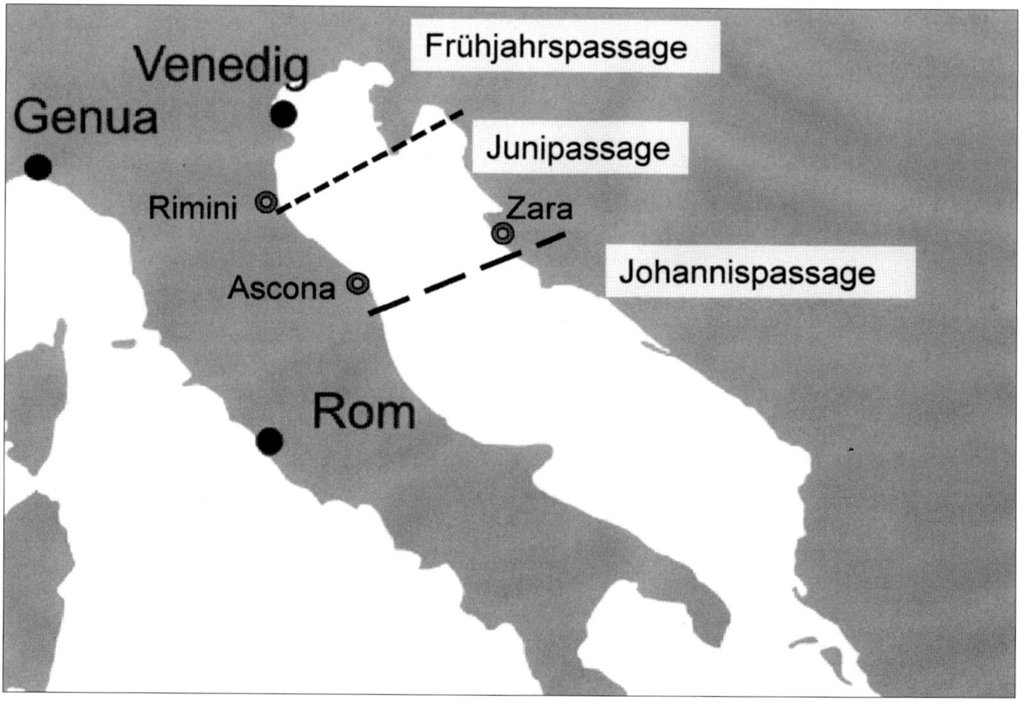

Abb. 5: Abreisezeiten der einzelnen Regionen, wie sie von der Signoria 1228 festgelegt wurden

Ende Juni war die Abreise nur südlich des Quarnero und von Rimini, die dritte Passage nur aus den Häfen jenseits von Zara und Ancona gestattet (Abb. 5).[37]
In einem Statut vom Mai 1233 wurden von der Signoria auch Bestimmungen für die Rückreise venezianischer Schiffe aus Syrien festgelegt, die in zwei Hauptreiseterminen – nach Ostern und im Herbst – stattfanden. Als späteste Termine für die Abreise wurden für die Frühjahrsfahrt (mudua pascae) der 8. Mai, für die Rückreise im Herbst (mudua yberni) der 8. Oktober bestimmt, falls nicht widrige Witterungsverhältnisse die Ausfahrt verhinderten. Die Patrone der Pilgerschiffe musste sich vor der Abreise bei dem Bailo (venezianischen Gesandten) von Akkon abmelden und einen Schwur leisten, die Pilger an den vereinbarten Ort zu bringen und sie und ihre Sachen zu beschützen.[38]
Für die Fahrt nach Westen, also die Rückreise aus Palästina, galten allgemein die Monate August, September und Anfang November als die günstigsten, wer diese Termine verpasste oder mit der letzten Sommerpassage zu spät im Nahen Osten ankam, überwinterte dort und benutzte die erste Gelegenheit im Frühjahr zur Rückreise; kaum jemand trat die Rückreise im Winter an.[39]
Wie bereits oben verschiedentlich erwähnt, waren die Reisezeiten in den einzelnen Berichten sehr unterschiedlich und teilweise auch kaum vergleichbar, da sich der Ort der Abreise und der Ankunftsort, der Zeitpunkt der Reise und viele andere Umstände sehr verschieden darstellten, wie an den folgenden wenigen Beispielen zu erkennen ist.

- Vierzig Galeeren Kaiser Friedrichs II. brauchten im Hochsommer 1228 von Brindisi nach Limassol bei bestem Wetter 24 Tage.
- Benjamin von Tudela reiste von Messina bis Ägypten in 20 Tagen.
- Dagegen benötigte Peter von Albenay von Marseille bis Damiette nur 22 Tage.
- Bei etwa vergleichbarer Entfernung verließ Burkhard, ein Gesandter Barbarossas, am 6. September 1221 Genua und erreichte über Pantellaria und Malta Alexandria in 47 Tagen.
- Ludwig der Heilige war 1249 auf der Fahrt von Zypern nach Damiette (ca. 400 km) anstelle der erwarteten 3 Tage aufgrund heftiger Stürme und widriger Winde 23 Tage unterwegs.[40]

Ungeachtet dieser sehr weit auseinandergehenden Reisezeiten waren in den italienischen Seestädten Erfahrungswerte über die Reisezeiten bekannt: Von Venedig nach Kandia (Kreta – ca. 1.600 km) benötigte man bei sehr gutem Wind 18 Tage, normalerweise im Sommer 23–30 Tage, im Winter 45–60 Tage. Die Reise von Genua nach Akkon (ca. 2.800 km) wurde mit etwa einem Monat veranschlagt (Tabelle 1).[41]

37 Vgl. Schaube, S. 197.
38 Ebd., S. 197, Anm. 3. Als Pilgerschiffe wurden solche Schiffe bezeichnet, bei denen die Pilger mehr als zwei Drittel des Frachtgeldes aufbrachten; s.a. bei Prutz, S. 102 ff.
39 Vgl. Atiya, S. 159.
40 Vgl. Schaube, S. 153 f.; s.a. Prutz S. 103.
41 Vgl. Ohler, S. 142.

Tabelle 1: Durchschnittliche Geschwindigkeiten verschiedener mittelalterlicher Schiffstypen (modifiziert nach Ohler)

Schiffstyp	Geschwindigkeit (km/h)	Tagesleistung (km)
Galeere (nur gerudert, 1. Stunde)	8	
Galeere (gerudert weitere Stunden)	2,7–4,2	
Galeere (unter Segeln)	11	
Segelschiff	5	120–200
Segelschiff (von Wind, Strömung und Rudern zusätzlich angetrieben)	11–13	bis über 250
Hansekogge	8–13	

Die Handelsreisen nach Palästina und Ägypten erfolgten von Genua und Venedig in großen Schiffskarawanen (von Pisa und Marseille sind diese Konvoifahrten nicht bekannt), vor allem wegen der Bedrohung der Schifffahrtsrouten. Nicht nur die Piraterie, sondern auch die ständige kriegerische Lage der seefahrenden Nationen zu dieser Zeit, die auch häufig wechselnde Gegner und Allianzen mit sich brachte, führten zu permanenter Unsicherheit auf den Seewegen, die solche Konvoifahrten, die nicht selten von einigen Kriegsgaleeren begleitet wurden, erforderlich machten.[42] Von Genua ging jährlich im September ein solcher Konvoi in See, die Venezianer schickten neben der schon im August abreisenden Karawane noch eine im Frühjahr auf den Weg. Von Genua und Pisa passierten die Flotten die Straße von Messina, um dann dem Weg der Venezianer über Kreta, Rhodos und Zypern zu folgen.[43] Die Genueser kamen im Oktober an, blieben den Winter über in Palästina und wurden um Johanni (24. Juni) zurückerwartet. Im Herbst 1216 verließ eine Schiffkarawane, bestehend aus 22 Schiffen (naves, galeae und tarideae, also Rundschiffe, Galeeren und Tariden) Genua und landete am 20. Juni 1217 wieder im Heimathafen. Der von Venedig im August auslaufende Schiffskonvoi überwinterte ebenfalls in den Levantehäfen, während der Fühjahrskonvoi noch im gleichen Jahr zurückkehrte.
Wenn auch die hier aufgezeigten Reiserouten die meistbefahrenen Seewege waren, beschränkten sich Fahrten keineswegs nur auf die Küstenregionen und Landnähe. Von den Genuesen wissen wir, dass sie, wahrscheinlich befördert durch die lang anhaltenden kriegerischen Auseinandersetzungen mit dem sizilischen Königreich (1262–1279), einen Südkurs westlich von Sizilien steuerten und dann über Pantellaria und Malta ostwärts entlang der nördlichen Küste Afrikas nach Alexandria gelangten. Die Kauffahrer aus Marseille ließen bei günstigen Winden Sizilien und Kreta so weit an Backbord liegen, dass sie die Inseln gar nicht zu Gesicht bekamen. Es wurden also weite Fahrten über die offene See unternommen und man kann sicher davon ausgehen, dass die nautischen Kenntnisse weit über die einer reinen Küstenfahrt hinausgingen.[44]

42 Vgl. Lane, S. 129 ff. Insbesondere während der Kriege zwischen Venedig und Genua kam es zum Verlust ganzer Geleitzüge, wobei der Levantehandel eines ganzen Jahres verlorenging.

43 Vgl. Schaube, S. 152 f.

44 Ebenda, S. 153.

4 HANDELSWAREN UND VERPACKUNGEN

Ungeachtet aller kriegerischen Konflikte, sei es zwischen den Europäern und den Muslimen im Kampf um das Heilige Land, den italienischen Seestädte untereinander oder zwischen dem normannischen Sizilien, Byzanz, Genua, Venedig und den vielen anderen Interessensparteien im Mittelmeerraum zur Zeit der Kreuzzüge – der Handel der Europäer mit der Levante, Ägypten und Nordafrika florierte.[45] Große Mengen Gold flossen aus Europa in die syrischen Hafenstädte und vor allem nach Alexandria, um die begehrten Waren aus diesen Ländern, insbesondere aber aus Indien und dem südostasiatischen Raum zu erwerben. Die Profite bei diesen Geschäften waren gewaltig; die Verdopplung des Vermögens innerhalb einen Jahres nicht selten.[46]
Das Seestatut, das die Signoria von Venedig 1233 erließ, gibt uns detaillierte Kenntnis über die aus Syrien zum Export gelangten Waren. Nach der offiziell festgelegten Tragfähigkeit der Schiffe wurde die maximal an Bord zu nehmende Warenmenge festgelegt: so durften Schiffe mit einer Tragfähigkeit von 200 Millarien (ca. 96 t) bis zu 120 Kantâr (ca. 8–9 t)[47] Ladung aufnehmen, die großen Naves mit einer Tragfähigkeit von 1.000 Millarien (ca. 480 t) bis zu 1.050 Kantâr (ca. 76 t). Das Ladungsaufkommen wurde nach dem Verhältnis von Gewicht und erforderlichem Raumbedarf in drei Klassen eingeteilt, deren Zuordnung einen Einblick in die Vielfalt der transportierten Güter erlaubt.
Zur *ersten Klasse* gehören: Baumwolle, Baumwollgarn, Mützenwolle (lana de berretis), Süßholz, Zuckerrohr, Spik (spigum)
Zur *zweiten Klasse*: Pfeffer, piper longum, Melegete, Ingwer, Muskatnüsse, Gewürznelken, Kubeben, Reis, Zucker in Hüten, Staubzucker in Säcken, Gummilack, Gummi arabicum, Myrrhen, Aloe, Weihrauch, Kardamonen, Zitwerwurzel, Kampfer, Sandelholz, Myrobalanen, Galangawurzel, Simoniacum (?), Auripigment und Ammoniak, Wachs, Indigo und Alaun, Glas, Vitriol und Schmirgel, Rohseide und Seidenwaren (opera sete), Bucharazeuge (boccarani), von denen 300 auf einen Ladungskântar gerechnet wurden.
Zur *dritten Klasse*: Brasilholz, Flachs, Zimt, Kümmel, Muskatblüte (maci), Anis, Kamelotstoffe (zambelotti).[48]
Diese Aufzählung dürfte nur die wesentlichen, am häufigsten transportierten und platzintensiven Transportgüter enthalten. Die Fülle der aus Arabien, Indien und Innerasien kommenden Spezereien muss sicher noch ergänzt werden um die natürlichen Erzeugnisse, die in Palästina selbst hervorgebracht wurden: Rosinen, Datteln, Feigen, Zitronen,

45 Vgl. Allmendinger, S. 3, S. 45 ff. Nicht nur die Beziehungen zwischen abendländischen und islamischen Gebieten und Herrschaften wurden aufrechterhalten, vielmehr kam es trotz der militärischen und politischen Auseinandersetzungen zu regelrechten Verträgen, die über das Sporadische und die politische Alltagssituation hinausgingen. S.a. Erbstößer, S 131 ff.

46 Vgl. Schaube, S. 154 ff.

47 1 Kantâr (venezianisch) = 72 kg, vgl. Schaube S. 815.

48 Vgl. Schaube, S. 197 f. Spik = Lavendel; piper longum = Langpfeffer; Kubeben = Früchte des Kubebenpfeffers (Piper cubeba); Zitwerwurzel = ein indisches Curcumagewächs; Myrobalanen = pflaumenartige Steinfrucht; Galangawurzel = Galgantwurzel, ein Ingwergewächs.

Orangen, Apfelsinen, Aprikosen, Mandeln, Johannisbrot und besonders Rohrzucker.[49] An der Spitze aller Waren aber stand der Pfeffer, der so bedeutend war, dass er teilweise sogar als Währung eingesetzt wurde und als Zahlungsmittel beim Kauf von Grundstücken, zur Mitgift oder als Morgengabe diente.[50] Sogar zur Berechnung des Schiffraums verwendete man den Pfeffer in Alexandria: die sporta piperis, zu 100 rotuli (entsprechend 43,5 kg) gerechnet, wurde als Maßstab zugrunde gelegt und die übrigen Handelsgegenstände nach fest vorgeschriebenen Sätzen auf diese Einheit umgerechnet.[51]

Tabelle 2: Einige Verpackungseinheiten im mittelalterlichen Handelsverkehr und die am häufigsten damit versendeten Waren (zusammengestellt nach Angaben von Schaube)

Verpackungseinheit	Waren
Sporta (Korb)	Pfeffer, Gummilack, Alaun
Sack	Pfeffer, Getreide, Wolle
Pack	Brasilholz (nach Pfeffer der wichtigste Import)
Bündel (mennae)	Zimt, Galangawurzel (mennas galange)
Gebund	Gewürznelken
Zurra	Zimt, mit mehreren Bündeln
Ballen	Stoffe, Seide
Pfund	Narde (spice), Muskatnuss
Amphora	Wein
Barile (Barilla)	Öl

Die Verpackungseinheiten der damaligen Warentransporte über See dienten oftmals als Gewichtsmaße und Werteinheiten. Diese waren allerdings an den einzelnen Handelsplätzen außerordentlich unterschiedlich, so dass der mittelalterliche Kaufmann ständig umrechnen musste (Tab. 2). So bedeuteten 100 rotuli in Alexandria nach heutigen Maßen 43,5 kg, in Pisa 52,8 kg, in Neapel (Königreich Sizilien) 88 kg, in Tunis 54 kg, in Genua 47,25 kg und in Akkon sogar 228 kg – nimmt man dazu die beeindruckende Menge verschiedener Gewichts- und Raumbezeichnungen, die fast alle noch zusätzliche Umrechnungen in den angelaufenen Häfen erfordern, so entsteht vor unseren Augen eine verwirrende Vielfalt der damaligen Handelswelt.[52] Nach dem Pfeffer war das Brasilholz (gehört zu den Rothölzern, aus Indien, Sumatra und Ceylon stammend, zur Gewinnung eines roten Farbstoffs genutzt) der wichtigste Exportartikel nach Europa; vor allem in Italien, Nordfrankreich und Flandern diente es zum Färben in der Tuchindustrie. Der Wert war nur wenig geringer als der des Pfeffers: Der Kaufmann Leonardo Pisano

49 Vgl. Erbstößer, S. 132.

50 S.a. I. Müller, LexMA 6, 2027; vgl. auch Fryde, S. 37, hier auch wesentliche Ausführungen zur Geldwirtschaft.

51 Vgl. Schaube, S. 163; an anderer Stelle (S. 814) wird allerdings ein anderes Gewichtsmaß angegeben: 1 sporta oder carica Pfeffer = 500 rotuli = 217,5 kg.

52 Ebenda findet sich (S. 814–816) eine Tabelle der Handelsgewichte und Maße, die verschiedene Umrechnungen ermöglicht.

rechnete für den Kantâr Pfeffer mit 50 Byzantinern, mit 30 für das gleiche Gewicht bei Brasilholz.[53]

5 Rückkehr aus dem Heiligen Land – Mitbringsel, Andenken, Souvenirs, Reliquien

Es gibt nur wenige Hinweise, dass die ersten Kreuzfahrer nach den hohen Kosten, die nicht selten den finanziellen Ruin oder die Verpfändung des ganzen Besitzes bedeuteten, und den Entbehrungen des Feldzuges mit großen Reichtümern heimkehrten. Guy de Rochefort soll 1102 in „Ruhm und Fülle" zurückgekommen sein, ein Ritter Grimald schenkte der Abtei von Cluny eine Unze Gold und Hadwig von Chiny, die ihren Mann Dodo von Consla-Grandville auf dem Kreuzzug begleitet hatte, stiftete der Kirche St. Hubertz-en-Ardenne einen Satz kostbarer Gewänder und einen juwelenbesetzten Abendmahlskelch aus Gold.[54] Diesen wenigen Berichten stehen zahlreiche Heimkehrer gegenüber, die wahrscheinlich außer Krankheiten und Ungeziefer wenig materielle Güter errungen hatten und froh waren, die Heimat lebend wiederzusehen. Bedenkt man die hohen Kosten der Rückreise und die Notwendigkeit, verpfändeten Besitz wieder einzulösen oder die Schulden zu bezahlen, dürfte für viele Pilger und Kreuzfahrer die Rückkehr pekuniär eher ernüchtern gewesen sein.[55]

Groß war allerdings das Bedürfnis, von der Wallfahrt, sei sie nun unter Waffen oder unbewaffnet erfolgt, Gegenstände mit nach Hause zu bringen, die mit den religiösen Motiven der Pilgerfahrt in Zusammenhang standen. Steine oder Erde von den heiligen Stätten, Wasser aus dem Jordan, fremdartige Blumen und Gewächse, vermeintliche Reliquien (oft gefälscht und trotzdem mit einem kleinen Vermögen bezahlt)[56], Beglaubigungen der Pilgerfahrt an heiligen Orten oder Andenken, die nur an solchen Wallfahrtsorten erhältlich waren, hatten für die Heimkehrer ungeheure Bedeutung und erhöhten ihr Ansehen zusätzlich. Daher kam es auch zu kuriosen Begebenheiten, wie dies beispielsweise von der Reise (723–727) des hl. Willibald von Eichstätt bekannt wurde: Um heiliges Öl, dessen Ausfuhr damals bei schwerster Strafe verboten war, in die Heimat mitzunehmen, schmuggelte er dieses in einem Röhrchen, das in einem mit gewöhnlichem Öl gefüllten Flakon verwahrt wurde. Bei der Einschiffung in Tyrus (auf dem Seeweg nach Konstantinopel) fand der misstrauische arabische Zöllner nur das gewöhnliche Öl und er konnte ungehindert ausreisen.[57]

53 Vgl. Schaube, S. 164. Byzantiner = Byzantius; Bezeichnung für den Solidus, byzantinische Goldmünze bis zum Ende des Byzantinischen Reichs, Zahlungsmittel über die Reichsgrenzen hinaus, bis Anfang des 12. Jahrhunderts Leitwährung (vgl. LexMA 2, 1327 f., s.a. Lexikon der Antike, Berlin/Leipzig 1977, S. 528).

54 Vgl. Riley-Smith, S. 91.

55 Vgl. Lahrkamp, S. 295: Über die Verpfändung von Gütern vor Beginn der bewaffneten Wallfahrten finden sich hier zahlreiche Bespiele, die durch Zeugen und Urkunden belegt sind.

56 Ebd., S. 311.

57 Vgl. Thorau, S. 36.

Der Besitz von Reliquien wurde im Mittelalter für jede Kirche zu einer wichtigen, ja notwendigen Obliegenheit, wurde doch damit ihre Bedeutung und Anziehungskraft gesteigert, sie konnte sogar zu einem lokalen Wallfahrtsort aufsteigen und damit natürlich auch ihren Besitz vermehren. So nimmt es nicht Wunder, dass die Jagd nach bedeutenden Reliquien aller Art auch höchste Würdenträger der Kirche in ihren Bann zog. Im Jahr 1032 entsandte der Paderborner Bischof Meinwerk den Abt Wino von Helmarshausen nach Jerusalem, damit er von dort den Grundriss der Grabeskirche besorge. Abt Wino kehrte mit den Maßen des Bauwerks und mit Reliquien vom Heiligen Grab zurück; Bischof Meinwerk errichtete in Paderborn eine Nachbildung der Grabeskirche, die am 25. Mai in Anwesenheit Kaiser Konrads II. und der Erzbischöfe von Mainz und Köln geweiht wurde, er selbst starb elf Tage später.[58] Bischof Erpho von Münster trat am 12. Februar 1091 eine Reise ins Heilige Land an, von der er erst im Herbst 1092 zurückkehrte. Er brachte dem Stift St. Mauritz einen großen Reliquienschatz mit und schenkte der an der Liebfrauenkirche angebauten Ludgeruskapelle ebenfalls wertvolle Reliquien, die ihr die neue Bezeichnung Jerusalemkapelle einbrachte.[59]
Naturgemäß waren es in erster Linie die hohen weltlichen und geistlichen Herren, die insbesondere ihre oder in ihrem Herrschaftsgebiet liegende Kirchen mit diesen Schenkungen bedachten – zweifelsohne auch zu ihrem eigenen Ruhm. 1173 brachte Herzog Heinrich der Löwe bei seiner Rückkehr aus Palästina der Kirche vom Heiligen Kreuz zu Hildesheim ein Stück vom Kreuz Jesu mit, Erzbischof Hartwig von Bremen 1197 das Schwert des hl. Petrus, mit dem dieser dem Malchus ein Ohr abgeschlagen hatte, 1208 schenkte Ritter Heinrich von Ulmen dem Kapitel St. Pantaleon in Köln den Schädel des hl. Pantaleon.[60] In dieser Reihe nimmt Konrad von Krosigk, der Bischof von Halberstadt, einen besonderen Platz ein: Als Teilnehmer des vierten Kreuzzugs brachte er zahlreiche wertvolle Gegenstände und Reliquien mit, die heute einen wesentlichen Teil des nahezu einzigartigen „Domschatzes zu Halberstadt" ausmachen.[61]
Nicht nur materielle Gegenstände aus Palästina oder dem Fernen Osten traten im Hochmittelalter den Weg ins Abendland an, vielmehr führten die vielfältigen Begegnungen mit neuen Kulturkreisen zu Wandlungen in fast allen Lebensbereichen, die von der Sprache mit Erweiterungen des Wortschatzes aus dem Arabischen bis hinein in die kirchliche Liturgie reichten.[62] Die zurückkehrenden Kreuzfahrer öffneten den Weg zur Verehrung neuer Heiliger, und im Patronat von Kirchen und Klöstern erschienen Heilige, die dem östlichen Kirchenbereichen angehörten: Katharina von Alexandrien, Margareta, Barbara, Thekla, ferner Andreas, Kosmas und Damian, Demetrius, Theodor, Nikolaus sowie Eustachius. Der hl. Georg wurde zum Ritterheiligen. Aus Jerusalem heimkehrende Pilger brachten neue Verständnisse des östlichen Brauchtums, wie der

58 Ebd., S. 271.
59 Vgl. Lahrkamp, S. 272.
60 Ebd., S. 311.
61 S.a bei Irmscher, weitere Literatur dort; s.a. Schmitt (S. 134–148) mit Darstellung von Teilen des Domschatzes.
62 Vgl. Erbstößer, S. 136 ff. und S. 155 ff.

Palmenprozession am Palmsonntag, der Fußwaschung des Gründonnerstags, der Kreuzesverehrung des Karfreitags und des Festes der Kreuzerhöhung, in die abendländische Liturgie ein.[63]

6 Es ging immer über das Wasser – von Schiffen und Seeleuten

Pilgerfahrten, Handelstransporte und der Transport von Menschen und Gegenständen aller Art von und nach Palästina erfolgten vom Ende des 11. Jahrhunderts an fast ausschließlich über das Mittelmeer. Beherrschender Schiffstyp im Mittelmeer war dabei die Galeere, die als Nachfolger der athenischen Triere, der römischen Liburnen und der byzantinischen Dromonen angesehen werden kann. Ruderschiffe haben hier also eine Jahrtausende währende Tradition – bereits aus Ägypten um 2000 v. Chr. kennen wir die Darstellung seetüchtiger Schiffe, die mit Ruder und Segel angetrieben werden; früheste Berichte über Seeschlachten mit geruderten Schiffen sind sogar schon seit 3500 v. Chr. bekannt.[64] Die wesentlichen Kenntnisse über die Galeeren im frühen und hohen Mittelalter besitzen wir allerdings erst vom 14. Jahrhundert an, als technische Verbesserungen die Schiffe immer größer, sicherer und schneller werden ließen.[65] Abbildungen aus der nachrömischen Zeit bis zum 14. Jahrhundert sind äußerst spärlich und der archäologische Fund einer mittelalterlichen Galeere, der wesentlich zur Klärung zahlreicher marinehistorischer Fragestellungen (ähnlich wie bei dem Fund der Bremer Kogge von 1962[66]) beitragen könnte, steht noch aus.

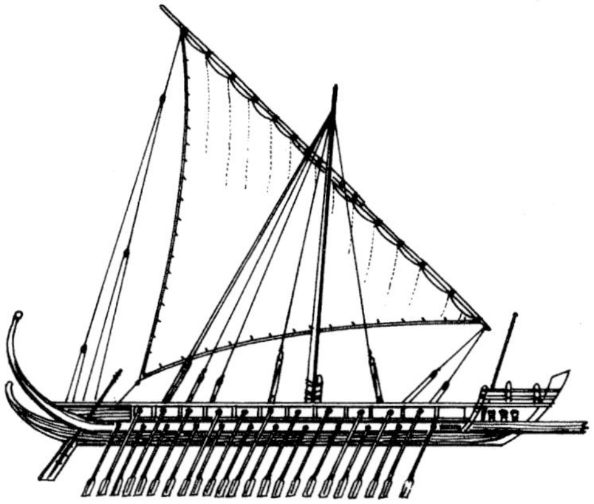

Abb. 6: Venezianische Galeere 12. Jahrhundert. Die Riemen sind noch in 2 Reihen angeordnet, die achterlichen Hörner weisen auf die Herkunft von der Dromone hin (Rekonstruktion nach Gulás).

Hinter dem Begriff Galeere verbirgt sich eine große Anzahl geruderter Schiffstypen, wie sie wohl unterschiedlicher nicht sein konnten, so dass in der Terminologie eine bis heute verwirrende Vielfalt mit durchaus andersgearteten Definitionen besteht. Keinesfalls gab es *die* Galeere, vielmehr war die venezianische Galeere (Abb. 6) anders gebaut als das gleich-

63 Für die vielfältigen kulturellen Beziehungen und die mannigfaltigen Einflüsse des kulturellen Austauschs ist die ausführliche Darstellung von Prutz (ab. S. 397 ff.) noch immer sehr instruktiv

64 Vgl. Zysberg, S. 32; s.a. bei Mondfeld, der sich detailliert mit den Galeeren befasst hat, ab S. 7 ff.

65 Vgl. Mondfeld, S. 10 ff.; vgl. Pâris,

66 Vgl. Hoffmann, Gabriele/Schnall, Uwe: Die Kogge, Hamburg 2003. Die ausführliche Darstellung des Deutschen Schiffahrtsmuseums lässt die riesige Bedeutung eines solchen Fundes für einen ganzen Zeitraum der maritimen Geschichte erkennen.

namige Schiff in Genua, Pisa, Barcelona, Marseille, Konstantinopel oder den arabisch beherrschten Ländern am Mittelmeer. Für Genua werden in der Zeit der Kreuzzüge die Galeere, der Galion, die Galiot, die Sagitte, der Pamphilus (den es schon in der frühmittelalterlichen byzantinischen Marine gab[67]), der Salandrinus (ebenfalls dort als Chelandie genannt), die Taride, das Kattschiff und viele andere namentlich erwähnt.[68] Einige dieser Schiffsbezeichnungen tauchen auch in der sizilischen Flotte Kaiser Friedrichs II. auf: Galeere, Taride, Buctius, Kattschiff und Sagitta (Pfeilschiff), offenbar ein besonders schnelles Schiff, über das wir genau so wenig wissen, wie über die Bauart der anderen hier genannten.[69] Sie unterschieden sich nicht nur in der Größe, die von kleinen geruderten Schiffen für die kurze Küstenfahrt bis zu den hochseegängigen großen Galeeren reichte, die bis nach Britannien und das westliche Nordafrika unterwegs waren, sondern auch in der Besegelung, im Bau des Rumpfes, in der Zahl der Ruderer und der Besatzung, vor allem auch in der Zweckbestimmung (Abb. 7).

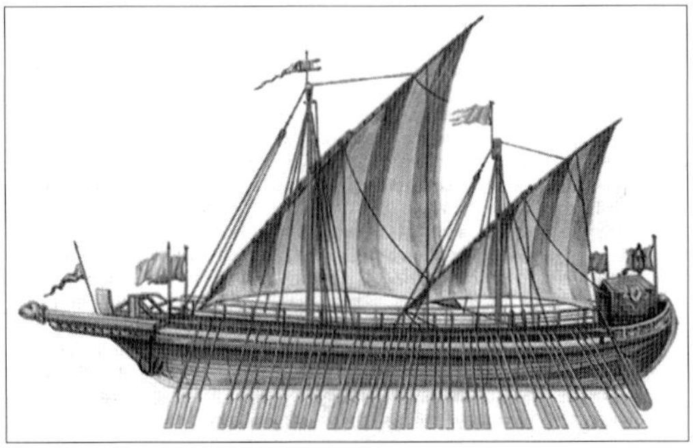

Abb. 7: Venezianische Galeere des 12./13. Jahrhunderts. Die Riemen sind bereits in einer Reihe in Dreierformation angeordnet, jeder Riemen wurde von einem Ruderer bedient (Rekonstruktion nach Gulás).

Die Galeere war das klassische Kriegsschiff des Mittelmeeres, dazu musste sie schnell, manövrierfähig und allzeit kampffähig sein – diese Schiffe waren schlank gebaut mit einem Verhältnis Länge/Breite von 8:1 (bis 10:1) und hatten 180 bis 240 Ruderer.[70] Für den Handelstransport waren diese Eigenschaften von geringerer Bedeutung, hier war die Nutzlast, die das Schiff aufnehmen konnte, das wichtigere Kriterium; diese Schiffe waren breiter gebaut, hatten weniger Ruderer und liefen den größten Teil der Fahrt unter Segeln. Das Segel war, was relativ selten in den einschlägigen Werken erwähnt wird, für die mittelalterliche Galeere die Hauptantriebsart und wurde, wann immer möglich, auf den langen Reisewegen genutzt. Allerdings war sie von ihrer Bauart her ein schlechter Segler und vor allem bei stürmischem Wetter und hohem Wellengang äußerst anfällig; wahrscheinlich der wichtigste Grund, warum sich die Galeere als Schiffstyp in den Gewässern des nördlichen Europa nie durchsetzt hat.

Gegenüber der byzantinischen Dromone, dem beherrschenden Schiffstyp des Oströmischen Reichs, gab es einige Veränderungen: Die Ruderer waren nicht mehr in mehreren Reihen übereinander, sondern in einer Reihe angeordnet, statt zunächst noch an einem Riemen für jeden Ruderer arbeiteten jetzt mehrere (bis zu sieben Mann) an einem gro-

67 Vgl. Eickhoff, S. 74 ff.
68 Vgl. Heyck, S. 65 ff.
69 Vgl. Cohn, S. 127 ff.
70 Ausführlich dargestellt bei Landström, S. 127 ff., s.a. Mondfeld.

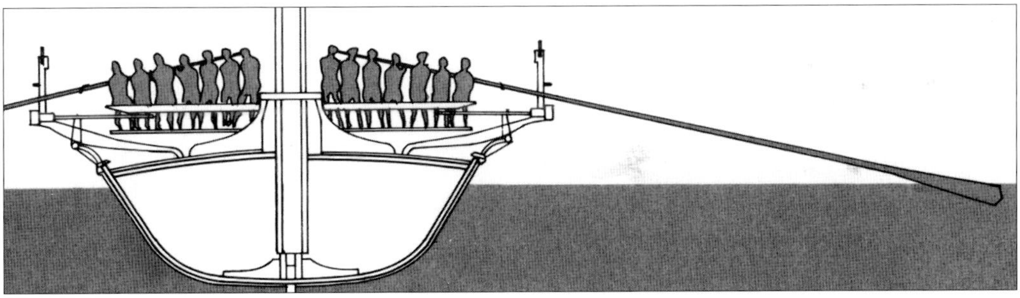

Abb. 8: Querschnitt durch eine Galeere. Die gewaltigen Riemen werden jeweils von sieben Ruderern bewegt, sie sind auf der Apostis ausbalanciert. Der Schiffskörper bildet eine geschlossene Einheit, das Oberdeck mit der Ruderanlage ist nicht eingefügt, sondern aufgesetzt (nach Galuppini).

ßen Riemen. Kamen bisher die Riemen aus den Löchern in der seitlichen Bordwand, wurde als Auflage für die Riemen im 14. Jahrhundert ein Ausleger konstruiert, die Apostis, ein starker Längsbalken, der außerhalb des Rumpfes auf Querträgern montiert wurde (Abb. 8).[71] Aus dem viereckigen, quer zur Längsachse des Schiffs stehenden Rahsegel wurde das Lateinersegel, ein dreieckiges Segel, das an einer langen, in der Längsrichtung des Schiffs stehenden Rah befestigt war. Die Galeeren führten diese Lateinsegel, die wahrscheinlich von der arabischen Dhau abstammten, je nach Größe an ein bis drei Masten.

Die Ruderer, z. B. in Venedig, waren in der Regel freie Seeleute aus Istrien, Zara und Venedig, erst sehr viel später (etwa ab 1350[72]) wurden Sklaven und Sträflinge eingesetzt. Sie erhielten eine recht geringen Heuer (Tabelle 3), die etwa der Entlohnung eines ungelernten Arbeiters entsprach, konnten allerdings davon ihre Familie ernähren.

Tabelle 3: Lebensstandard des seefahrenden Personals in Venedig um 1320 (zusammengestellt nach Angaben von Lane, in: Longworth)

Berufsgruppe	Heuer (pro Tag)
Ruderer	42 piccoli*
Bogenschützen	64 piccoli
Vorruderer	83 piccoli
Galeerenführer	200 piccoli
Zum Vergleich: ungelernte Arbeiter in Venedig	48–60 piccoli

* 750 piccoli = 1 Dukaten

Pro Woche erhielten sie etwa 11 Pfund Schiffszwieback, 340 g gesalzenes Schweinefleisch (die Hälfte in Bohnensuppe gekocht, die andere am Sonntag), 1 ½ Pfund Bohnen, 250 g Käse und 4 ½ l Wein, was etwa einer täglichen Ration von 4.000 Kalorien entsprach.

71 Vgl. Pryor, S. 64 ff.
72 Vgl. Galuppini, S. 29.

Abb. 9: Französisches Kreuzfahrerschiff (Rekonstruktion von Craemer)

Sie hatten außerdem Anrecht auf einen Teil der Beute und Mitnahme eines kleinen Anteils an unverzollter Ware; daher hatten sie auch besonderes Interesse daran, möglichst viele Häfen anzulaufen, um dort ihre Geschäfte zu machen.[73]

Der ansteigende Transportbedarf mit Beginn der Kreuzzüge zeigte die Grenzen der Galeeren auf, die für die Verschiffung großer Mengen an Gütern, Handelswaren und Personen über einen zu geringen Schiffraum verfügten, da mit Ruderern und Besatzung nicht selten allein über 250 Personen an Bord waren. So entstanden, im Wesentlichen mit Beginn der Kreuzzüge, bauchige, runde und hochbordige Schiffe (Nef, Nau, Nave, Nao), die mehrere Decks hatten und aufgrund ihrer Größe nicht mehr gerudert, sondern nur noch gesegelt werden konnten (Abb. 9). Aus verschiedenen Dokumenten kennen wir die Größe dieser Schiffe, die bis zu 1.500 Personen an Bord haben konnten: So hatte die *Rocca-Forte*, die von Venedig Ludwig dem Heiligen für seinen Kreuzzug angeboten wurde, eine Länge von 31,50 Metern und die größte Breite über dem Hauptspant von 14,31 Metern, also ein Verhältnis Länge/Breite von 2,2:1. Gegenüber den eleganten Linien einer Galeere muss dieses Schiff unglaublich klobig gewirkt haben. Diese Fahrzeuge waren reine Transportschiffe, meistens noch rahgetakelt und hatten anfänglich noch Seitenruder zur Steuerung, erst im 14. Jahrhundert kam das in Ostfriesland erfundene Heckruder in Gebrauch[74] (Abb. 10).

Als besonderer Schiffstyp entwickelte sich daraus die Usseria, das Transportschiff für Pferde. Für die ins Heilige Land reisenden Ritter war es unumgänglich, ihr Hauptpferd (Dextrarius), das besonders und langwierig für den Reiterkampf ausgebildet war, mitzunehmen, so dass besondere Bedingungen für den Transport einer größeren Anzahl von Pferden geschaffen werden mussten. Ähnlich den modernen Landungsbooten und Fähren wurde ein Teil der vorderen Bordwand nach unten ausgeklappt, so dass die Pferde über diese Brücke direkt unter Deck geführt werden konnten.[75]

73 Longworth, S. 104, zit. Lane, der diese Rechnungen aufgestellt hat; die Angaben stammen aus dem Jahr 1320, dürften aber noch die Verhältnisse Mitte des 13. Jahrhunderts widerspiegeln.

74 Vgl. Fleischer, Auf schwankendem Kiel, S. 63 ff.

75 Vgl. Fleischer, Ein Kreuzfahrerheer setzt über.

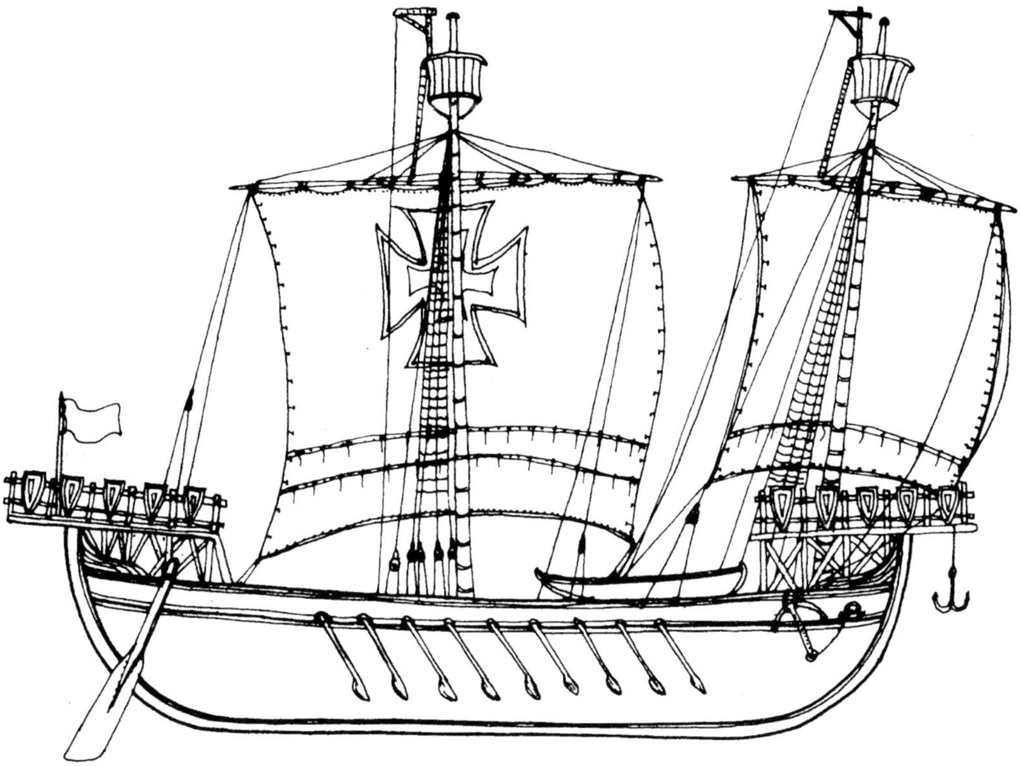

Abb. 10: Rekonstruktion eines Truppentransportschiffs aus dem 12 Jahrhundert; bei der Höhe der Bordwand und Schwerfälligkeit der Schiffe ist der Gebrauch von Rudern eher unwahrscheinlich

7 Westeuropa und Palästina – eine mittelalterliche Seefahrtsgeschichte?

„Die Kreuzzüge an sich bieten wenig seekriegsgeschichtliches Interesse; sie waren Heerestransporte über die von Venezianern beherrschte See." (Meurer, 1925)[76]

„Maritim gesehen, kam es bei den Kreuzzügen weder zu bemerkenswerten Seeschlachten noch zu spektakulären Landeunternehmen ..." (Brennecke, 1986)[77]

Vergleicht man die im Zusammenhang mit den Kreuzzügen aufgetretenen maritimen Ereignisse mit den großen Seeschlachten der Geschichte, wie z. B. denen von Salamis

76 Vgl. Meurer, S. 83
77 Vgl. Brennecke, S. 50

(480 v. Chr.), Mylae (260 v. Chr.), Actium (31 v. Chr.) oder Lepanto (1571), die zu Wendepunkten einer historischen Entwicklung wurden, finden wir allerdings relativ wenig vordergründig aufsehenerregende Ereignisse. Dennoch stellten die Flotten der italienischen Seestädte, Konstantinopels, des Königreichs Sizilien, des fatimidischen Herrschaftsbereichs und der Kalifate ein wesentliches Machtpotenzial dar, das die politische Entwicklung rund um das Mittelmeer gravierend beeinflusste. Da die nach dem ersten Kreuzzug neu entstandenen christlichen Fürstentümer im Vorderen Orient fast ausschließlich vom Nachschub aus Westeuropa abhängig waren und dieser praktisch nur über See möglich war, kam der Seeherrschaft, vor allem im östlichen Mittelmeer, eine überragende Bedeutung zu. In zahlreichen Seetreffen mussten immer wieder die sarazenischen Kriegsschiffe besiegt werden, um den Versorgungskonvois aus Genua, Venedig, Pisa, Barcelona oder Marseille Zugang zu den Häfen im Heiligen Land zu verschaffen und die Seeherrschaft zu sichern. Als während des dritten Kreuzzuges der englische König Richard Löwenherz mit einer gewaltigen Armada zu Schiff nach Palästina kam, konnte er die Flotte Saladins vor Akkon vernichteten, die sarazenische Seemacht brechen und den wichtigen Seehafen Akkon zurückerobern. Es war dies das erste machtvolle Auftreten eines Geschwaders aus den nordeuropäischen Ländern (außer den Raubzügen der Wikinger), mit dessen Hilfe Richard außerdem noch Zypern eroberte, das bis 1489 selbständiges Königreich blieb.[78]
Zahllos wären die Beispiele, mit denen man die enorme Bedeutung marinehistorischer Ereignisse auf die politische, militärische, kulturelle und gesellschaftliche Entwicklung im Zusammenhang mit den Kreuzzügen nachweisen kann.[79] Dieser Beitrag sollte eine Übersicht der vielfältigen Möglichkeiten der Reise- und Transportwege zur See zwischen Europa und Palästina vermitteln, die Gefahren und Widrigkeiten der Seereisen im Mittelalter darstellen und die Bedeutung der Schiffstransporte belegen – von Venedig nach Akkon und zurück.

Literatur

Allmendinger, Karl-Heinz: Die Beziehungen zwischen der Kommune Pisa und Ägypten im hohen Mittelalter. Eine rechts- und wirtschaftshistorische Untersuchung. Vierteljahresschrift für Sozial- und Wirtschaftsgeschichte, Wiesbaden 1967.

Atiya, Aziz S.: Kreuzfahrer und Kaufleute. Die Begegnung zwischen Christentum und Islam, Stuttgart 1964.

Baumstark, Anton: Abendländische Palästinapilger des ersten Jahrtausends und ihre Berichte. Eine kulturgeschichtliche Skizze, Köln 1906.

Brennecke, Jochen: Geschichte der Schiffahrt, Sigloch [1999].

78 Vgl. Pemsel, S. 102 und 112

79 Vgl. Fleischer, Ein Kreuzfahrerheer setzt über. Einige wesentliche maritime Ereignisse habe ich dort zusammengestellt. Vgl. auch Pemsel, S. 112 ff.

Cohn, Willy: Die Geschichte der sizilischen Flotte unter der Regierung Friedrich II. (1197–1250). In: Die Geschichte der sizilischen Flotte 1060–1266. Vereinigter Neudruck dreier Abhandlungen aus den Jahren 1910–1926 mit Anhang, Aalen 1978.
Craemer, Hans August: 5000 Jahre Segelschiffe. Eine Entwicklungsgeschichte des Segelschiffes, München/Berlin 1938.
Donner, Herbert: Pilgerfahrt ins Heilige Land. Die ältesten Berichte christlicher Palästinapilger (4.–7. Jahrhundert), 2. Aufl., Stuttgart 2002.
Eickhoff, Ekkehard: Seekrieg und Seepolitik zwischen Islam und Abendland bis zum Aufstieg Pisas und Genuas (650–1040), Schriften der Universität des Saarlandes 1954.
Erbstößer, Martin: Die Kreuzzüge. Eine Kulturgeschichte, 2., überarb. Aufl., Leipzig 1980.
Faber, Felix: Die Pilgerfahrt der Bruders Felix Faber ins Heilige Land Anno MCDXXXIII. Nach der ersten deutschen Ausgebe 1556 bearbeitet und neu herausgegeben, Berlin [1964].
Fleischer, Georg-Michael: Auf schwankendem Kiel ins Heilige Land. Zum Seewesen im Zeitalter der Kreuzzüge. In: Lipp, Achim/Lasch, Jürgen (Hg.): Einer kam durch – Zur Lebenswirklichkeit im Zeitalter der Kreuzzüge, Dössel 2007, S. 51–73.
Fleischer, Georg-Michael: Ein Kreuzfahrerheer setzt über. Pferdetransporte über See zur Zeit der Kreuzzüge, in: Schiff und Zeit 58 (2008), S. 2–9
Foster, Norman: Die Pilger. Reiselust in Gottes Namen, Frankfurt a. M. 1982.
Fryde, Natalie/Stromer, Wolfgang von: Hochfinanz, Wirtschaft und Politik im Zeitalter der Kreuzzüge. In Stromer, Wolfgang von (Hg.): Venedig und die Weltwirtschaft um 1200, Stuttgart 1999.
Galuppini, Gino: Enzyklopädie der Kriegsschiffe. Geschichte, Technik, Daten, Augsburg 1995.
Goldfriedrich, Johann/Fränzel, Walter (Hg.): Ritter Grünembergs Pilgerfahrt ins Heilige Land, Leipzig 1912.
Heyck, Eduard: Genua und seine Marine im Zeitalter der Kreuzzüge, Innsbruck 1886.
Irmscher, Johannes: Konrad von Krosigk, Bischof von Halberstadt, als Teilnehmer des vierten Kreuzzuges, in: Byzantino-bulgarica 7 (1981), S. 187–193.
Kedar, Benjamin J.: The Passenger List of a Crusader Ship, 1250: towards the History of the Popular Element on the Seventh Crusade, in: Studi medievali 13 (1972), S. 267–279.
Kortüm, Hans-Henning: Der Pilgerzug von 1064/65 ins Heilige Land. Eine Studie über Orientalismuskonstruktionen im 11. Jahrhundert, in: Historische Zeitschrift 277 (2003), S. 561–592.
Lahrkamp, Helmut: Mittelalterliche Jerusalemfahrten und Orientreisen westfälischer Pilger und Kreuzritter, in: Westfälische Zeitschrift 106 (1956), S. 269–346.
Landström, Björn: Das Schiff. Vom Einbaum bis zum Atomboot, Gütersloh 1973.
Lane, Frederic C.: Seerepublik Venedig, München 1980.

Laurent, J. C. M.: Wilbrands von Oldenburg Reise nach Palästina und Kleinasien, Hamburg 1859.
Longworth, Philip: Aufstieg und Fall der Republik Venedig, Wiesbaden 1976.
Meurer, Alexander: Seekriegsgeschichte in Umrissen, Berlin/Leipzig 1925.
Mollat, Michel: Problèms navals de l'histoire des croisades, in: Cahiers de civilisation medievale 10 (1967), S. 345–349.
Mondfeld, Wolfram zu: Die Galeere vom Mittelalter bis zur Neuzeit, Rostock 1977.
Ohler, Norbert: Reisen im Mittelalter, München 1986.
Pappenheim, Max: Die geschichtliche Entwicklung des Seehandels und seines Rechts (Schriften des Vereins für Socialpolitik, 103,2), Leipzig 1903, S. 128–196.
Pâris, Edmond: Die große Zeit der Galeeren und Galeassen, hg. von Lothar Eich, Ernest Henriot und Luise Langendorf, Rostock 1973.
Pemsel, Helmut: Seeherrschaft, Bd. 1: Eine maritime Weltgeschichte von den Anfängen bis 1850, Augsburg 1995.
Prutz, Hans: Kulturgeschichte der Kreuzzüge, Hildesheim/Zürich/New York 1994 (2. Nachdruck der Ausgabe Berlin 1883).
Pryor, John H.: Geography, technology, and war. Studies in the maritime history of the Mediterranean 649–1571, Cambridge 1988.
Riley-Smith, Jonathan: Illustrierte Geschichte der Kreuzzüge, Frankfurt a. M./New York 1999.
Röhricht, Reinhold: Die Kreuzzüge des Grafen Theobald von Navarra und Richard von Cornwallis nach dem heiligen Lande. Forschungen zur deutschen Geschichte 26 (1886), S. 67–102
Röhricht, Reinhold: Deutsche Pilgerreisen nach dem Heiligen Lande. Neudruck der neuen Ausgabe, Innsbruck 1900, Aalen 1967
Runciman, Steven: Geschichte der Kreuzzüge, 4. Aufl., München 2003.
Schachten, Dietrich von: In Gottes Namen fahren wir ... Die Pilgerfahrt des Landgrafen Wilhelm des Älteren von Hessen in das heilige Land, Melsungen 1925.
Schaube, Adolf: Handelsgeschichte der romanischen Völker des Mittelmeergebiets bis zum Ende der Kreuzzüge, München/Berlin1906.
Schmitt, Reinhard/Tebruck, Stefan: Jenseits von Jerusalem. Spuren der Kreuzfahrer zwischen Harz und Elbe, Halle 2005.
Sollbach, Gerhard E.: Im Namen Gottes fahren wir ..., Kettwig 1990.
Thorau, Peter: Wo jedes Sandkorn heiliger Boden ist, in: Herbers, Klaus u. a. (Hg.): Pilgerwege im Mittelalter, Darmstadt 2005.
Wohlhaupter, Eugen: Beiträge zum Recht der Personenbeförderung über See im Mittelalter, in: Historisches Jahrbuch der Görres-Gesellschaft 57 (1937), S. 339–357.
Zysberg, André/Burlet, René: Venedig und die Galeeren, Ravensburg 1991.

Hans-Joachim Solms

Die deutsche Literatur des hohen Mittelalters[1]

Im Zusammenhang einer Vergegenwärtigung der Lebenstotalität zur Zeit des Templerordens und der noch im Lebensalltag unmittelbar gelebten Templerkapelle, im Zusammenhang also des Versuchs, den bis zu uns heute reichenden Spuren der Vergangenheit nachzugehen und in uns und unserem Lebensalltag die Fortentwicklung des vergangenen Anfangs zu entdecken, liegt es nahe, den Blick auch einmal auf die deutschsprachige Literatur der Zeit zu richten, die uns wie kein anderes Medium erlaubt, das Denken, Fühlen und Handeln der Menschen jener Zeit nachzuvollziehen. Dabei soll u. a. auch deutlich werden, dass dieser Blick unmittelbar auch uns selbst und unser Verständnis schauen lässt, dass zumindest deutlich wird, dass unser so selbstverständliches Verständnis von Literatur sich dem dankt, was in der höfischen Literatur des späten 12. und frühen 13. Jahrhunderts entwickelt wurde. Und also soll hier über die Literatur zur Hochzeit der Templer geredet werden, über Themen und Motive dieser Literatur, darüber, wo die Literatur ihren Sitz im Leben der Menschen im ausgehenden 12. und im 13. Jahrhundert hatte. Es ist zu klären, was 'Literatur' in dieser Zeit ist, was sie will, was sie kann, und inwiefern sie auch mit uns heute noch sehr viel zu tun hat.

1 Belletristik oder Sachbuch

Den Ausgangspunkt zur Beantwortung der gestellten Frage bilden wir selbst. Was verstehen wir unter Literatur, was bedeutet sie uns, welche Funktion erfüllt Literatur für uns? Ohne sich in weit ausholenden Definitionen und Differenzierungen von Literatur zu verlieren, sei hier nur eine die Literatur betreffende und unserem Alltagswissen entnommene Differenzierung aufgenommen: Wenn man auf die so populären Bestseller-Listen z. B. des SPIEGEL oder des FOCUS achtet, dann findet sich dort allein eine Unterscheidung in „Sachbuch" und „Belletristik". Für den hier zu diskutierenden Zusammenhang geht es um die sogenannte Belletristik, jene Texte, die erstmals Goethe in seinen *Leiden des jungen Werther*, 1774, als *belles lettres*, als 'schöne' Literatur bezeichnet

1 Es handelt sich um den für die Schriftform leicht überarbeiteten Vortrag, gehalten in der Templerkapelle zu Mücheln am 1. September 2007; es sollte jedoch der Vortragscharakter nicht gänzlich aufgegeben werden. Daher wird gemäß der auf Allgemeinverständlichkeit zielenden Vortragsabsicht auf eine differenzierte Verweisung der Forschungsliteratur ebenso verzichtet wie auf eine gemeinhin in Anmerkungen erfolgende differenzierte Diskussion von Forschungsmeinungen und möglichen -kontroversen. Insofern wird der Anspruch formuliert, allein aus dem Vortrags-/Lesetext heraus verständlich sein zu wollen.

hat.[2] Schaut man sich nun an, was in den Bestseller-Listen alles unter Belletristik vereint ist, dann steht dort so manches nebeneinander, was man doch noch gerne trennen würde:[3] Neben mehrfach *Harry Potter* und der Krimi-Literatur von Donna Leon oder Henning Mankell findet man eben auch Kehlmanns *Vermessung der Zeit* oder Pascal Merciers *Lea* bzw. sein *Nachtzug nach Lissabon*. Der Grund dafür, all diese doch so verschiedenen Texte gemeinsam und abgetrennt zu den Sachbüchern einzuordnen, liegt nun zweifellos nicht allein darin, dass sie erststellig der 'Unterhaltung', die Sachbücher erststellig der 'Information' dienen. Denn läge die Begründung für die Zuweisung eines Buches zur Kategorie „Belletristik" in seinem Unterhaltungswert, dann gehörte wohl auch Hape Kerkelings „Pilgerwegwanderbuch" dazu: Kerkeling unterhält vorzüglich, führt aber erstaunlicherweise Platz 1 der Sachbuchliste an. Nein, was Donna Leon und Pascal Mercier zusammenführt und warum Hape Kerkeling nicht dazu gehört, das ist die Tatsache, dass Donna Leon und Pascal Mercier nicht von Dingen berichten, sondern von Dingen erzählen, von Dingen, die allein in der Phantasie entstanden sind, die nur und ausschließlich fiktional sind. Fiktionalität, und dies ist eine wichtige Einsicht im Zusammenhang der hier berührenden Frage nach der deutschen Literatur des hohen Mittelalters, ist für uns heute eine selbstverständliche Kategorie, mittels der wir innerhalb der Literatur unterscheiden. In der Erfüllung dieses Merkmals stimmen Donna Leon und Pascal Mercier überein. Wenn aber weiter gefragt wird, ob zwischen den Texten von Donna Leon und Pascal Mercier nicht doch systematisch zu unterscheiden ist, obwohl doch in beiden Fällen fiktionale Texte vorliegen, dann wird unmittelbar deutlich, dass es ein feines Gespür dafür gibt, dass zwischen Donna Leon einerseits und Pascal Mercier andererseits, und hier sei ergänzt: zwischen einerseits Donna Leon und andererseits Pascal Mercier, Theodor Fontane oder Alfred Döblin und vielen, vielen anderen, dass zwischen ihnen ein gewaltiger Unterschied besteht. Denn Letztgenannte bieten mehr als nur Unterhaltungsliteratur, sie erfüllen das, was Marcel Reich-Ranicki einmal als Kriterium zum Erkennen für 'gute' Literatur benannt hat: Sie sei immer 'Sprachrohr des Individuums', soll heißen: Im anerkannten Raum der Fiktion und mittels der besonderen Fähigkeit, unterhaltend zu erzählen, spricht diese Literatur zu uns vom Menschen, von seinem Leben, seinen Träumen, seinen Ängsten, Hoffnungen und Enttäuschungen, spricht sie mithin uns von uns selbst! Damit ist 'gute' Literatur immer auch ein Medium der Selbsterkenntnis, ein Medium der Reflexion, der Selbstvergewisserung; 'gute' Literatur berührt und erschüttert im besten Sinne, weil sie den Leser in Geschichten hineinzieht und ihn zum Nachdenken über sich selbst anregt. Was damit ausgesagt ist und was sich vielleicht sogar auch bedeutungsvoll anhört, ist natürlich keine erst neu zu formulierende Erkenntnis, ist den meisten zeitgenössischen Lesern zumeist auch evident. Und tatsächlich führen die Feuilletons von ZEIT, FAZ oder Süddeutscher Zeitung, führen die populären Literatur-Entertainer Marcel Reich-

2 Siehe dazu die Ausführungen zum Stichwort 'Literatur' in: Jacob Grimm/Wilhelm Grimm: Deutsches Wörterbuch, Bd. VI, Leipzig 1885.

3 Die Hinweise beziehen sich auf die Bestsellerlisten im August 2007.

Ranicki oder Elke Heidenreich diesen Gedanken ja auch höchst populär und gut genießbar immer wieder vor. Aber das, was an dieser Stelle so selbstverständlich formuliert ist, was dem gebildeten Menschen heute so selbstverständlich scheint, das ist nicht selbstverständlich: Es hat sich historisch erst entwickelt und es hat sich kulturspezifisch entwickelt. Es hat sich in seiner spezifischen Ausprägung für unseren Kulturraum im mitteleuropäischen hohen Mittelalter entwickelt.

2 Anfänge der deutschen Literatur

Diese Einsicht ist der Ausgangspunkt, der erreicht werden sollte, um von unserer heutigen Gegenwart aus ins hohe Mittelalter zu gelangen. Und mit dieser Einsicht ist man zugleich auch dort angekommen: Denn erst hier, im Hochmittelalter, entsteht in der Volkssprache, entsteht in Deutsch das, was im besprochenen Sinne als 'Literatur' zu verstehen ist; hier entsteht eine solche Literatur erstmals im deutschen Sprachraum: Zwischen ca. 1170 und 1230 erscheint eine Literatur in deutscher Sprache, die eine solche Qualität und eine solche Bedeutung hat, dass von einer ersten deutschen Klassik zu sprechen ist – lange vor der zweiten, der im allgemeinen Sprachgebrauch sogenannten Weimarer Klassik; und einige der in dieser Zeit entstandenen Werke zählen völlig zu Recht zur Weltliteratur, ihren Autoren wird Weltrang zugewiesen, so wie sehr viel später den Vertretern der Weimarer Klassik Friedrich Schiller oder Johann Wolfgang von Goethe. Zu nennen sind u.a. der *Parzival* des Wolfram von Eschenbach, die um König Artus angesiedelten Ritterromane *Erec* und *Iwein* des Hartmann von Aue, der *Tristan* des Gottfried von Straßburg, als Heldenepos das *Nibelungenlied* und natürlich der so vielfältige Minnesang besonders des Walther von der Vogelweide. Alles Namen und Texte, die viele von uns auch heute noch kennen, wie z. B.

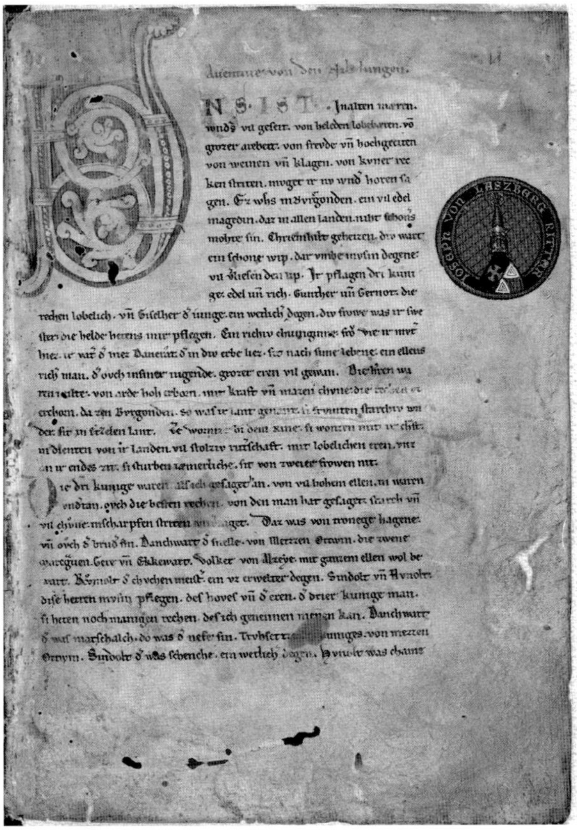

Der Nibelunge liet (Handschrift C), um 1230, Blatt 1r

N S I S T · Jnalten mæren.
wnd's vil geseit. von heleden lobebæren. vō
grozer arebeit. von frevde vñ hochgeciten

Ausschnitt aus Der Nibelunge liet (Handschrift C), um 1230, Blatt 1r

die erste Strophe des *Nibelungenliedes* oder Walthers Gedicht *Unter den Linden* (Anlage).
So wie selbst wir diese Texte heute noch kennen, so haben ganz zweifellos auch die Templer, als Ritter oder dienende Brüder, sie gekannt, vielleicht sogar einmal als Teil der täglichen Lesung gehört. Die Ordensregel der Templer (Regel IX) sah wie auch z. B. die des Deutschen Ordens[4] bzw. anderer Orden für die Mönche vor, dass bei der Hauptmahlzeit und beim Abendessen vorgelesen werden sollte, natürlich geistliche Werke und natürlich wurden dazu 'aufmerksamste Ohren' bei den Hörern gefordert. Doch wird zahlreich überliefert – nicht zu den Templern speziell, wohl aber von anderen Orden –, dass wohl auch mal Ritter- und Heldengeschichten vorgetragen wurden (vgl. auch Anm. 4), zumindest dass man solche Rittergeschichten kannte und gerne hörte. So berichtet der Zisterzienser Cesarius von Heisterbach um 1230 aus seinem Klosteralltag:[5] „Als Abt Gevard [...] im Kapitelsaal Worte der Mahnung in feierlicher Form an uns richtete, und als er sah, dass viele, vor allem viele der Novizen schliefen, einige auch schnarchten, da rief er mit einmal aus: ‚Hört Brüder, hört, ich berichte euch Neues und Großartiges. Es war einmal ein König, der hieß Artus'. Nach diesen Worten brach er ab und sprach: ‚Brüder, schaut dieses große Elend. Wenn ich von Gott spreche, so schlaft ihr. Sobald ich aber Worte der Leichtfertigkeit einmische, so wacht ihr auf und fangt alle an, mit gespitzten Ohren zu lauschen'." Ganz ähnlich hat auch der Dichter Hugo von Trimberg um 1300 geklagt (vgl. Anm. 5), dass „die Menschen nichts mehr von den Wundern Gottes und den frommen Taten der Heiligen hören wollten. ‚Die meisten Menschen, hier und in anderen Ländern, kennen sich besser aus in den Büchern [...] von Parzival und Tristan, [... von] Erec und Iwein und wer sonst noch [...] zur Tafelrunde gehörte'".

Herr Walther von der Vogelweide, Große Heidelberger Liederhandschrift, Blatt 124r

Dieser *Erec* des Hartmann von Aue ist der erste deutsche Artusroman (Anlage).[6] Wie bei

4 Manfred Günther Scholz: Hören und Lesen. Studien zur primären Rezeption der Literatur im 12. und 13. Jahrhundert, Wiesbaden 1980, S. 17.

5 Joachim Bumke: Höfische Kultur. Literatur und Gesellschaft im hohen Mittelalter, 2 Bde., 11. Aufl., München 2005, S. 710.

6 Zur Inhaltsangabe siehe den Artikel zum *Erec* in Kindlers Literatur-Lexikon, München 1974.

allen Artusromanen ist der lokale und ideelle Bezugs-, Ausgangs- und Endpunkt der Handlung der Hof des sagenhaften Königs und seine ebenso sagenhafte Tafelrunde. Erec, ein junger Königssohn und Ritter der Tafelrunde, wird im Beisein von Königin Guniver, Artus Ehefrau, beleidigt – und also reitet er auf *aventiure* aus, um seine durch die Beleidigung verlorene *êre* und die dadurch gestörte *vreude* des Hofes wiederherzustellen. Er besiegt den Verursacher im ritterlichen Kampf und gewinnt dabei Enite zur Frau. Vom Artushof aus kehrt Erec in sein eigenes Königreich zurück und alles scheint wunderbar. Durch seine Liebe zu Enite ist Erec jedoch so gefesselt, dass er sich *verligt* (Anlage Vv 2994ff.), soll heißen: 'in Trägheit versinkt, erschlafft' (*sich verligen* wie *sich verlesen, sich verfahren, jmdn. verführen* = 'falsch lesen, lasch fahren, falsch führen' also 'falsch liegen'). Durch sein *verligen* vernachlässigt er die Pflichten des Königs und Ritters, er verliert wiederum seine *êre*, nun aber selbst verschuldet. Als Enite glaubt, dass er schläft, klagt sie mit einem Seufzer den Verlust seiner Ehre; er hört dies, sein Ehrverlust wird ihm bewusst, sogleich und ohne Zögern entsagt er allem Wohlleben und bricht zu neuen Kampffahrten, *aventiuren*, auf. Enite muss ihn begleiten, darf aber nicht neben ihm, sondern muss voranreiten, und er verbietet ihr bei Todesstrafe, mit ihm zu reden. In zahlreichen Kämpfen besiegt Erec nun starke und hinterhältige Gegner, besiegt sie aber immer nur mit der Hilfe Enites, die als Erste die Gefahren erkennt und sein Schweigegebot aus Liebe bricht. Dabei wird er oft verwundet, hat jedoch keine Zeit, die Wunden ausheilen zu lassen. Und also unterliegt er schließlich trotz Tapferkeit und trotz Todesmut völlig ermattet in einem Kampf und ist scheinbar tot. Da wird er nur durch die unverrückte und auch den eigenen Tod in Kauf nehmende Treue seiner Frau gerettet. Jetzt, als Erec die demütig-liebende Treue Enites erkennt, da findet er zu ihr zurück; sie darf wieder sprechen und beide fliehen gemeinsam auf einem Pferd aus der Gefahr. Noch ein abschließender Kampf ist nötig. Völlig selbstlos und eigentlich auch völlig chancenlos fordert er einen überlegenen Ritter zum Kampf auf, um damit 80 trauernde Witwen, deren Männer der Ritter alle erschlagen hat, aus ihrer Isolation und Traurigkeit zu befreien. Er gewinnt, tötet den anderen Ritter jedoch nicht, obwohl er das Recht dazu hätte. Nun also kehrt er mit allen Ehren ausgestattet zuerst an den Artus- und dann an seinen eigenen Hof zurück und herrscht fortan tadellos, zeigt auch Einsicht in sein früheres Versehen (Anhang Vv 10119).

Herr Hartmann von Aue, Große Heidelberger Liederhandschrift, Blatt 184v

3 Verweltlichung der Literatur

Ein solcher Text also ist wohlbekannt. Und wenn vorab ausgeführt wurde, dass die durch solche Texte repräsentierte erste Blüte der deutschen Literatur in etwa zeitgleich zur Blüte des Templerordens liegt, dann verweist dies natürlich zuerst nur auf eine zeitliche Übereinstimmung. Und doch: es gibt auch eine kausale Beziehung, nicht zu den Templern konkret, aber zum Rittertum allgemein. Diese Literatur – das zeigt die knappe Inhaltsangabe des *Erec* –, diese Literatur findet ihre Themen, ihren Anlass, ihre Autoren, ihr Publikum im Rittertum und sie findet sie an dem Ort, an dem das Rittertum lebt: am Hof. All die genannten Werke sind weltliche Werke, geschaffen von weltlichen Autoren für ein weltliches und höfisches Publikum. Und diese Literatur tritt mit einem neuen Anspruch an, tritt mit einem säkularen Anspruch an: dem Anspruch

- erstens: zu unterhalten,
- zweitens: dies mit einer fiktionalen Geschichte zu tun und
- drittens: in der Fiktion die Idee vorzustellen, dass die soziale Welt der Menschen eine nach konsensuellen, nach höfischen Regeln gestaltbare ist.

Mit Erfolg tritt diese Literatur an, und in ihrer Wirkung offensichtlich die Zeiten überdauernd: Denn noch heute ist ritterliches Verhalten ein Begriff, ist Höflichkeit eine auch bürgerliche Selbstverständlichkeit. Dabei sind die Ansprüche, mit denen diese Literatur antritt, unerhört. Nicht für die heutigen Leser unerhört, dies nicht, so auch die zu Beginn formulierte und den Ausgangspunkt der Beschäftigung bildende Einsicht: unerhört sind sie für die damalige Zeit!

Was gemeint ist, bedarf einer Erläuterung in kurzem Exkurs: Die Anfänge der deutschen Sprache und die ersten, kleinen deutschsprachigen Texte werden ins späte 8. Jahrhundert datiert. Beides entsteht aus einem bestimmten geistesgeschichtlichen Erklärungszusammenhang heraus, der dann als ein funktioneller Zusammenhang bis ins 12. Jahrhundert hinein bestimmend bleibt. Es geht um die Übernahme, die Durchsetzung und die Festigung des Christentums, von den Karolingern und dann auch noch den Ottonen massiv unterstützt. Die Entwicklung einer deutschen Sprache und deutschen Literatur wäre ohne die Bindung an das Christentum und die Christianisierung undenkbar. Dies meint den wichtigen Erklärungshintergrund, dass das Christentum als Buchreligion zwingend der Schriftlichkeit bedarf: Christliche Religion basiert auf Schriftgläubigkeit. *In principio erat verbum et verbum erat apud Deum et verbum erat Deus* so beginnt das Evangelium des Johannes: *Im Anfang war das Wort und das Wort war bei Gott und das Wort war Gott.* Weil aber Gottes Wort einmalig und unersetzlich ist, bedarf es der unveränderten Bewahrung: Es bedarf der unveränderten Bewahrung ohne jedwede Variation! Aber diese Unveränderlichkeit ist nur in der Schrift gewährleistet, nicht im mündlichen, gesprochenen Wort. Nur als geschriebener bleibt ein Text über die Zeiten hinaus mit sich selbst identisch, wird tradierbar. Und also ist Literarität, ist Schriftlichkeit das Wesensmerkmal der im 'abendländischen' Kulturkreis neu übernommenen, der christlichen Tradition; dagegen blieb die Oralität, also die Mündlichkeit, das

Wesensmerkmal der alten germanischen Tradition. So wie also Schriftlichkeit das Wesensmerkmal der christlichen Tradition ist, so wird der christliche Inhalt umgekehrt zum Wesensmerkmal der schriftlichen Texte!
Die deutschen Texte bleiben damit bis ins hohe Mittelalter hinein funktional weitgehend theologisch gebunden; alles andere ist gar nicht denkbar! Diese funktional-theologische Bindung bedeutete, dass man der Literatur bis ins 12. Jahrhundert hinein wesentlich die Aufgabe zuschrieb, dass sie die göttliche Wahrheit immer wieder neu verkünden solle, dass sie die in der Bibel geoffenbarte göttliche Wahrheit immer wieder exegetisch erläutern müsse. Die Texte sind somit nur Medium, die Autoren sind somit nur Mittler der göttlichen Wahrheit; und diese göttliche Wahrheit, so die Überzeugung, existiert a priori unabhängig von den Autoren und unabhängig von jedem Text. Dies soll heißen, dass es die göttliche und biblische Wahrheit und Wirklichkeit selbstverständlich auch gebe, wenn es keine Literatur gäbe. Die biblische Wahrheit bedarf der Literatur nicht!
Diese Einstellung zu Texten ändert sich grundsätzlich im 12. Jahrhundert. Und diese Entwicklung ist überschreibbar als Säkularisierung. Gemeint ist, dass die Menschen im 12. Jahrhundert erkennbar auf der Suche „nach verbindlichen Normen, nach lebensbestimmenden Normen“ sind:[7] es 'rumort' in der Gesellschaft, zu registrieren ist eine Vielzahl von Klostergründungen, von Ordensgründungen und auch entstehenden Laienbewegungen, es ist deutlich, dass diese Suche „nach verbindlichen Normen, nach lebensbestimmenden Normen“ auch und besonders im säkularen Rahmen und Raum stattfindet. In den deutschen Texten wird erkennbar, dass man dazu übergeht, „die Normen für ein vorbildliches Leben nicht mehr allein vom Jenseits her zu entwickeln, sondern auch danach zu fragen, welches Verhalten zu Ehre und Ansehen [schon hier] in der Welt führt“ – und nicht erst im Jenseits (vgl. Anm. 7). Bis dahin hatte die Literatur eben immer wieder jene christlich-kirchliche Forderung formuliert, das Leben stets 'mit dem Blick auf die Ewigkeit' (*sub specie aeternitatis*) zu betrachten. Und genau dies ändert sich! Den heutigen Zeitgenossen ist der berühmte Satz Immanuel Kants geläufig, in dem er über die Aufklärung sagt, sie bedeute den Ausgang des Menschen aus seiner selbstverschuldeten Unmündigkeit; es ist deutlich, dass dieser 'Ausgang' schon hier einsetzt, so dass für die Zeit des späten 12. und des frühen 13. Jahrhunderts formuliert werden darf, dass sich die in den Texten erweisende Säkularisierung schon den Aufbruch des Menschen aus der ihm auferlegten Weltvergessen- und Jenseitsbezogenheit andeutet. Und so undramatisch es sich anhört, so dramatisch ist es doch: dieser Aufbruch gelingt im Medium der Fiktion. Fiktionalität, sie ist das fundamental Neue der Literatur des späten 12. Jahrhunderts; soll heißen: Die Texte transportieren nicht mehr eine unabhängig von ihnen, eine a priori existierende Wahrheit, sie konstruieren ihre eigene Wahrheit, eingebettet in eine erzählte Geschichte.

7 Gisela Vollmann-Profe: Wiederbeginn volkssprachiger Schriftlichkeit im hohen Mittelalter (1050/60–1160/70) (Geschichte der deutschen Literatur von den Anfängen bis zum Beginn der Neuzeit, I.2), 2., durchges. Aufl., Tübingen 1994, S. 8.

4 Das Ethische in der Literatur

Der säkulare Bezugsrahmen, in dem man sich nun bewegt, ist ein höfischer und ritterlicher. Die Themen und Formen der Literatur sind dabei ganz auf eine adlige Oberschicht hin abgestellt: Es sind Themen, über die der Adel sein gesellschaftliches Eigenbild zu entwerfen versucht. In der Literatur wird ein Menschenbild entworfen, das zweierlei leistet: Es wird vorgeführt, dass der Mensch ohne schlechtes Gewissen seiner menschlichen Natur gemäß und sie positiv bejahend leben kann und dabei doch religiös gebunden bleibt. Gegen den noch frühmittelalterlichen Antagonismus zwischen einerseits einer gottgefälligen Weltabgewandtheit und andererseits der gottungefälligen Weltzugewandtheit setzt die höfische Literatur die Botschaft, dass ein gottgefälliges Leben auch im Hier und Jetzt möglich ist: Und dieses die verschiedenen Ansprüche harmonisierende Leben, das ist das Leben des in die Gesellschaft positiv hineinwirkenden Ritters! Insofern ist die Literatur dieser Zeit in höchstem Maße ethisch bezogene Literatur; stets geht es darum, wie und dass „höfische Vorbildlichkeit zu erreichen ist“[8]. Das Rezept ist einfach: Es wird ein „Gesellschaftsideal vermittelt“, in dessen Zentrum die ‘Liebe’ steht; gemeint ist allerdings eine spezifische Form der ‘höfischen Liebe’, bezeichnet durch das mittelhochdeutsche Wort der *minne*: „Liebe ist der höchste Wert, auf den alle anderen Wertbegriffe hin geordnet sind. In der Liebe verwirklicht sich höfische Vollkommenheit“ (vgl. Anm. 8).

Herr Wolfram von Eschenbach, Große Heidelberger Liederhandschrift, Blatt 149v

Genau dies ist im vorab angesprochenen Artusroman *Erec* des Hartmann von Aue gezeigt. Der Text zeigt die Lebensaufgabe, die einem Ritter gestellt ist: Er bewegt sich zwischen den beiden Polen *êre* und *minne* und versucht, beide miteinander und mit der Welt, mit der Gesellschaft, in rechte Harmonie, in die richtige *mâze* zu bringen. Erec lebte zuerst ausschließlich der Liebe. Indem er sich *verligt*, zeigt er *unmâze* und stört damit die harmonische Lebens- als Gesellschaftsordnung. Im *verligen* schließt sich Erec von der Welt ab, diese aber gleichzeitig auch von ihm, weil *minne* sich sozial bewähren muss. In den folgenden *aventiuren* schließt Erec sich wieder ab, will wieder nur einseitig und diesmal unter Verweigerung der *minne* seine

8 Joachim Bumke: Geschichte der deutschen Literatur im hohen Mittelalter (Deutsche Literatur im Mittelalter, 2), 5., aktualisierte Aufl., München 2004, S. 98.

êre wiedererlangen. Dem Tode und der endgültigen Vernichtung nahe gelingt die Umkehr erst nach Anerkennung der minnenden Treue seiner Frau, erst nach Erweis der Barmherzigkeit, erst nachdem die Ich-Befangenheit zugunsten der Mitmenschlichkeit verändert ist, erst nachdem die sinnliche Liebe zum Antrieb für die sittliche Tat geworden ist.
Hier wird ausgedrückt, dass sich in der Liebe die höfische Vollkommenheit verwirklicht. Damit ist dann auch klar, dass *minne* nicht erststellig Sexualität meint, nicht die ganz persönliche Liebesbeziehung, gemeint ist vielmehr eine ständisch exklusive Liebe, zu der natürlich nur die adlige Hofgesellschaft fähig sein kann. Zentraler Gedanke der höfischen Liebeskonzeption ist dabei der Dienstgedanke: „Ritter und Dame [stehen] im Verhältnis von Unterordnung und Überordnung zueinander [..., so] daß der Ritter zu seiner Dame aufblickt, daß Liebe sich als Dienst verwirklicht und daß Gegenliebe als Lohn gewährt wird" (vgl. Anm. 7).
Was der *Erec* zeigt, dass hat Wolfram von Eschenbach in seinem *Parzival* explizit formuliert (Buch X, 511,12–16):

wer mac minne ungedienet hân?	Wer meint, er könne Liebe ohne Dienst haben?
muoz ich iu daz künden,	Wenn ich euch das sagen darf,
der treit si hin mit sünden.	der, der dies glaubt, trägt sich mit einer Sünde.
swem ist ze werder minne gâch,	Denn, wem der Sinne nach würdevoller Liebe steht,
dâ hoeret dienst vor unde nâch.	dem wird vorher und nachher ein Dienst dafür abverlangt.

Eine solche *werde minne*, eine solche Liebe ist gesellschaftlich gebunden, sie unterliegt ganz bestimmten Normen und Werten; sie ist nur dadurch wertvoll, dass sie den Mann zu einem sittlichen Wesen macht, der dann seine ganz Kraft zum Wohl der Gesellschaft einsetzt. Hier wird „eine ritterliche Pflicht des Frauendienstes [...] als Verbindung von Liebe und Dienstleistung"[9] formuliert: „Ein Ritter [... erfüllt] den Anspruch solcher weltlichen Liebeskonzeptionen dann [...], wenn er sich auf eine Frau (die nicht seine Ehefrau sein muß) konzentriert, ihr treu und ohne egoistische Antriebe beständig, sexuell gezügelt und rücksichtsvoll verbunden bleibt, solange sie das will. Das ist der Entwurf eines Modells idealer Liebe gegen den üblichen schnellen Liebesgenuß, gegen Vergewaltigung, Promiskuität und Betrug, also Fiktion" (vgl. Anm. 9). Aber wichtig ist, dass Fiktion hier eben nicht negativ zu verstehen ist: Man benötigt zwingend die Fiktion, die Fiktion stellt den Raum zur Verfügung, in dem man das Gedankenspiel vollziehen kann, in den man sich selbstreflektierend hineinstellen kann, um daraus möglichst Konsequenzen für das Verhalten in der Realität zu ziehen. Und da die Literatur in der Hofgesellschaft vorgetragen wurde, immer vorgetragen wurde, wurde die Thematik auch öffentlich besprochen: „Sobald die Thematik von der Hofgesellschaft akzeptiert war, wirkte die Diskussion um kultivierte Liebe ihrerseits kultivierend" (vgl. Anm. 9, S. 54). Das Urteil über den Wert dieser Literatur hat Norbert

9 Joachim Ehlers: Die Ritter – Geschichte und Kultur, München 2006, S. 53.

Elias[10] in seiner epochalen Untersuchung zum europäischen Zivilisationsprozess gesprochen: Für ihn ist die höfische Literatur von entscheidender zivilisatorischer Kraft gewesen, die bis in unsere Zeit hinein nicht zuletzt und besonders auch die Geschlechterbeziehung zivilisiert hat.
So fern (dies zu verstehen, ist ein Ziel dieses Beitrags), so fern und besonders auch, so dunkel wie das 19. Jahrhundert es oft geschildert hat, ist das Mittelalter nicht gewesen.

10 Norbert Elias: Über den Prozess der Zivilisation. Soziogenetische und psychogenetische Untersuchungen, 2 Bde. (stw 158, 159), Frankfurt a. M. 1997. Dazu auch: Horst Wenzel: Zur Deutung des höfischen Minnesangs. Anregungen und Grenzen der Zivilisationstheorie von Norbert Elias. In: Höfische Repräsentation. Symbolische Repräsentation und Literatur im Mittelalter, Darmstadt 2005, S. 221–225.

Wolfgang Ruf

Hildegard von Bingen: Weltenharmonie und Sphärenklänge

Versetzen wir uns für einen Augenblick in die Mitte des 12. Jahrhunderts, also in die Zeit um 1150, etwa 130 Jahre, bevor die Templerkapelle entstanden ist, in die Jahre, in denen Hildegard von Bingen (1098–1179) ihre stärkste Wirkung entfaltet. Es ist eine unruhige Zeit, politisch wie geistig. Der jahrelange Investiturstreit ist vorüber. Dieser mit dem Wormser Konkordat 1122 beendete Konflikt zwischen Papsttum und Königtum wird die erste Krise des mittelalterlichen Reichsgedankens genannt. Sie hat nachhaltige Folgen; die einst geeinte Sphäre der geistlichen und der weltlichen Herrschaft fällt auseinander. Die weltlichen Herrscher sehen sich zurückverwiesen auf die Basis ihrer realen Macht und greifen dennoch immer in kirchliche Belange ein. Die Staufer drängen zur Herrschaft: Nach Konrad III. wird 1152 Friedrich Barbarossa zum römischen König gewählt und 1155 zum Kaiser. Der vom Abt Bernhard von Clairvaux betriebene zweite Kreuzzug (1147–1149) mit Konrad III. und Ludwig VII. von Frankreich an der Spitze ist kläglich gescheitert. Der Reformorden der Zisterzienser, der im Unterschied zu den Benediktinern eine strengere Lebensform fordert, breitet sich weiter aus. Das Rittertum formt sich mit seinen hohen Standesidealen, seinen ethischen Ansprüchen und religiösen Verpflichtungen, und mit dem Rittertum und den Kreuzzügen entstehen die Ritterorden und darunter ab 1120 auch der zum Schutz der Jerusalempilger gegründete Templerorden. Die Baukunst der Gotik beginnt die Romanik abzulösen – man denke nur an den Baubeginn der Kathedralen in der Île-de-France, der in das 12. Jahrhundert fällt (Sens um 1130, Noyon um 1150, Laon um 1160, Paris 1163). Die neue Wissenschaft der Scholastik, der es um die rationale Begründung der Glaubenswahrheiten geht, breitet sich aus; erinnert sei an Namen wie Anselm von Canterbury, Petrus Abaelard oder Petrus Lombardus. Zu beobachten ist zugleich eine Vertiefung des Religiösen, der Frömmigkeit, die vor allem auf den starken Einfluss des Zisterzienserabtes Bernhard von Clairvaux zurückgeht. Für Bernhard ist das entscheidende Grunderlebnis das subjektive Erleben Gottes in Gestalt des leidenden Jesus; daraus leiten sich ab seine hoch affektive, in der Visionserfahrung gipfelnde Christusmystik und seine leidenschaftliche Marienverehrung. Hildegard, die mit Bernhard in brieflichem Kontakt stand, war ganz erfüllt von dieser glühenden Frömmigkeit.

1 Himmlisches Marienlob

In dieser Epoche des Umbruchs erklingt Hildegards Marienlied *Ave generosa*, das wunderbar in das Symposium über die Symbolik und die Heilkraft der – in der Templerkapelle zu Stein gewordenen – Pflanzen passt und vieles zur Sprache bringt, was in der Theologie, der Dichtkunst und der Musik Hildegards eine Rolle spielt. Sein Text lautet in der Ausgabe und Übersetzung von Walter Berschin und Heinrich Schipperges:[11]

	Ave, generosa Ymnus de sancta Maria	Sei gegrüßt, o reine Magd,
1	Ave, generosa, gloriosa et intacta puella. Tu pupilla castitatis, tu materia sanctitatis, que deo placuit.	Sei gegrüßt, o reine Magd, edel, ruhmreich, makellos, du Augenstern der Keuschheit, du Mutterschoß der Heiligkeit –: Also hat Gott es gefallen!
2	Nam hec superna infusio in te fuit, quod supernum verbum in te carnem induit.	Wahrlich, des Höchsten Schöpferkraft, sie strömte ein in dich, auf daß das Ewige Wort Fleisch anzog in deinem Leib.
3	Tu candidum lilium, quod deus ante omnem creaturam inspexit.	Du, Lilie, strahlendweiß, die Gott vor Anbeginn der Welt bereits im Auge hatte,
4	O pulcherrima et dulcissima, quam valde deus in te delectabatur, cum amplexionem caloris sui in te posuit, ita quod filius eius de te lactatus est.	O Schönste, du, o Lieblichste! Wie sehr doch hatte Gott Sein Entzücken an dir, daß Er die Glut Seiner Liebe so tief in dich gesenkt, daß Sein Sohn an deiner Brust leibhaftig sich nährte!
5	Venter enim tuus gaudium habuit, cum omnis celestis symphonia de te sonuit, quia virgo filium dei portasti, ubi castitas tua in deo claruit.	Dein Leib frohlockte vor Freude, da aus dir aufklang die Symphonie des Himmels in Fülle – denn du, o Jungfrau, hast Gottes Sohn getragen, da deine Keuschheit hell in Gott erstrahlte.
6	Viscera tua gaudium habuerunt sicut gramen, super quod ros cadit, cum ei viriditatem infudit ut et in te factum est, o mater omnis gaudii.	Und es frohlockte dein Schoß, dem Grase gleich, auf das der Tau sich gesenkt, da er ihm eingegossen die lebenserfrischende Grüne. So geschah es in dir, du Mutter aller Freuden.
7	Nunc omnis ecclesia in gaudio rutilet ac in symphonia sonet propter dulcissimam virginem et laudabilem Mariam, dei genitricem. Amen.	Nun aber soll die ganze Gemeinde in Freuden frohlocken, soll rotgolden aufschimmern, soll tönen im Jubelklang ob der süßesten Jungfrau, der hochgepriesenen, der Mutter Gottes Maria. Amen.

Die Verherrlichung der Jungfrau Maria in ihrer Reinheit und Heiligkeit drückt sich aus im Symbol der „candidum lilium" (3, Z. 1), der strahlend weißen Lilie, die auch Zeichen der vollkommenen Liebe zwischen Gott und Mensch ist, sowie in den Substantiven „castitas", „puella" und „virgo" und in Attributen wie „generosa", „gloriosa", „intacta", „dul-

11 Wiedergabe laut: Hildegard von Bingen: Symphonia. Gedichte und Gesänge. Lateinisch und Deutsch, hg. von Walter Berschin und Heinrich Schipperges, Darmstadt 2004, S. 152–155.

cissima“ und „laudabile“. Die Bestimmung als „materia sanctitatis“ (1, Z. 4) beruht auf der sprachlichen Nähe von „materia“ und „mater“. Gottes Geist ist in Maria eingeströmt, auf dass durch sie sich die Verheißung von der Fleischwerdung des Sohnes erfülle (2, Z. 1-4). Das theologische Verständnis von der Mutter Gottes verbindet sich mit einer naturphilosophischen und einer musikalischen Aussage: In Marias Schoß ist eingegossen die lebenserhaltende, die ganze Erde durchdringende und zum Blühen bringende Schöpfer-(„Grün“-)kraft, die „viriditas“ (6, Z. 4). Maria ist die Mutter aller Freuden („mater omnis gaudii“, 6, Z. 6); aus ihr heraus erklingt die ganze Symphonie des Himmels: „omnis celestis symphonia de te sonuit“ (5, Z. 2–3). Zu ihrem Lobpreis möge die vereinte Christenheit („omnis ecclesia“) in Freuden erglühen („in gaudio rutilet“) und in die Harmonie einstimmen („in symphonia sonet“, 7, Z. 1–3). Das Gedicht verrät nicht nur eine neu erwachte religiöse Innerlichkeit, sondern das theologisch bedeutsame Bekenntnis zur Menschlichkeit Gottes, der nicht nur Herrscher, sondern auch Leidender sein kann. Poetisch ist *Ave generosa* das musikalischste aller Lieder Hildegards. Eine seiner Grundannahmen ist die Parallelität der himmlischen Symphonie und der durch die Gottesmutter bewusst gewordenen irdischen Symphonie: Es gibt ein kosmisches Klingen, das unhörbar ist, und es gibt ein hörbares, von der Natur und vom Menschen in irdischen Tönen, Klängen, Lauten und Geräuschen erzeugtes Klingen. Wie bei vielen mittelalterlichen Musiktheoretikern begegnet uns hier die ins Christliche gewendete antike Idee der Sphärenharmonie, die ein Teil der Musica mundana ist und ihren Widerhall findet in der im Menschen wirkenden Musica humana und der durch den Menschen geschaffenen Musica instrumentalis. „Symphonia“ und „Harmonia“ sind bei Hildegard die synonymen Zentralbegriffe ihrer Welt- und Musikvorstellung.

Hildegard von Bingen empfängt eine göttliche Inspiration. Miniatur aus dem Rupertsberger Codex des Liber Scivias, etwa 1175

2 Göttliche Inspiration

Hildegard, die Äbtissin des – heute zerstörten – Benediktinerinnen-Klosters Rupertsberg am Zufluss der Nahe in den Rhein bei Bingen, war eine der einflussreichsten und mutigsten Frauen des Hochmittelalters und wohl auch eine der schöpferischsten und musikalischsten. Sie ist nicht nur als Mystikerin, als Korrespondentin bedeutender Persönlichkeiten und als Verfasserin bibelexegetischer, medizinischer und naturkundlicher Schriften hervorgetreten, sondern auch als Dichterin und Komponistin zahlreicher Gesänge und eines geistlichen Spiels. Hinsichtlich ihrer kompositorischen Fähigkeiten gibt es zwar unterschiedliche Bewertungen, und man wird davon ausgehen dürfen, dass sie wie beim Dichten in der lateinischen Sprache auch beim Erfinden und Notieren von Tönen fremde Hilfe in Anspruch nahm. Doch kann es angesichts der Quellen keinen ernsthaften Zweifel geben, dass sie eine Kennerin der Musik war, dass sie den in der klösterlichen Praxis allgegenwärtigen religiösen Gesang nicht nur rezipierte, sondern sich auf diesem Gebiet aktiv betätigte, als Sängerin im Kreise ihrer Nonnen und als Schöpferin einstimmiger Melodien. Sie selbst behauptet zwar in ihrer Vita, sie habe die Gesänge „absque doctrina ullius hominis", d. h. ohne Belehrung eines einzigen Menschen erdacht, obgleich sie niemals die Neumen oder den Gesang studiert habe.[12] Doch wie jedes Klostermitglied muss sie eine musikalische Unterweisung in den vielfältigen Arten des gregorianischen Chorals gehabt haben. In ihren Schriften werden zudem oft Instrumente erwähnt, sei es in symbolischer Bedeutung oder als reale Instrumente zum klösterlichen Gesang: Orgel, Harfe, Zither, Psalterium, Horn, Posaune, Pauke und Zymbel. Sie selbst versteht sich als Posaune Gottes, als dessen Sprachrohr, das zum Hören bringt, quasi in die Welt hinausposaunt, was der Atem des Heiligen Geistes eingeblasen oder eingehaucht hat. In einem Protestbrief an die Mainzer Prälaten aus dem Jahre 1178 oder 1179, die der Äbtissin wegen einer Unbotmäßigkeit den öffentlichen, von manchen als anstößig empfundenen Lobgesang im Gottesdienst untersagen wollten, verteidigt sie den Canticum laudum als Gottesgeschenk und das Darbieten von Psalmen und Liedern mit „verschiedenen Musikinstrumenten zu klangvoller Begleitung" als Erfindung der Propheten, und sie beschreibt auch die animierende Wirkung: Die Sänger und Hörer würden „von außen her angeregt und in Schwung gebracht, sich innerlich am Sinn zu erbauen".[13]

Hildegards Selbsteinschätzung als Komponistin von Gesängen ist jedoch eine andere als die uns vertraute. Sie fühlt sich nicht als eigenschöpferische Künstlerin von „Werken", sondern als Empfängerin von Eingebungen, die durch ihre visionären Erlebnisse vermittelt werden. Die Visionen, die sie in den Schriften *Scivias* (Wisse die Wege), *Liber Vitae Meritorum* (Buch der Lebensverdienste) und *Liber Divinorum Operum* (Buch der göttlichen Werke) niederlegte, waren für sie ebenso Auditionen: In ihrer Phantasie sah sie und hörte sie zugleich. Im *Liber Vitae Meritorum* beschreibt sie ihre synästhetische Erfahrung folgendermaßen: „Dann sah ich eine hellleuchtende Luft, in der ich [...] auf wundersame Weise verschiedene Arten von Musik in Form von Lobgesängen auf die Freuden der Himmelsbürger hörte [...]"[14] Zu Beginn desselben Buches findet sich auch die Formu-

12 Zit. nach Barbara Stühlmeyer: Die Gesänge der Hildegard von Bingen. Eine musikologische, theologische und kulturhistorische Untersuchung (Studien und Materialien zur Musikwissenschaft 30), Hildesheim 2003, S. 32 und 44, siehe auch ebd., S. 26.

13 Hildegard von Bingen: Briefwechsel, hg. von Adelgundis Führkötter, Salzburg 1965, S. 239.

14 Zit. nach Stühlmeyer: Die Gesänge, S. 15.

lierung „Symphonia harmonie celestium revelationum", die vielleicht auf eine geplante Sammlung ihrer Gesänge hinweist, sprachlich jedenfalls die himmlischen Offenbarungen mit den genannten Schlüsselbegriffen aus dem Bereich der Töne zusammenbringt. Die Visionsschriften sind durchdrungen von der Musikanschauung des Mittelalters, die die ganze Schöpfung als klingenden Kosmos, als harmonischen Ordo, als durch einfache Zahlenverhältnisse geregelte Beziehungen begreift. Hildegard glaubt an die universelle, die himmlische und irdische Harmonie und vernimmt in allen Erscheinungen des Weltalls und der Erde das Wirken desselben göttlichen Prinzips: Was hörbar ist und klingt, ist nur der Widerhall des unhörbaren kosmischen Klingens. Dieser in der Spätantike wurzelnden auditiven Vorstellung vom allumfassenden Wohlklang fügt Hildegard nun noch ihre ureigene visuelle Schön-Farb-Vorstellung hinzu. In der Welt herrscht nicht nur die ewige Symphonia, sondern auch eine allumfassende, Leben erzeugende und Leben erhaltende „Grünheit" (sancta viriditas). Gemeint ist eine göttliche Vital- oder Kreativkraft, die in jeder Pflanze und in jedem Tier ebenso aufkeimt, reift und vergeht wie im menschlichen Körper und in der Seele. Sie bildet in der Vorstellung Hildegards die ewige Grundfarbe und die unerschöpfliche Lebensenergie der Natur und des Kosmos: „Es gibt eine Kraft aus der Ewigkeit, und diese Kraft ist grün".[15]

3 Freizügiger Gesang

Hildegards poetisch-musikalisches Schaffen umfasst 76 einstimmige Gesänge, die gewöhnlich unter dem Begriff Lieder zusammengefasst werden, nach ihrer Stellung in der Liturgie oder nach ihrer Funktion als Antiphonen (43), Responsorien (18), Sequenzen (7), Hymnen (4) zu unterscheiden sind oder ungebundenen Liedformen (4) angehören. Hinzu kommt noch das geistliche Spiel *Ordo Virtutum* (Spiel der Tugendkräfte), ein dramatisierter Streit zwischen den 16 Tugenden und dem Teufel, zu dessen gesungenem Vortrag Hildegard 82 weitere Melodien schrieb. Schriftlich fixiert wurden die Gesänge vornehmlich in zwei Pergamenthandschriften:

1. im sogenannten Villarenser Codex (heute auch Codex Dendermonde genannt), der zu Lebzeiten Hildegards im Rupertsberger Scriptorium entstand, von ihr dem brabantischen Zisterzienserkloster Villers geschenkt wurde und sich heute in der benediktinischen Abdij St. Pieter en Paulus Dendermonde befindet (Ms. Cod. 9)
2. im sogenannten Rupertsberger Riesen-Codex der Hessischen Landesbibliothek Wiesbaden (Hs. 2), der vermutlich unmittelbar nach Hildegards Tod, etwa zwischen 1180 und 1190, zusammengestellt wurde und Hildegards Hauptschriften, ihre Briefe, ihre von den Mönchen Gottfried und Theoderich verfasste Vita, ferner 75 neumierte Lieder und den *Ordo Virtutum* mit seinen Notierungen enthält.

In beiden Codices sind die Melodien in der deutschen Neumenschrift, also in einer Notierungsweise aufgezeichnet, deren Ein- oder Mehrtonzeichen nicht die genaue

15 Zit. nach: Heinrich Schipperges: Hildegard von Bingen, 4. Aufl., München 2001 (O: 1995), S. 67.

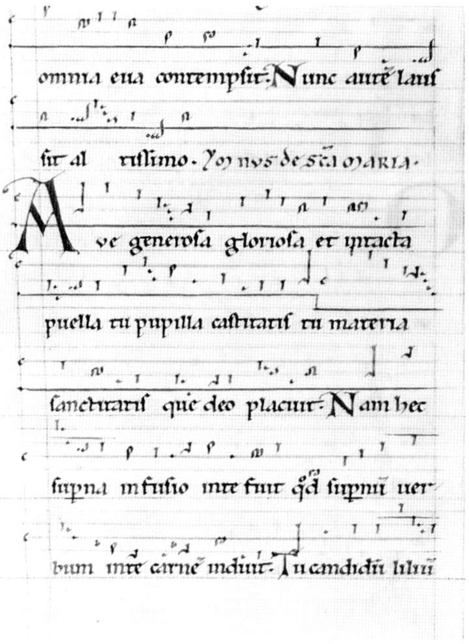

Das „Ave generosa“ aus dem Riesen-Codex

Tonhöhe, sondern lediglich den relativen Tonort und den Melodieverlauf andeuten, eingetragen in ein System von vier Linien, von denen eine mittels vorangesetztem Buchstaben und Gelbfärbung die Lage des Tones c anzeigt. Die ersten Zeilen des *Ymnus de Sancta Maria* „Ave generosa“ aus dem Riesen-Codex mögen als Beispiel für die Notation dienen (Abb. links).[16]

Die Gesänge waren bestimmt für die Liturgie der Messe oder des Stundengebets (Offiziums) und textlich an den jeweiligen Festanlass im Kirchenjahr angepasst; sie dienten der klingenden Verzierung und affektiven Vertiefung des Gottesdienstes und gewiss nicht bloß der erbaulichen Vergnügung der Nonnen. Inhaltlich handelt es sich um Lobgesänge, die meist mit einer Bitte verknüpft werden. Sie richten sich an Gott, Christus, den Heiligen Geist, die Dreifaltigkeit, an die göttliche Weisheit (sapientia), an biblische Propheten, Apostel und Patriarchen, an Heilige, allen voran die hl. Maria, die hl. Ursula und die lokalen Schutzpatrone Disibod und Rupert, an ungenannte Märtyrer und Bekenner, die legendären 11.000 Jungfrauen, an Witwen und unschuldige Kinder.

Die Texte sind frei geformt und nicht gereimt, diejenigen der chorisch im Wechsel zum Psalmengesang vorgetragenen Antiphonen sind nicht strophisch und bestehen aus einer stark variierenden Anzahl von Verszeilen, diejenigen der einem solistisch ausgeführten Psalmvers vorangesetzten Responsorien sind im Bau dem Psalmvers angeglichen. Die Sequenzen, also die Jubelgesänge am Schluss des Alleluja der Messe, basieren auf dem Prinzip der progressiven Wiederholung, d. h. je zwei Textzeilen haben den gleichen Bau und dieselbe, zu repetierende Melodie, danach folgen fortlaufend das nächste und das übernächste Zeilenpaar mit jeweils neuer Melodie. Die Hymnen, wie der eingangs zitierte Marienhymnus, hingegen sind strophisch angelegt, doch wird das Prinzip der strophischen Gleichheit textlich nicht streng befolgt, so dass entweder die von Strophe zu Strophe zu wiederholende Melodie leicht variiert oder durch eine neue Melodie ersetzt werden muss. Der Umfang der Stücke ist sehr unterschiedlich: Neben relativ kurzen und erheblich längeren Antiphonen oder Responsorien stehen extrem ausgedehnte Sequenzen, und man fragt sich, ob die großen Dimensionen durch spezifische Gegebenhei-

16 Entnommen aus Hildegard von Bingen, Lieder. Faks. Riesenkodex (Hs. 2) der Hessische Landesbibliothek fol. 466-481v, hg. von Lorenz Welker, mit einem Kommentar von Michael Klaper (Elementa Musica 1), Wiesbaden 1998.

ten des liturgischen Ablaufs oder durch die nicht zu bremsende melodische oder poetische Phantasie der Verfasserin bedingt sind.

Der Marienhymnus

Ihrem melodischen Stil nach sind die Gesänge typische Spätschöpfungen der auf der römischen Gregorianik basierenden geistlichen Monophonie. Sie halten sich an das Prinzip der Modalität mit deren hierarchischer Abstufung von zentralen Bezugstönen am Beginn oder Schluss von Sätzen, Satzteilen und Wörtern. Wie die Texte sind auch die Melodien besonders auffallend freizügig gestaltet, obgleich manche wiederkehrende Phrasen formelhaft wirken. Der Ambitus, also der Abstand zwischen Tiefst- und Höchstton, den die Singstimme durchschreitet, ist außerordentlich weit und fügt sich nicht in den Tonraum, der bei den anonymen gregorianischen Gesängen und deren Erweiterungen üblich und von der damaligen Musiktheorie fixiert ist. Genaue Melodiewiederholungen werden vermieden; selbst bei den Sequenzen und Hymnen, wo die Repetition gattungsbedingt ist, werden gewisse Änderungen der melodischen Führung vorgenommen. Die melodischen Bögen sind weit gespannt, die Intervallik weist häufig große, emphatische Sprünge auf, die jedoch gegenläufig durch kleine Schritte ausgeglichen werden, so dass der Eindruck eines sanften melodischen Strömens entsteht. Die Anfänge mit ihren häufigen Quintaufschwüngen und die Schlüsse mit ihren Melismen sind besonders expressiv gestaltet. Dennoch haben syllabische vor melismatischen Partien die Oberhand, was der Wortverständlichkeit zugute kommt. Die Melodie berücksichtigt die Syntax des Textes und bisweilen auch den Bedeutungsgehalt der für den Sinnzusammenhang wichtigen Wörter. Zur Art der authentischen Rhythmisierung lässt sich hingegen keine Aussage treffen. Doch auch so ist festzustellen, dass Hildegard die subtilen Ausdrucksmöglichkeiten der Musik virtuos genutzt hat, um dem Gesang eine zuvor nie vernommene Eindringlichkeit zu verleihen.

Der nach Art der Choralnotation übertragene Marienhymnus[17] (Abb. oben) bewegt sich nach Länge (laut Edition 7 „Strophen" mit insgesamt 37 Verszeilen) und Ambitus (Duodezime) noch im Durchschnittsbereich der für Hildegard üblichen Dimensionen, während andere ihrer Gesänge diesen schon großen Rahmen sprengen. Wie bei Hymnen üblich, herrscht Syllabik vor; die wenigen Melismen betreffen Wörter von besonderer Emphase („O claruit", „Maria", „Amen"). Emphatisch sind die Quintsprünge von a nach e' an den Satzanfängen. Zu beobachten ist, dass der Ton a eine besondere Bedeutung

17 Entnommen aus Hildegard von Bingen: Lieder, hg. von Pudentiana Barth, Immaculata Ritscher und Joseph Schmidt-Görg, 2 Aufl., Salzburg 1992 (O: 1969), S. 37–39.

hat: Er steht als Grundton am Anfang und am Schluss der (Text-)Sätze oder Halbsätze (z. B. Ave, puella, castitatis, sanctitatis, placuit; Nam, induit; Tu, inspexit; etc.), was auf die Wahl des A-Modus hinweist. Der nächst wichtige, gleichfalls an Zäsuren auftretende Bezugston ist der Oberquintton e'; er bestätigt den A-Modus, der damals jedoch völlig unüblich war. Hildegard hält sich also auch hier, bei der tonalen Ordnung, wie bei den Dimensionen und bei der Aufführungsweise der Gesänge nicht an die Regeln, die von ihren (meist anonymen) komponierenden Zeitgenossen selbstverständlich eingehalten wurden. Angesichts der „fundamentalen Andersartigkeit" (Jürg Stenzl[18]) ihrer Gesänge stellt sich die Frage, ob Hildegard bewusst die bestehenden Normen des Komponierens missachtet oder ob sie sie aus bloßer Unwissenheit oder Unfähigkeit verletzt hat. Oder hat sie einfach ihrer Eingebung freien Lauf gelassen?

4 Aktualität

Mit der Neuentdeckung der Hildegard von Bingen als einer klugen, hellsichtigen und mutigen Frauengestalt, deren Lehren und Wirken für die Naturheilkunde, die Medizin, die Ökologie- und die Frauenbewegung von Interesse sind, ist auch die Dichterin und Komponistin in den Blick geraten. Mit ihren poetisch-musikalischen Schöpfungen befassen sich Wissenschaftler ebenso wie praktische Musiker aus den unterschiedlichen Bereichen von der modernsten Kunstmusik bis hin zur Popmusik („Sakralpop").[19] Die Zahl der Einspielungen ihrer Gesänge ist nicht weniger umfangreich als die Zahl heutiger Komponisten, die Hildegards Texte oder Melodien in ihren Werken verarbeiten. Die Begeisterung für die Klosterfrau hat Züge einer Mode angenommen, der man mit einer gewissen Skepsis, aber auch mit Verständnis begegnen sollte. Vielleicht spricht aus ihr die Sehnsucht nach einem verlorenen, gewiss utopischen Denken, das den Wirren der Zeit zum Trotz in allem einen Sinn und eine harmonische Ordnung sah und himmelweit entfernt ist von der hoffnungslosen Erfahrung der Undurchschaubarkeit und Ungewissheit des heutigen Daseins. Vielleicht vernehmen wir in ihren Tönen noch etwas von der unbändigen Freude, mit der der gläubige Mensch des Mittelalters den Schöpfer und die Schöpfung besang und die Misere der ihn umgebenden Wirklichkeit hinter sich ließ. Jedenfalls wird man sich kaum der Faszination entziehen können, die von Hildegards inspirierten Gesängen ausgeht, wenn sie in einem geistlichen Raum von der bezwingenden Dignität der Templerkapelle zu Mücheln erklingen.

---

18 Jürg Stenzl: Wie hat „Hildegard vom Disibodenberg und Rupertsberg" komponiert? Ein analytischer Versuch mit den E-Antiphonen und dem „Ordo Virtutum", in: Archiv für Musikwissenschaft 64, 2007, S. 180 f.

19 Zum „Hildegard-Boom" siehe Annette Kreutziger-Herr: Ein Traum vom Mittelalter. Die Wiederentdeckung mittelalterlicher Musik in der Neuzeit, Köln/Wien 2003, S. 95–115; Marianne Richert Pfau/Stefan Johannes Morent: Hildegard von Bingen. Der Klang des Himmels (Europäische Komponistinnen 1), Köln/Weimar/Wien 2005, Einleitung.

Joachim Wolschke-Bulmahn

Fragen an den byzantinischen Garten

Anlass zu diesem Beitrag war die Einladung, auf dem Symposium „Vom Geheimnis des steinernen Herbariums“ in Mücheln im Juli 2006 einen Vortrag über byzantinische Gärten zu halten. Im Vortrag sollte dargestellt werden, welche Gärten und Gartenkunstformen die Ordensritter auf ihrem Weg in das Heilige Land gesehen und welche diesbezüglichen Erfahrungen sie mit nach Hause gebracht haben könnten, die sich vielleicht auch in den steinernen Pflanzen in der Templerkapelle Mücheln niedergeschlagen haben. Da bezüglich der byzantinischen Gärten noch enorme Wissenslücken existieren, sollen nachfolgend nur einige wenige „Fragen an den byzantinischen Garten“ gestellt werden, die helfen mögen, manche dieser Wissenslücken forschungsmäßig anzugehen.

In der jahrtausendealten Geschichte der Gartenkultur gibt es zahlreiche Zeitabschnitte und Kulturen, über die die heutige Geschichtswissenschaft nur sehr geringe Kenntnisse besitzt. Für derartige Wissenslücken können unterschiedliche Gründe vorliegen. So mag die Zeit zur Vernichtung aller gartenkulturellen Zeugnisse einer bestimmten Epoche wie Vegetation, Zäune, Mauern, Beeteinfassungen usw. beigetragen haben. Solche über Jahrhunderte und Jahrtausende ablaufenden Verwitterungsprozesse sind beispielsweise für das Verschwinden der gartenkulturellen Zeugnisse vieler frühamerikanischer Kulturen wie die der Majas, Azteken und Inkas verantwortlich, über deren Gärten heute nur äußerst spärliche Informationen vorliegen.[1]

Manche Kulturen verfügten über keine Schrift oder hinterließen wenige schriftliche Zeugnisse, die über gartenkulturelle Aktivitäten Auskunft geben könnten. Es mag andere Gesellschaften gegeben haben, bei denen Gartenkultur im Sinne einer auch künstlerisch und gestalterisch ausgeprägten Auseinandersetzung nicht existierte, sondern nur die zum Überleben notwendigen gartenbaulichen Aktivitäten anzutreffen waren. Auch mögen später die selektiven Interessen von vielen, die Geschichtswissenschaft betrieben, zu einem Ausblenden der Gartenkultur aus dem historischen Gedächtnis beigetragen haben.

Es ließen sich zahlreiche andere Gründe für die Wissenslücken im weiten Feld der Geschichte der Gartenkultur benennen.

Die Zeiten der Renaissance, des Barock und des englischen Landschaftsgartens sind für die europäische Gartengeschichte von besonderer Bedeutung. Für das Verständnis der Gartenkultur und -kunst in Europa seit der Zeit der Renaissance spielt Byzanz eine

1 Eine der wenigen Arbeiten, die sich explizit mit der frühamerikanischen Gartenkultur befasste, war für lange Zeit Zelia Nuttals *The Gardens of Ancient Mexico*, Mexico, 1937. In den vergangenen Jahren sind allerdings die Forschungen zu diesem Themenfeld intensiviert worden.

herausragende Rolle. Doch über die byzantinische Gartenkultur existierten lange Zeit nur sehr bruchstückhafte Kenntnisse und bisweilen recht klischeehafte Vorstellungen. Das über ein Jahrtausend, vom fünften bis zum fünfzehnten Jahrhundert, dauernde Byzantinische Reich, das während seiner Hochzeit unter anderem den Mittelmeerraum sowie Teile Nordafrikas und Osteuropas umfasste und das unzählige literarische und künstlerische Dokumente hinterließ, ist bezüglich seiner Gärten und seines Gartenbaus auch heute noch ein nur ansatzweise erforschtes Gebiet.

1 Zum Stand der Forschung zur byzantinischen Gartenkultur

Es existieren zahlreiche umfangreiche Studien zur byzantinischen Kultur im Allgemeinen und zur Kunst und Architektur im Besonderen.[2] Über byzantinische Gärten dagegen lagen bis vor wenigen Jahren nur einige mehr oder weniger umfangreiche Arbeiten vor.[3] Einige frühe Darstellungen zur Geschichte der Gartenkultur, so Otto Hüttigs 1879 erschienene kenntnisreiche *Geschichte des Gartenbaus*, kommen ohne jeden Verweis auf die byzantinische Gartenkultur aus. Marie Luise Gotheins erstmals 1914 erschienene *Geschichte der Gartenkunst*, eine auch heute noch wichtige umfassende Arbeit zu dieser Thematik, beinhaltet auch ein Kapitel über byzantinische Gärten,[4] in dem die Autorin auf den lückenhaften Wissensstand folgendermaßen hinwies: „Die literarischen Nachrichten sind leider noch durch keine Ausgrabungen unterstützt, und die Erwähnung von Gärten ist spärlich genug. Das Bild als ganzes zeigt auch hier, wie überall in byzantinischer Kultur, eine enge Verbindung griechisch-römischer und asiatischer Elemente".[5] 1942 veröffentlichte Otmar Schissel seine wichtige Arbeit *Der byzantinische Garten. Seine Darstellung im gleichzeitigen Roman*. Die Forschungen zu byzantinischen Gärten sollten aber erst einige Jahrzehnte später intensiviert werden. In den 1980er Jahren wurden einige weitere interessante Studien über byzantinische Gärten veröffentlicht, unter

2 Siehe z. B. als allgemeine Quellen zur byzantinischen Geschichte Alexander Kazhdan (Hg.): Oxford Dictionary of Byzantium, 3. Bde., New York/Oxford 1991; Alexander Kazhdan: Byzanz und seine Kultur, deutsche Ausgabe besorgt von Gottfried Janke, Darmstadt 1968; Robert Browning: The Byzantine Empire, London 1980; Friedhelm Winkelmann/Gudrun Gomolka-Fuchs, Die byzantinische Kultur, Leipzig 1988; Angeliki Laiou/Henry Maguire (Hg.): Byzantium. A World Civilization, Washington D.C. 1992; speziell zur byzantinischen Architektur siehe z. B. Cyril Mango: Byzanz (Weltgeschichte der Architektur), Stuttgart 1986.

3 Siehe zum Stand der Forschung und zu Publikationen zur byzantinischen Gartenkultur Antony Littlewood: The Scholarship of Byzantine Gardens, in: Antony Littlewood/Henry Maguire/Joachim Wolschke-Bulmahn: Byzantine Garden Culture, Washington D.C. 2002, S. 13–22, sowie die von Littlewood für denselben Band erstellte „Bibliography" (S. 231–236).

4 Marie Luise Gothein: Geschichte der Gartenkunst, Bd. 1: Von Ägypten bis zur Renaissance in Italien, Spanien und Portugal, 2. Aufl., Jena 1926 (darin Byzanz und die Länder des Islam, S. 141 ff.).

5 Gothein 1926, S. 143.

ihnen Antony Littlewoods *Romantic paradises: The role of the garden in the Byzantine romance*[6]. Ähnlich wie Gothein verweist Littlewood im *Oxford Companion to Gardens* auf den spärlichen Kenntnisstand über byzantinische Gärten: "Evidence for its development over the 1,123 years during which Constantinople was capital of the Roman Empire is extremly scant".[7] Die Darstellung des Gartens von Gethsemane (Abb. 1), die einem Proskynetarion[8] des 17. Jahrhunderts entnommen ist, soll in diesem Zusammenhang nicht als repräsentativ für das Aussehen byzantinischer Gärten interpretiert werden, sondern mag eher symbolischen Charakter für unser spärliches Wissen um diese Gärten haben.

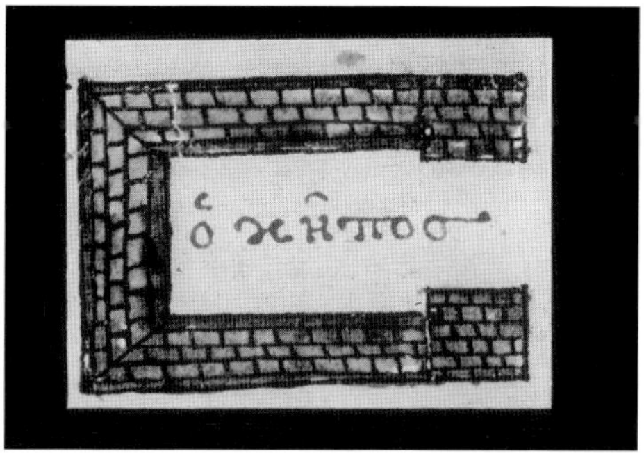

Abb. 1: Garten von Gethsemane; das griechische Wort kepos bedeutet Garten

Unter den weiteren Veröffentlichungen jüngeren Datums zum Thema byzantinische Gärten ist Littlewoods Artikel „Gardens in Byzantium", erschienen 1992 im Heft 2 des *Journal of Garden History*, die bis Ende des Jahrtausends umfassendste Quellenanalyse zum Thema.[9] Der gemeinsam von ihm mit Leslie Brubaker verfasste Beitrag „Byzantinische Gärten"[10], erschienen in Maureen Carroll-Spilleckes Buch *Der Garten von der Antike bis zum Mittelalter* (1992), sowie Henry Maguires „A description of the Aretai palace and its garden"[11], publiziert im *Journal of Garden History* (1990), sind weitere Veröffentlichungen, die sich mit Aspekten der byzantinischen Gartenkultur auseinandersetzen.

Eine über lange Zeit vernachlässigte Quellengattung, die Auskunft über Aspekte der byzantinischen Gartenkultur geben kann, sind Wörterbücher und Handbücher zur spätantiken und mittelalterlichen Geschichte, in denen sich häufig inhaltsreiche Abhandlungen, z. B. zu Stichworten wie Garten, Flora, und Botanik oder zu einzelnen Pflanzenarten, finden. Beispielhaft soll verwiesen werden auf das *Dictionary of Greek and Roman Biography and Mythology* (London 1844–1849), *Paulys Real-Encyclopädie der classischen Altertumswissenschaft* (neubearb., Bd. 7., Stuttgart 1912), sowie jüngeren Datums das *Reallexikon für Antike und Christentum* (Bd. 8, Stuttgart 1972), das *Lexikon des Mittelalters* (Bd. 4, 6. Lieferung, München/Zürich 1988) sowie das *Oxford Dictionary of Byzantium* (Oxford 1991). In Letzterem lassen sich nicht nur unter Beiträgen zu Stichworten wie „Horticulture" und „Garden", sondern auch wie „Diet" Informationen finden, die Rückschlüsse auf die byzantinische Gartenkultur erlauben.

6 Byzantine and Greek Studies, 5 (1979), S. 95–114.
7 Antony Littlewood, Byzantium,in: Oxford Companion to Gardens, Oxford/New York 1986, S. 86.
8 Der Begriff Proskynetarion wurde ab dem 16. Jahrhundert unter anderem für Reiseführer nach Sinai und Jerusalem verwendet. Vgl. Kazhdan (Hg.), Oxford Dictionary (wie Anm. 2), Bd. 3, S. 1739.
9 Journal of Garden History, 12 (1992), 2, S. 126–153.
10 In: M. Carroll-Spillecke (Hg.): Der Garten von der Antike bis zum Mittelalter, Mainz, 1992, S. 213–248.
11 Journal of Garden History, 10 (1990), S. 209–213.

Aus dem *Lexikon des Mittelalters* soll eine stichwortartige Zusammenfassung dessen, was bis dahin über byzantinische Gärten geschrieben wurde, wiedergegeben werden. Demzufolge dienten Gärten „den Byzantinern zur Kultivierung von Nutzpflanzen und als Orte der Erquickung bzw. als Statussymbole, wobei eine klare Trennung beider Funktionen nicht die Regel war [...] Hauptquelle für unsere Kenntnisse über Form und Struktur byzantinischer Gärten sind die Liebesromane der Komnenen- und Palaiologenzeit, [...] Der immer wiederkehrende Typus ist der eines Gartens mit rechteckigem oder quadratischen Grundriß. Die Umfriedung bestand entweder aus Trockenmauern oder aus festgefügten Marmorblöcken, allenfalls mit Mosaiken, Fresken oder Skulpturen dekoriert. Auf Reihen schattenspendender, immergrüner Zierbäume (Zypressen, Platanen, Pappeln), häufig durch Kletterpflanzen (Efeu, Weinreben) umrankt und verbunden, wodurch Lauben entstanden, folgten Obstbäume, denen sich gegen die Gartenmitte Blumenparterres mit Narzissen, Veilchen, Myrrhen, Lilien anschlossen. Das Zentrum bildete ein Wasserbecken oder Springbrunnen aus kostbarem Material, mit Statuen, Säulen und mechanischen Tieren geschmückt".[12]

2002 erschien dann die erste Buchpublikation über byzantinische Gärten und Gartenkultur, *Byzantine Garden Culture*.[13] Sie ist ein Beleg für die Notwendigkeit interdisziplinärer Forschung, um sich diesem und vergleichbaren Themen wissenschaftlich zu nähern. Die Ursprünge zu diesem Buch reichen bis mindestens 1991 zurück, als Henry Maguire, damals Director of Byzantine Studies am Forschungsinstitut Dumbarton Oaks der Harvard-Universität, und der Autor dieses Beitrags, damals Director of Studies in Landscape Architecture an demselben Forschungsinstitut, eine Roundtable-Veranstaltung zum Thema „Byzantine Gardens" organisierten. Vorüberlegungen dazu waren schon früher durch Henry Maguire und Antony Littlewood in Zusammenarbeit mit Robert Browning angestellt worden, doch war das Forschungsklima in den 1980er Jahren in Dumbarton Oaks noch nicht so, dass das Thema „Garten" als wissenschaftliche Thematik für Byzantine Studies angesehen wurde. Der 1991 durchgeführte Roundtable initiierte in den kommenden Jahren weitere Forschungen. Wissenschaftler und Wissenschaftlerinnen, die sich bis dahin nicht mit dem Thema Garten befasst hatten, begannen nun, ihre Quellen diesbezüglich auszuwerten, so aus Bereichen wie Religionsgeschichte, byzantinische Literatur, Rechtsgeschichte u. a. m. Fünf Jahre später, 1996, fand dann in Dumbarton Oaks, nun in Zusammenarbeit

Abb. 2: Titelblatt Byzantine Garden Culture (2002)

12 Cupane, in Lexikon des Mittelalters, Bd. 4, 6. Lieferung, München/Zürich 1988, Sp. 1124.
13 Littlewood/Maguire/Wolschke-Bulmahn (Hg.), Byzantine (wie Anm. 3).

mit Antony Littlewood, auf Grundlage der in der Zwischenzeit durchgeführten Forschungen ein Symposium zum Thema „Byzantine Garden Culture" statt. Als eines der Ergebnisse dieses Symposium erschien 2002 das Buch *Byzantine Garden Culture*.
Warum könnte es nun von besonderem Interesse für die Auseinandersetzung mit der Geschichte der Gartenkultur sein, sich intensiver mit der byzantinischen Gartenkultur zu befassen? Das Byzantinische Reich verbindet so unterschiedliche Kulturen wie das antike Rom, Griechenland und die vom Islam geprägten Kulturen. Es verbindet die Spätantike mit der Zeit der Renaissance. Das Wissen um byzantinische Kultur ist wichtig für das Verständnis der Entwicklung westlicher Zivilisation. Eine bessere Kenntnis über byzantinische Gartenkultur könnte daher auch zu einem besseren Verständnis der Entwicklungslinien der europäischen Gartenkultur in der nachbyzantinischen Ära beitragen. Die systematische Auseinandersetzung mit der byzantinischen Geschichte und Gartenkultur könnte auch Impulse für eine bessere theoretische Fundierung des Faches Geschichte der Gartenkultur geben. Gartenhistoriker und -historikerinnen schauen bisweilen zuallererst und manchmal ausschließlich nur auf das eigentliche Objekt selbst, den Garten. Dies birgt die Gefahr eines eingeengten Verständnisses von Gartenkultur in einer gegebenen Gesellschaft zu einer bestimmten Zeit. Im Fall der byzantinischen Gesellschaft existiert ausgesprochen wenig konkretes Anschauungsmaterial. Planähnliche Darstellungen von Gärten, wie sie aus der ägyptischen Geschichte vorliegen, sind bis heute nicht entdeckt worden. Literarische Beschreibungen von Gartenanlagen, denen uneingeschränkter Realitätsbezug zuerkannt werden könnte, sind ebenso spärlich wie konkrete archäologische Überreste von Gartenanlagen. Die künstlerischen Abbildungen von Gärten sind nur schwierig auf ihren Realitätsgehalt auszuwerten; oft bestimmten künstlerische Konventionen, wie ein Garten zu beschreiben oder bildlich darzustellen sei.
Dieser bemerkenswerte Mangel an konkreter Information über byzantinische Gartenkultur kann einerseits beklagt werden. Er kann aber auch positiv als intellektuelle Herausforderung aufgegriffen werden, nach neuen, bisher nicht berücksichtigten Quellen zur byzantinischen Gartenkultur zu suchen. Im Fall von Byzanz muss daher, sollen wissenschaftlich fundierte konkretere Vorstellungen über seine Gärten erlangt werden, mangels direkter Informationen über die Gärten der unterschiedlichen gesellschaftlichen Gruppen der Blick auf andere Sphären des gesellschaftlichen Lebens gerichtet werden. Es sollten nicht nur Gemälde und Dichtung, sondern auch z. B. religiöse und juristische Texte sowie andere Quellen systematisch nach Hinweisen auf Gärten und Gartenkultur ausgewertet werden.
Es sollten neue Fragen an die Evolution von der antiken griechischen und römischen zur byzantinischen Gartenkultur gestellt werden.

- Hat es jemals *den* byzantinischen Garten – bzw. *die* byzantinische Gartenkultur – gegeben, angesichts der Vielfalt an Kulturen, die das Byzantinische Reich zeitweise umfasste, und angesichts seiner tausendjährigen Geschichte?
- Sofern Unterschiede zwischen der römischen und byzantinischen Gartenkultur feststellbar sind, was war eventuell das Charakteristische der byzantinischen Gärten?

· War es das Layout des Gartens oder der Gebrauch besonderer Pflanzen?
· Wurden neue gartenbauliche Kenntnisse über die Anzucht und Veredlung von Pflanzen entwickelt, die auch auf den Garten wirkten und die Gestaltung von Gärten beeinflussten?
· Entwickelte sich ein spezifisch byzantinischer Gartenstil aus der Integration der unterschiedlichen historischen Vorläufer?
· Welche Traditionslinien lassen sich von der Gartenkultur der Spätantike durch das Byzantinische Reich bis in die Zeit der Renaissance nachzeichnen?
· Beeinflusste die Religion auch die Gestaltung und den Gebrauch von Gärten?
· Welcher Gebrauch von Gärten wurde überhaupt gemacht?

Es kann darüber hinaus unser Verständnis um und unser Wissen über byzantinische Gartenkultur bereichern, wenn Thesen, die für andere, besser erforschte Bereiche der byzantinischen Geschichte entwickelt wurden, auf ihre Übertragbarkeit für die Gartenkultur überprüft werden.

So liegt es z. B. nahe, die These von der Kontinuität und Diskontinuität auf die Entwicklung der Gärten anzuwenden. Diesbezüglich sei beispielhaft verwiesen auf den Beitrag von Alexander Kazhdan und Antony Cutler über „Continuity and Discontinuity in Byzantine History", der 1982 in der Zeitschrift *Byzantion* veröffentlicht wurde. Die Frage nach Kontinuität und Diskontinuität in der Gestaltung, dem Gebrauch und der gesellschaftlichen Bedeutung von Gärten sollte z. B. gestellt werden für den Übergang von der Spätantike zum Byzantinischen Reich ebenso wie für die verschiedenen Entwicklungsphasen des Byzantinischen Reiches selber. Cyril Mango verweist auf einen "dramatic break between the lifestyle of Late Antiquity and that of the Byzantine Middle Ages".[14] Bouras erwähnt einen "fundamental break in the evolution of the cities".[15] Das *Oxford Dictionary of Byzantium* beschreibt die Entwicklung der byzantinischen Städte folgendermaßen: „Im 7. Jahrhundert unterlagen die Städte einer fundamentalen und andauernden Veränderung, so wie sie in Größe und Bevölkerungszahl abnahmen. Die öffentlichen Aktivitäten und Dienstleistungen kamen zu einem Ende. Allgemein wurden die Städte verländlicht und unterschieden sich von Befestigungen und Dörfern nur in der Ausdehnung."[16]

Es wäre beispielsweise zu untersuchen, ob und wie sich derartige Veränderungen in der Entwicklung der Städte und in anderen Bereichen in der Gartenkultur niedergeschlagen haben.[17]

Solche Entwicklungen fanden vermutlich nicht in allen Teilen des Byzantinischen Reiches statt und zogen sich wahrscheinlich über lange Zeit hin. Daher ist anzunehmen: Wenn byzantinische Städte während dieser Zeit derartigen Veränderungen ausgesetzt waren, wenn ganze Städte im so genannten „finsteren" Mittelalter zu Kleinstädten und

---

14 Cyril Mango: Daily Life in Byzantium, in: Jahrbuch der Österreichischen Byzantinistik, 31/2 (1981), S. 338.

15 Charalampos Bouras: City and Village: Urban Design and Architecture, Jahrbuch der Österreichischen Byzantinistik, 31/2 (1981), S. 612.

16 Kazhdan (Hg.), Oxford Dictionary (wie Anm. 2), Bd. 1, S. 465.

17 Entsprechende Fragen habe ich ausführlicher diskutiert in dem Beitrag „Zwischen Kepos und Paradeisos. Fragen zur byzantinischen Gartenkultur", in: Das Gartenamt, 41 (1992), 4, S. 221–228.

ländlichen Flecken herabsanken oder vollkommen aufgegeben wurden, dann ist zu erwarten, dass dies auch Einfluss genommen hat auf die Gestaltung und den Gebrauch von Gärten. Solche Entwicklungen dürften z. B. mit einem Verfall der Gärten der reichen Byzantiner verbunden gewesen sein. Und nicht nur die Klientel, die nach Gärten verlangte, sondern auch die Anzahl derer, die solche Gärten anlegen und pflegen konnten, muss zurückgegangen sein. Verschwanden damit aber auch deren Wissen, deren gartenkünstlerische und gartenbauliche Praktiken?
Gärten standen bis etwa zum 6. Jahrhundert in der Tradition der Spätantike. Nach dem Rückgang der urbanen Entwicklung und dem Verfall vieler Städte fand eine urbane Wiederbelebung im Byzantinischen Reich von etwa dem 9. bis zum 11. und 12. Jahrhundert statt,[18] einhergehend mit einer Zunahme reicher Patrone, die entsprechende Gärten in Auftrag geben konnten. Es ist daher zu erwarten, dass diese Entwicklung auch zu einem neuen Verlangen nach Villengärten führte. Wenn dabei auch nicht von plötzlichen Veränderungen auszugehen ist, so ist doch zu erwarten, dass bei der Gestaltung dieser Gärten nicht ungebrochen an spätantike Traditionen angeknüpft wurde.
Es ist z. B. zu fragen, ob der Wandel von einer heidnischen zu einer christlichen Gesellschaft sich auch in der Gartenkultur widerspiegelte? Religiöse Skulpturen verschwanden vielleicht allmählich aus den byzantinischen Gärten, da in einer christlichen Gesellschaft heidnische Götter keinen Platz hatten. Fanden andere, christliche Symbole Eingang in die Gärten? Im Verlauf der Christianisierung entstand mit den Klöstern eine neue Form der Gartenkultur.
Durch Schilderungen ist belegt, dass es in den byzantinischen Gärten sogenannte Automata gegeben hat, metallene, silberne oder goldene Tiere (Vögel etc.), die durch mechanische Konstruktionen in Bewegung gebracht werden und denen so Töne entlockt werden konnten. Vor allem über den Kaiserpalast in Konstantinopel ist dies bekannt.
Wurden in der Zeit der Renaissance ähnliche Dinge, basierend auf diesen Kenntnissen, oder unabhängig davon neu entwickelt? Oder wusste man um den Entwicklungsstand in Byzanz und konnte darauf aufbauend Fontänenanlagen u. a. m. weiterentwickeln?
Der byzantinische Schriftsteller Theodore Hyrtakenos verfasste z. B. im frühen 14. Jahrhundert eine *Beschreibung des Gartens der Heiligen Anna*. In dieser Gartenbeschreibung, die sehr detailliert zu sein scheint, aber nicht frei von Unstimmigkeiten und Widersprüchen ist, taucht auch die Charakterisierung einer Gartenfontäne mit Tierskulpturen (Abb. 3) auf, die sich bewegen konnten. Solche Automata waren in der Zeit der Renaissance in herausragen-

Abb. 3: Zeichnerische Rekonstruktion einer Gartenfontäne im Garten der hl. Anna, wie er von Theodore Hyrtakenos beschrieben wurde

18 Vgl. Kazhdan (Hg.), Oxford Dictionary (wie Anm. 2), Bd. 1, S. 466.

den Gartenanlagen des Adels wie dem Hortus Palatinus gleichfalls anzutreffen. Fachleute wie Salomon de Caus publizierten dazu (Abb. 4).

Abb. 4: Salomon de Caus, „Eine lustige Machina, darauff etliche Vögel singen" (S. de Caus, Von gewaltsamen Bewegungen, 1. Buch, 1615, pl. 30)

Die Durchführung von Untersuchungen zur byzantinischen Gartengeschichte ist sicherlich mit beachtlichen Schwierigkeiten unter anderem sprachlicher und interpretatorischer Art verbunden. Ein Beispiel mag deren Charakter andeuten. In dem 1992 in der Zeitschrift *Das Gartenamt* erschienenen Artikel „Zwischen Kepos und Paradeisos" hatte ich abschließend eine Beschreibung der Gartenlandschaft um die Kirche der Heiligen Apostel in Konstantinopel durch Nikolaos Mesarites zitiert und sie als ein Indiz für die hohe Wertschätzung interpretiert, die innerhalb bestimmter sozialer Gruppen der byzantinischen Gesellschaft landschaftlicher Schönheit entgegengebracht wurde.[19] Später wurde ich von Antony Littlewood darauf hingewiesen, dass Mesarites diese Beschreibung bis auf wenige Auslassungen Wort für Wort von der Beschreibung eines Gartens in Antiochia durch den Dichter Libanios aus der vorbyzantinischen Zeit genommen habe, sie also nur sehr eingeschränkt herangezogen werden kann, um byzantinische Einstellungen zu Natur, Landschaft und Gärten aufzuzeigen oder gar Schlussfolgerungen auf die reale Gartenlandschaft von Konstantinopel zu ziehen.

Nicht nur Gartenhistoriker und Gartenhistorikerinnen, sondern auch Fachleute in den byzantinischen Geschichtswissenschaften selbst waren bisher nur vereinzelt an Fragen der byzantinischen Gartenkultur allgemein und der Gestaltung von Gärten im Besonderen interessiert. Auch fehlen dort häufig gartenhistorische Kenntnisse, die für eine fundierte Aufarbeitung dieses Aspekts der byzantinischen Geschichte hilfreich wären. Diese und andere Bedingungen haben dazu geführt, dass beispielsweise bis heute die unzähligen Dokumente in den zahlreichen relevanten Archiven und Bibliotheken bezüglich ihres Informationsgehalts über byzantinische Gartenkultur weitgehend unbeachtet geblieben sind. So dürften allein die Bibliotheken der Klöster auf dem Berg Athos eine Fülle an entsprechenden Informationen enthalten, zumal dort bis zum heutigen Tag in vielfältiger Weise Gartenkultur betrieben wird.

Es folgen noch einige Anmerkungen zu Aspekten der byzantinischen Gartenkultur, so zum Zusammenhang Gartenkultur und Landwirtschaft sowie zur klösterlichen Gartenkultur.

Allgemein hatten die Gärten vermutlich überwiegend den Charakter von produktiven Gärten, von Nutzgärten. Selbstverständlich hat es aber auch reich geschmückte und auf-

19 Vgl. Wolschke-Bulmahn, Kepos (wie Anm. 17), S. 228.

wändig gestaltete Lustgärten an den Palästen gegeben. Auch öffentliche Parkanlagen kamen in den größeren byzantinischen Städten vor.[20]

2 Klösterliche Gartenkultur im Byzantinischen Reich

Die Ausführungen zur klösterlichen Gartenkultur stützen sich maßgeblich auf Alice-Mary Talbots Beitrag „Byzantine Monastic Horticulture: The Textual Evindence".[21] Mönche und Nonnen bildeten eine besondere Gruppe innerhalb der byzantinischen Gesellschaft mit teils anderen Ansprüchen als die weltliche Bevölkerung, so einem gewissen Rückzug von weltlichen Dingen, der Suche nach Kontemplation und Gebet. Diese Weltschau hatte vermutlich auch Auswirkung auf Vorstellungen zur klösterlichen Gartenkultur.[22] Unter den Gründern byzantinischer Klöster können wir unterschiedliche Haltungen zu Gartenbau und Landschaft finden: von praktischen, ästhetischen, asketischen bis zu geistigen Herangehensweisen.

Überwiegend praktischen Nutzungen waren die Gemüse-, Obst-, Wein- und andere Gärten gewidmet, die dazu dienten, Nahrung für Mönche und Nonnen bereitzustellen, die medizinische Versorgung mit Heilkräutern sowie die Versorgung mit Blumen für religiöse Zwecke sicherzustellen.

Ästhetisch wurden durchaus auch schon die Schönheiten von Natur und kultivierter Landschaft sowie von Gärten und Pflanzen wahrgenommen. Viele Gründer von Klöstern waren aufgeschlossen sowohl gegenüber praktischen wie auch ästhetischen Belangen, wenn sie den Ort für eine Klostergründung auswählten. Gute Wasserversorgung, guter Boden, gemäßigtes Klima, Sicherheit und Abgeschiedenheit sowie natürliche Schönheit konnten Auswahlkriterien sein. Wasser und gutes Klima waren wichtig für Gesundheit und Gartenbau, Ruhe und Abgeschiedenheit wichtig für Sicherheit sowie Kontemplation und Andacht.

Es existieren zahlreiche Texte aus dem 12. und 13. Jahrhundert, die das belegen. Typisch ist z. B. die Beschreibung einer idealen Gründungsstätte des heiligen Lukas von Steiris: „Schau, welche Art von Platz dies ist, wo du stehst – wie gemäßigt im Klima, wie schön, frei von allen Störungen und abgeschieden von den Menschen; darüber hinaus gut mit Wasser versorgt, genug sowohl für den Durst wie für die Bewässerung von Gemüse und Pflanzen." Im 11. Jahrhundert beschrieb Christodoulous die Gegend, die er für eine Klostergründung auf der Insel Kos ausgewählt hatte, folgendermaßen: „Ein

20 Siehe dazu ausführlich Costas N. Constantinides: Byzantine Gardens and Horticulture in the Later Byzantine Period, 1204–1453: The Secular Sources, in: Littlewood/Maguire/Wolschke-Bulmahn (Hg.), Byzantine (wie Anm. 3), S. 87–103.

21 Alice-Mary Talbot: Byzantine Monastic Horticulture: The Textual Evindence, in: Littlewood/Maguire/Wolschke-Bulmahn (Hg.), Byzantine (wie Anm. 3), S. 37–68.

22 Zur (nicht byzantinischen) klösterlichen Gartenkultur siehe aktuell: Hermann J. Roth/Joachim Wolschke-Bulmahn/Carl-Hans Hauptmeyer/Gesa Schönermark (Hg.): Klostergärten und klösterliche Kulturlandschaften (CGL-Studies, 6), München 2009.

ausgedehnter Bergrücken, vollkommen unbevölkert, mit günstiger Exposition (zu Sonne und Wind), gut mit Wasser versorgt und mit moderatem Klima".[23]
Auch die Schönheit der Landschaft wurde bei Klostergründungen bisweilen durchaus als ein Kriterium berücksichtigt. So heißt es in einem Text aus dem 12. Jahrhundert (Isaac Komnenos) über das Kosmoteira-Kloster unter anderem über die anmutsvolle Landschaft: „Dort ist die ausgedehnte Ebene mit einer herrlichen Fernsicht, besonders im Sommer mit blühendem Weizen, die dem Betrachter große Freude bietet. Dort finden wir den Hain mit schönen Schösslingen so nahe dem Kloster; auf den Bäumen rankt Wein, und klares und kühlendes Wasser strömt dort und bringt der durstenden Kehle Erleichterung."
Andere Gründer von Klöstern dagegen legten ausdrücklich keinen Wert auf eine fruchtbare und schöne Landschaft, sondern suchten eine Landschaft, die den biblischen Vorstellungen nahekam und die möglichst fernab von menschlichen Siedlungen lag, etwa bei den frühen Klostergründungen in der palästinischen und ägyptischen Wüste. So wird die Landschaft um ein Kloster, das von Nikephoros gegründet worden war, von seinem Biographen ausdrücklich als abweisend wegen ihrer rauen und unebenen Topographie, als vollkommen ungeeignet zur Kultivierung wegen der Steilheit des Bergrückens sowie als weitgehend wasserlos beschrieben. Dies ist ein interessantes Beispiel, wo landschaftliche Schönheit als Negativkriterium für eine Klostergründung gesehen wurde. Forschungen aus der jüngsten Vergangenheit von Wissenschaftlern und Wissenschaftlerinnen, die sich mit religiösen Texten befassen, haben eine Vielzahl von Verweisen auf die ästhetischen und agrarischen Qualitäten der Landschaften sowohl als positives wie auch negatives Kriterium ergeben. Klöster, die zur letzteren Kategorie gehörten, also in wüsten Landschaften angesiedelt waren, mussten dann oft mühsam versorgt werden, in dem Nahrung über lange und beschwerliche Strecken aus den umgebenden Dörfern herantransportiert wurde.
Mit Ausnahme der ganz asketischen Mönche, im Englischen „grazers" (von graze = grasen, weiden) genannt, die in Höhlen lebten und sich von wilden Pflanzen und Regenwasser ernährten, hatten die Klostergründungen einen beträchtlichen Einfluss auf die byzantinische Landschaft, gleichgültig ob in Griechenland, Anatolien oder Palästina. Oft wurden Wälder gerodet, die Landschaft terrassiert und Obst-, Wein- und Gemüsegärten angelegt, wie aus vielen Beschreibungen von Klostergründungen hervorgeht. Einer der Biographen von Athanasios von Athos war sich dessen anscheinend sehr bewusst, wenn er die Situation am Heiligen Berg beschrieb, als Athanasios erstmals dort auftauchte. „Das Land war ungepflügt und unbesät. Die Einsiedler sammelten wilde Früchte von den Bäumen für ihre Ernährung, aber bearbeiteten den Boden nicht".[24]
In dicht bewaldeten Gebieten musste der Wald nicht nur für den Bau von Kirchen und Mönchszellen bzw. der klösterlichen Gebäude, sondern auch zur Anlage von Gärten, Obstgärten und für die landwirtschaftliche Nutzung gerodet werden.

23 Zit. nach Talbot, Horticulture (wie Anm. 21), S. 38.
24 Ebd., S. 41.

Die Versorgung mit Wasser und die Bewässerung waren wichtige Voraussetzungen für Gartenbau und Landwirtschaft und für das Klosterleben allgemein. Diesbezüglich finden sich auch zahlreiche archäologische Zeugnisse, vor allem im byzantinischen Palästina, wo umfangreiche Ausgrabungen in der Judäischen Wüste vorgenommen wurden. Zisternen, Wasserkanäle, in den Fels gehauene Wasserbecken sorgten für die Zufuhr und Speicherung des erforderlichen Wassers. Oft musste Wasser in den trockenen Gebieten in Behältern auf Eseln herangeschafft werden.

Besondere Bedeutung hatte der klösterliche Gartenbau, mit wenigen Ausnahmen ein essentieller Aspekt des Klosterlebens. Die Anlage eines Gartens war einer der ersten Schritte bei der Anlage eines Klosters zusammen mit dem Bau der Kapelle und der Zellen für Mönche bzw. Nonnen. Solche Gärten wurden sowohl innerhalb wie auch außerhalb der Klostergrenzen angelegt, u. a. abhängig von der Größe der Anlage. Sie waren üblicherweise von einer Mauer umgeben und durch ein Eingangstor von der Umgebung getrennt. Die Gärten lieferten den Hauptteil der klösterlichen Nahrung wie Brot, Gemüse, Früchte, Wein, Olivenöl. „Die schriftlichen Quellen liefern praktisch keine Information über die Lage des Gartens innerhalb des Klosterkomplexes oder über die Anlage der Beete."[25] Es ist fraglich, ob der ideale St. Galler Klosterplan aus dem 9. Jahrhundert, der vielleicht repräsentativ für westliche Klosteranlagen sein mag, diesbezüglich herangezogen werden sollte.

Über Kräutergärten an byzantinischen Klöstern finden sich erstaunlicherweise so gut wie keine schriftlichen Hinweise. Trotzdem ist anzunehmen, dass sie Bestandteil des klösterlichen Gartenbaus waren. Viele Klöster hatten zum Beispiel Hospitäler, die Kräuter für medizinische Zwecke benötigten. Der St. Galler Kräutergarten, der von einer Mauer umgeben war, war dort nahe dem Gebäudeteil angelegt, der als Hospital diente. 16 verschiedene Kräuter wurden dort kultiviert. Es finden sich in den byzantinischen Quellen allerdings nur spärliche Informationen über die Blumen und blühende Gehölze, die ästhetischen Zwecken dienten.

Aber byzantinische Klöster lagen nicht nur in ländlichen Bereichen, sondern fanden sich auch in städtischem Kontext. Dort konnten sie durchaus Einfluss auf die „Stadtlandschaft" nahmen. Bezüglich Konstantinopels, der Hauptstadt des Byzantinischen Reiches, wissen wir um zahlreiche Klöster innerhalb der Stadtgrenzen und im Umfeld der Stadt. Interessanterweise lassen sich in schriftlichen Berichten über diese urbanen Klosteranlagen im Gegensatz zu ihren ländlichen Gegenstücken wesentlich deutlicher Verweise auf die ästhetischen Qualitäten der gärtnerischen Ausgestaltung der Klosteranlagen finden. So wird in einer Beschreibung der Wiederherstellung des Kosmidion-Klosters von „herrlichen Bädern, zahlreichen Fontänen, schönen Rasenflächen und was sonst noch das Auge erfreuen und beglücken kann", gesprochen. Der Patriarch Constantine Leichoudes aus dem 11. Jahrhundert wird gepriesen für die Schaffung von Wasseranlagen, die die Einrichtung von Gärten und Rasenflächen erlaubten in dem Konvent, welches er gründete.[26]

25 Talbot, Horticulture (wie Anm. 21).
26 Vgl. ebd.

3 Gartenkultur in der Geoponica

Die *Geoponica* ist ein wichtiger Text, der in seiner gegenwärtigen Form aus dem 10. Jahrhundert stammt.[27] Die nachfolgenden Ausführungen stützen sich maßgeblich auf den Beitrag von Robert Rodgers, „Garden Making and Garden Culture in the Geoponika".[28] Die *Geoponica* war eines von mehreren Kompendien, die unter der Herrschaft Kaiser Konstantins VII. aus antiken Schriften zusammengestellt wurden. Ein anderes Produkt dieses kaiserlichen Enzyklopädismus war z. B. eine veterinärmedizinische Textsammlung, bekannt als *Hippiatrica*. Die *Geoponica* behandelte hauptsächlich theoretische und praktische Fragen der Landwirtschaft und vor allem des Gartenbaus.

Der überwiegende Teil der *Geoponica* war Teil einer langen literarischen griechisch-römischen Tradition, die gartenbauliche und landwirtschaftliche Theorie und Praxis der gesamten Mittelmeerregion zusammenfasste und die mit geringfügigen Änderungen seit dem 1. Jahrhundert in Umlauf war. Auch existierten Texte wie die *Geoponica* in unterschiedlichen Versionen, überarbeitet von verschiedenen Mönchen und Gelehrten, die den Text oft nach ihren Vorstellungen abänderten und erweiterten.

In den Kapiteln über Gartenbau wird unter anderem über einzelne Pflanzen, die ihnen zusagenden Bodentypen, Pflanzzeiten, Arten der Vermehrung, Methoden der Konservierung, medizinische Verwendung usw. berichtet. Die Bücher 10, 11 und 12 behandeln Gärten, Obstgärten und Blumen. Kapitel 10.1 der *Geoponica* ist überschrieben „Der Garten" und Kapitel 12.2 „Die Anlage von Gärten".

Aus dem Kapitel 10.1 soll eine längere Passage zitiert werden. Dort heißt es: „1. Derjenige, der einen Garten haben möchte, muss einen geeigneten Platz aussuchen, wenn möglich innerhalb des Farmgeländes; wenn nicht, auf einer nahegelegenen Fläche [...] Der Garten sollte von einer Mauer oder einem Zaun [...] umgeben sein. 2. Die Pflanzungen sollten weder unregelmäßig noch gemischt sein; allerdings erhöht eine Vielfalt an Pflanzen die Attraktivität. Aber alle Pflanzen sollten je nach ihrer Art gepflanzt werden, so dass die schwächeren nicht von den stärkeren überwuchert werden oder ihnen die Nahrung entzogen wird. 3. Die gesamte Fläche zwischen den Bäumen sollte ausgefüllt sein mit Rosen, Lilien, Veilchen und Krokussen, da Anblick und Duft sehr schön sind und da sie nützlich, einträglich sowie auch von Bienen verwertbar sind. 4. Zweige zum Vermehren sollten von gedeihenden und unbeschädigten Bäumen genommen werden. Man sollte wissen, dass Pflanzen von Samen gezogen meistens anderen unterlegen sind. In den meisten Fällen sind natürliche Schösslinge am besten."[29]

In Buch 12.2 der *Geoponica* wird zur Anlage eines Gartens geschrieben: „1. Einen Garten anzulegen ist essentiell für das Leben. Ein Garten muss angelegt werden – aus Gründen

27 Siehe dazu ausführlich Robert Rodgers: Garden Making and Garden Culture in the Geoponika, in: Littlewood/Maguire/Wolschke-Bulmahn (HG.), Byzantine (wie Anm. 3), S. 159–176; nachfolgende Zitate aus der *Geoponica* sind Rodgers' Beitrag entnommen und in das Deutsche übersetzt.

28 In: Littlewood/Maguire/Wolschke-Bulmahn (Hg.), Byzantine (wie Anm. 3), S. 159–176.

29 Geoponica, zit. nach Robert Rodgers (wie Anm. 27).

der Gesundheit [...] – nicht zu weit entfernt vom Wohnhaus, sondern in der Nachbarschaft, so dass er Freude bereitet sowohl durch die Ansicht wie durch den Geruch. [...] 3. Derjenige, der Erfolg haben möchte bei der Kultivierung von Gartenpflanzen, muss sich vorausschauend um guten Samen, geeigneten Boden, Wasser und Dünger kümmern. 4. Guter Samen wird Nachwuchs der gleichen Qualität produzieren. Geeigneter und fruchtbarer Boden wird beschützen, was ihm anvertraut wurde. Wasser wird das Gemüse (die Pflanzen) größer wachsen lassen. Dünger macht den Boden krümeliger, so dass er Wasser besser speichert [...]“[30]

Diese und andere Aspekte des Gartenbaus und der Anlage von Gärten werden auch an anderen Stellen der *Geoponica* diskutiert, so zum Beispiel in besonderen Anmerkungen zur Anlage von Hecken und Einfassungen. Aber an keiner anderen Stelle werden ästhetische Aspekte von Gärten thematisiert.

Aber auch Mythologie und Aberglauben spiegeln sich in den Aussagen der *Geoponica* zum Gartenbau wider. So heißt es in Buch 1.29 zum Efeu: „Die Pflanze Efeu war einst ein junger Mann, ein Tänzer des Dionysos. Während er zu Ehren des Gottes tanzte, fiel er tot um auf die Erde. Zu Ehren Dionysos brachte die Erde einen Sprössling desselben Namens (Kittos, Efeu) hervor, und bewahrte so das Erbe des jungen Mannes“.[31]

Zusammenfassend lässt sich zum Inhalt der *Geoponica* sagen, dass er zum überwiegenden Teil auf antiken griechisch-römischen Traktaten über Gartenbau und Landwirtschaft beruhte und dass er all die praktischen Inhalte über Gartenbau umreißt, die von Fachleuten des 10. Jahrhunderts als nützlich angesehen wurden für alle Gärten, gleichgültig ob klein oder groß und egal in welcher Region des Byzantinischen Reiches.

4 Dioskorides' De materia medica

Neben der *Geoponica* ist das Werk *De materia medica* von Dioskorides das wohl wichtigste für den byzantinischen Gartenbau. Auch diese Abhandlung entstand lange vor dem Byzantinischen Reich, um 65 vor unserer Zeitrechnung, geschrieben von Dioskorides von Anarzabos, einem Arzt und Pharmakologen.[32] Seine hauptsächliche Bedeutung lag allerdings nicht im Bereich des Gartenbaus, sondern eher auf pharmazeutischem Gebiet. Der Text ist hauptsächlich ein Kräuterbuch. Er listet Hunderte von Pflanzen auf und beschreibt ihre medizinische Anwendung. Der „Dioskorides“ ist ein Kompendium von Texten, die sich mit Medizin und, allgemeiner, naturwissenschaftlichen, auch gartenbaulichen Themen befassen.

Das früheste Kräuterbuch, das Buch 9 von Theophrasts *Historia plantarum*, wurde um 300 v. Chr. geschrieben. Aber Dioskorides' Werk unterschied sich von diesem und an-

30 Ebd., S. 173.

31 Ebd., S. 170.

32 Leslie Brubaker: The Vienna Dioskorides and Anicia Juliana, in: Littlewood/Maguire/Wolschke-Bulmahn (Hg.), Byzantine (wie Anm. 3), S. 189.

Abb 5–8: „Steinerne" Pflanzen, ausgestellt in Caesarea

deren Vorgängern dadurch, dass er Ordnung und Genauigkeit in die Pharmakologie bringen wollte. Sein Werk wurde ins Griechische, Lateinische, Arabische und in weitere Sprachen übersetzt.[33] Wie viele andere medizinische Texte seiner Zeit wurde er über die folgenden Jahrhunderte überarbeitet entsprechend zeitgenössischen Anforderungen und Vorstellungen. Eine Kopie von Dioskorides' Werk aus dem 6. Jahrhundert, die in der Österreichischen Nationalbibliothek aufbewahrt wird, der sogenannte Wiener Dioskorides, ist das früheste heute bekannte Werk, das botanische Abbildungen enthält (Abb. 9).

33 Ebd.

Derartige Werke bzw. Abschriften und Überarbeitungen wurden seinerzeit für spezielle Zwecke in Auftrag gegeben. Wer auch immer die in Wien verwahrte Fassung von Dioskorides' *De materia medica* veranlasste, war interessiert an einer Luxusausgabe. In den meisten Fällen war der Abbildung einer Pflanze auf der anderen Seite der entsprechende Text gegenübergestellt. Auch waren in dieses Manuskript die Anmerkungen anderer Autoren über medizinische Pflanzen wie den Juniperus (Wacholder) eingearbeitet, so z. B. von Galen, der von 129 bis 210 n. Chr. lebte.

5 Statt einer Zusammenfassung – Vorbilder für das „Steinerne Herbarium" in Mücheln

Die Templer hatten also vielfältige Möglichkeiten, sich über Gärten, Gartenkunst und Pflanzen auf ihrem Weg in das Heilige Land zu informieren und Anregungen zu bekommen, die nach der Rückkehr in die Heimat in Gärten – oder eben in „steinerne" Pflanzen – hätten umgesetzt werden können.

Es stellt sich aber die Frage, ob für das „steinerne Herbarium" in Mücheln wirklich der reale Ort, der Garten mit seinen großenteils unbekannten und außergewöhnlichen Pflanzen, von Bedeutung war. Mussten die Ordensritter die ihnen unbekannten Blumen, Sträucher und Bäume in natura sehen?

Oder waren sie bzw. die sie begleitenden Künstler und Handwerker nicht vielleicht mehr beeindruckt von dem, was sie auf ihren Reisen schon in Stein gehauen vorfanden? Denn sicherlich war das Aufsuchen religiöser Stätten mindestens ebenso wichtig wie die Betrachtung der Natur oder ein Aufenthalt in Gärten. Es ist zu vermuten, dass – wenn die „Reise" in den Nahen Osten Einfluss z. B. auf das „Steinerne Herbarium" in Mücheln gehabt haben sollte – dieser nicht in Form konkreter Gartenanschauung erfolgte, sondern dass die vor Ort schon seit langem praktizierte künstlerische Umsetzung von Pflanzendarstellungen in Stein (Akanthus etc.), wie sie sich in Kapellen, Kirchen finden ließen, Anregungen zur Schaffung z. B. eines „steinernen Herbariums" in Mücheln gegeben hat. Meines Erachtens liegen auf diesem Gebiet noch Forschungsfragen, denen es sich lohnt, weiter nachzugehen.

Abb. 9: Pflanzendarstellung (Beifuß) aus dem Wiener Dioskorides

Das Kloster Jerichow

Ivette Grafe und Marion Rose

Der Klostergarten Jerichow – Beispiel einer historisierten Gartenneugestaltung

Der neue „Klostergarten" im Kloster Jerichow ist aus einer ähnlichen Ausgangsituation heraus und unter vergleichbaren Bedingungen entstanden, wie sie auch für das Projekt der Templerkapelle in Mücheln bestehen. Daher liegt es nahe, die Entwicklung der Jerichower Anlage und die damit verbundenen Erfahrungen vorzustellen. Wir möchten aber auch Möglichkeiten und Perspektiven zeigen, die sich daraus ergeben können. Dies kann im Rahmen dieses Bandes nur skizzenhaft erfolgen und ist als Anregung gedacht.

Das Kloster Jerichow liegt im Norden Sachsen-Anhalts und gilt als Perle der „Straße der Romanik". Es wurde Mitte des 12. Jahrhunderts durch Prämonstratenser als Chorherrenstift gegründet und war ein weiterer Stützpunkt bei der Christianisierung der slawischen Gebiete östlich der Elbe. Mit dem Bau begann man 1148 n. Ch. im romanischen Stil – heute gilt die Klosteranlage als ältester erhaltener Backsteinbau Nordeuropas. Nach 400-jährigem Betrieb unter der Führung der Magdeburger Bischöfe wurde das Kloster 1552 im Zuge der Reformation und nach wirtschaftlichem Niedergang aufgelöst. Von nun an blieb es bis zum Zweiten Weltkrieg ein landwirtschaftlicher Gutsbetrieb in weltlichem Besitz, danach wurde es genossenschaftliches Volksgut. Erst Ende der 1970er Jahre entdeckte man die kulturhistorische Bedeutung der Anlage wieder und führte Teile der Gebäude nach und nach einer musealen Nutzung zu. Im Dezember 2004 kam es nach jahrelangen Verhandlungen mit dem Land, der Gemeinde und Vertretern der Kirche zur Gründung der Stiftung Kloster Jerichow.

Die Freiflächen innerhalb der Klostermauern sind zum Teil öffentliche Grünanlage, zum Teil befinden sich hier noch Reste landwirtschaftlicher Anlagen wie Stallungen, Güllegrube und Ähnliches. Die ersten Pläne für eine Neugestaltung gab es bereits 2002 durch eine Zusammenarbeit der Gemeinde, des ortsansässigen Heimatvereins und Studenten der Landschaftsplanung der TU Berlin. Es begann mit der Recherche zur mittelalterlichen Klostergeschichte und deren Gartenkunst.

1 Der neue Jerichower Klostergarten

1.1 Die Anlage des Gartens

Was wissen wir heute über das Aussehen der Gärten zur Zeit des Klosterbetriebes? Über einen Klostergarten in Jerichow ist leider nichts überliefert. Alle möglichen Quellen sind verschwunden oder zerstört. Man muss aber dennoch davon ausgehen, dass auch hier ein Garten existiert hat. Die Prämonstratenser gehörten zu den sogenannten Re-

Erste Skizze für den Klostergarten

formorden, die sich auf das Leben der Urchristen besinnen wollten und nach den Benediktinerregeln lebten. Dazu gehörten die Selbstversorgung innerhalb der Klostermauern sowie eine vorwiegend fleischlose Ernährung. Ein Nutzgarten war daher Voraussetzung. Wie er aber ausgesehen hat, wird uns wohl für immer verborgen bleiben. Zeitreisen sind noch Phantasien und daher musste man sich im Falle des Kloster Jerichows auf allgemeine Quellen aus dieser Epoche stützen. Überlieferte Bilder, Schriften und Fundstücke aus dem Mittelalter zeigen oder beschreiben eine erstaunliche Fülle an Details aus der Gartenkunst, eine realistische Darstellung von der Gestaltung einer Anlage findet sich allerdings nicht. Bis heute bleibt das Erscheinungsbild des mitteleuropäischen Klostergartens ungeklärt. Lediglich einzelne Elemente wie Zäune, Beeteinfassungen oder Beetformen konnten bei unserer Recherche Anhaltspunkte geben. Sie zeigen auch die regionalen Unterschiede und die Abhängigkeit des verwendeten Materials von den Ressourcen der Umgebung.

Wie entwirft man mit diesem Wissen einen neuen Garten im Kloster Jerichow? Es sollte eine Kombination aus historischer und moderner Gartengestaltung werden. Historisch überlieferte Elemente wie die Beeteinfassung oder die Einfriedung sollten den Besuchern einen Eindruck des Aussehens und der Materialverarbeitung zur Klosterzeit vermitteln und den Bezug zur erhaltenen Bausubstanz der denkmalgeschützten Anlage herstellen. Gleichzeitig musste eine solche öffentliche Anlage den heutigen Bedürfnissen angepasst werden und auch deutlich machen, dass es sich um eine Neuschöpfung und nicht um eine Rekonstruktion handelt. So entstanden zunächst auf dem Skizzenpapier Hochbeete, die mit Weide umflochten waren. Kopfweiden finden sich auch heute noch hinter der Klostermauer. Diese den überlieferten Quellen nachempfundenen Beete wurden aber aus der traditionell rechtwinkligen Anordnung verschoben. Dadurch entsteht ein „verzerrtes Bild" – ein Ausbruch aus der klassischen Symmetrie. Der fertige Entwurf stellte einen Schaugarten mit drei Teilbereichen für die verschiedenen Arten der historisch belegten Nutzpflanzen dar.

Vor dem Gartenhaus befindet sich der Küchengarten mit Gemüse- und Würzpflanzen auf 21 geflochtenen Hochbeeten. Im Mittelalter waren solche Gewächse sehr wertvoll und oblagen dem wachsamen Auge eines Klostergärtners. Hinter dem Haus schließt sich der Feldfruchtgarten mit einfachen, bänderartigen Flachbeeten an. Hier werden die anspruchsloseren Nutzpflanzen wie Getreide- und Ölfruchtarten ausgestellt sowie Acker-

und Wildkräuter, die die Menschen damals als Nahrungsergänzung in ihrer Umgebung sammelten. Im hinteren Abschnitt schließt sich der Färbegarten an. Nicht nur für Essen und Trinken wurden Pflanzen im Kloster angebaut, sondern auch zum Herstellen, Färben und Bearbeiten von Stoffen, zur Reinigung und für andere Haushaltsbedürfnisse. Alle Teilbereiche werden durch einen Zaun eingegrenzt und zu einem Gartenreich für die Vielfalt der mittelalterlichen Pflanzenwelt zusammengefasst.

1.2 Die Auswahl der Pflanzen

Auf die Auswahl der entsprechenden Pflanzenarten legten wir besondere Sorgfalt. Woher weiß man aber, welche Pflanzen damals schon verwendet wurden? Im neuen Klostergarten Jerichow sollten nur Pflanzen ausgestellt werden, die vor 1500 n. Chr. in Mitteleuropa bekannt waren.

So studierten wir historische Quellen, die als glaubwürdig erachtet werden. Namhafte Persönlichkeiten aus dem Mittelalter wie Karl der Große, Walahfrid Strabo, Albertus Magnus und Hildegard von Bingen beschrieben Pflanzen und ihre Verwendung. Auch erhaltene Gartenpläne und Pflanzlisten wie die vom Kloster St. Gallen geben Auskunft über bekannte Arten dieser Zeit. In solchen Überlieferungen tauchen allerdings auch immer wieder Verweise auf die antiken Gelehrten wie Dioskurides und Plinius auf, so dass bei unserer Recherche auch auf diese Quellen zurückgegriffen werden musste. Neben zahlreicher Sekundärliteratur studierten wir vor allem Übersetzungen der im Folgenden kurz beschriebenen Werke.

Aus dem 1. Jahrhundert ist das bedeutendste pharmakologische Werk der Antike von Pedanius Dioskurides erhalten. Er war ein Zeitgenosse Plinius des Älteren, diente als Militärarzt unter Claudius und Nero und beschrieb in der *Materia medica* das Aussehen und die Heilwirkung von rund 600 Pflanzen.

Karl der Große (742–814), König der Franken und römischer Kaiser war Förderer von Kunst und Wissenschaft. Um 800 n. Chr. erließ er das *Capitulare de villis et curtis imperialibus*, die Verordnung über die Krongüter und Reichshöfe. Darin befinden sich neben Regelungen zu Abgaben, Gütervereinbarungen u.ä. im letzten Abschnitt (Kapitel 70) eine Auflistung von Nutz- und Heilpflanzen, welche in den Reichsbesitzungen anzubauen sind.

Der Klosterplan von Sankt Gallen (um 820) gilt als Idealplan eines mustergültigen Klosters in der karolingischen Zeit. Er wurde in seiner Vollständigkeit so nie umgesetzt und gebaut. Trotzdem kann man auf diesem Plan die Dreiteiligkeit des Klostergartens erkennen, welcher Gemüse-, Kraut- und Baumgarten beinhaltet. Unter anderem findet man eine Auflistung von zu verwendenden Pflanzen, die allerdings der Aufzählung aus der Krongüterverordnung sehr ähnlich ist.

Der Abt des Kloster Reichenau, Walahfrid Strabo (808/809–849), war Lehrer am kaiserlichen Hof zu Aachen, Autor zahlreicher theologischer Schriften und verfasste ein Lehrgedicht über den Gartenbau *De cultura hortorum*, welches auch als *Hortulus* bekannt ist. Dieses Gedicht enthält in 27 Strophen genaue botanische Beschreibungen von Pflanzen und Ausführungen zu ihrer Verwendung sowie einen Abriss von Arbeiten im Garten.

Hildegard von Bingen (1098–1179), Äbtissin des Frauenklosters Rupertsberg, war zugleich Ärztin, Naturforscherin, Theologin und Mystikerin. Sie verfasste umfangreiche Werke zur Volksmedizin unter anderem die *Physica* und das *Liber composite medicine*. Bedeutend für die Pflanzenrecherche ist die Tatsache, dass die hl. Hildegard ihr Wissen in ihrer Heimat gesammelt hat und nicht, wie so viele andere, aus älteren Schriften entnommen oder auf weiten Reisen erlangt hat. Auch verwendete sie zum ersten Mal deutsche Pflanzennamen.
Albertus Magnus (1193–1280) Theologe, Philosoph und Naturforscher beschrieb botanisch korrekt rund 390 Pflanzen in seinem Buch *De vegetabilibus libri VII*. Viele Arten, welche vorher nicht eindeutig bestimmbar waren, konnten anhand seiner Schriften eindeutig nachgewiesen werden.
Die Frage, welche Pflanzen tatsächlich im Mittelalter in Mitteleuropa bekannt waren, ist durch schriftlich überlieferte Quellen nicht eindeutig zu klären. Zu große Unsicherheiten entstehen durch die damals noch fehlende Nomenklatur. Beispielsweise ist es unklar, ob mit *betas* der Mangold (*Beta vulgaris var. cicla*) oder die Rote Bete (*Beta vulgaris var. esculenta*) gemeint ist. Oft wurde auch von einander abgeschrieben und dabei Fehler mitkopiert. Es lässt sich nicht eindeutig sagen, aus welchen Reichsgebieten das Wissen stammt, so auch für die Verordnung über die Krongüter und Reichshöfe Karls des Großen. Die Ausdehnung seines Reiches bedingte erhebliche klimatische Unterschiede in den Teilregionen. Nicht jede Pflanze gedeiht unter diesen verschiedenen Bedingungen überall. Viele der seinerzeit verwendeten Namen können daher heute nicht mehr einer bestimmten Pflanze zugeordnet werden. Das Verdrängen oder Ersetzen von Pflanzennamen im Laufe der Zeit spielt dabei eine wesentliche Rolle. So wurden mit der Entdeckung Amerikas viele Pflanzen nach Europa gebracht, die einheimischen Gewächse aus dem Gartenbau verdrängten. Ein gutes Beispiel stellt die uns heute bekannte Gartenbohne *Phaseolus vulgaris* dar, die ihre Heimat in Südamerika hat und damit im Mittelalter hier unbekannt war. In vielen historischen Quellen findet sich aber dennoch der Ausdruck *fasiolo*. Gemeint war damit eine grüne Bohne. Die Pferde- oder Puffbohne (*Vicia faba*), die heute nur noch als Futterpflanze verwendet wird, ist damit nicht angesprochen, da sie in den Überlieferungen als *faba* betitelt wird. Die genaue Pflanzenbeschreibung von Albertus Magnus legt den Schluss nahe, dass es sich um die uns heute weitestgehend unbekannte Kuhbohne *Vigna unguiculata* handeln könnte.
Flaschenkürbis und Melone finden sich in fast jeder historischen Quelle. Konnten sie in unseren Breitengeraden wachsen oder wurden die Früchte aus dem Mittelmeergebiet gehandelt? Die moderne Klimaforschung bestätigt, dass vor 1.000 Jahren die Jahresmitteltemperatur um ca. 1,2 bis 1,4 °C höher lag. Das bedeutet bis zu 4 Wochen längere Vegetationszeit. Somit ist auch die Aufzucht von Melonen genauso wie von Flaschenkürbis in unseren Breiten vorstellbar.
Um genauere Aussagen treffen zu können, bedient man sich heute moderner Untersuchungsmethoden, wie der Paläo-Ethnobotanik, d.h. bei archäologischen Grabungen werden auch Analysen fossiler Pflanzenreste durchgeführt. Vor allem Samen und Früchte, die durch Verkohlung oder bei Lagerung unter Luftabschluss erhalten geblie-

ben sind, geben zusätzliche Erkenntnisse. Auch die Untersuchung fossiler Pollen aus Seesedimenten und Mooren sowie von Wurzelabdrücken in den entsprechenden Bodenschichten sind hilfreich für ein immer genaueres Bild der mittelalterlichen Kulturpflanzen.

Um die Auswahl der Pflanzen eindeutig belegen zu können, entschieden wir uns zu strengen Auswahlkriterien: mindestens zwei Quellennachweise pro Pflanzenart und mindestens eine davon aus dem mitteleuropäischen Mittelalter. Mit diesem Verfahren ergab sich eine Liste mit weit über 300 Pflanzen, aus der wir eine Auswahl treffen konnten. Heute stehen in unserem Garten ca. 130 verschiedene Gewächse. Dabei muss erwähnt werden, dass es sich selbstverständlich nicht um mittelalterliche Kultursorten handelt. Die Frage des Züchtungsstandes übersteigt unsere Möglichkeiten der Nachforschung und ist in den meisten Fällen nicht zu klären. Durch die Zusammenarbeit mit Vereinen zur Erhalt alter Nutzpflanzen waren wir in der Lage, ältere Kultursorten und seltene Pflanzenarten auszustellen. In einigen Fällen entschieden wir uns auch für Wildformen, die als Ursprung heutiger Züchtungen gelten. Es bleibt aber stets ein Kompromiss – mit dem Wissen um die gefährdete Artenvielfalt können wir mit solchen Kompromissen aber gut leben.

1.3 Die Fertigstellung des neuen Klostergartens

Noch während der Entwurfsphase begannen die ersten Bauarbeiten. Bei der Auswahl der Fläche spielten leider nur praktische Erwägungen eine Rolle. Wasser- und Stromanschlüsse sowie Aufenthaltsmöglichkeiten und Arbeitsräume bestimmten den Platz des Gartens innerhalb der Anlage. Aus gestalterischer und gartenbaulicher Sicht war diese Entscheidung eher ungünstig. Für die Umsetzung und Pflege der Anlage standen uns zwei vom Arbeitsamt geförderte Strukturanpassungsmaßnahmen zur Verfügung. Das bedeutete zwei Arbeitskräfte aus fachfremden Berufen sowie Zusschüsse für Arbeitsmaterialien. Für eine solche Anlage war dies eigentlich zu wenig. Wir waren uns jedoch bewusst, wenn der Garten ein eigenes Publikum und eine entsprechende Wirkung für die Öffentlichkeit erreichen

Das Bauen der Hochbeete

sollte, dürften keine Abstriche zugelassen werden. Freiwillige Helfer waren daher gesucht. Freunde, Verwandte und Bekannte kamen zu Arbeitseinsätzen am Wochenende. Nach ersten sichtbaren Erfolgen wurde das Projekt auch von Anwohnern und Interessierten aus der Umgebung unterstützt. Die Stadt half zum Teil auf recht unkonventionellen Wegen bei der Materialbeschaffung. Bauern der Gemeinde stellten bei Bedarf ihre Maschinen und Geräte zu Verfügung und das ansässige Fachkrankenhaus arbeitete bei der Anzucht des Saatgutes und bei der Fertigung der Beschilderung mit uns zusammen. Für uns war es eine erstaunliche Erfahrung, welche Kräfte zu mobilisieren sind, wenn man für ein Vorhaben begeistern kann. Nicht immer konnten die Vorstellungen der Planung eins zu eins umgesetzt werden. Oft mussten Kompromisse bezüglich des Materials oder der Verarbeitung eingegangen werden. So wurde aus dem entworfenen Zaun aus leichtem Flechtwerk ein massiver Kiefernzaun, da das gelieferte Baumaterial nicht unseren Vorstellungen entsprach. Aber letztlich half uns immer der Gedanke, dass genau diese Vorgehensweise wohl dem des mittelalterlichen Originals am nächsten kommen müsste, nämlich aus dem, was man aus der Umgebung und den örtlichen Gegebenheiten bekommen kann, das Beste machen.
Heute erlebt der Besucher im Kloster Jerichow einen Schaugarten für Nutzpflanzen nach mittelalterlichen Vorbildern. Wir freuen uns über die vielen positiven Reaktionen und besonders über das Staunen und das Interesse an einem Stück Kulturgeschichte, das häufig vernachlässigt wird – der Ursprung und die Vielfalt unserer Nahrung. Im Klostergarten kann man erahnen, wie groß die Auswahl war, bevor wir Kartoffeln, Tomaten, Mais und Paprika kannten. Wir präsentieren diese Gewächse aber nicht nur von ihrer nützlichen Seite. Hier dürfen sie auch ihre Schönheit und ihren vollständigen Vegetationszyklus vorführen.
Zum einen sind da alte Bekannte: Zu den ältesten und heute noch bekannten Speisepflanzen gehört der Kohl. Damals war seine Formenvielfalt noch lange nicht so groß. Er war wichtiger Bestandteil der Nahrung und als Heilmittel vielseitig verwendet. Wussten Sie aber, wie schön der Kohl im 2. Jahr blüht und dabei seine Wuchsform verändert? Im Schaugarten werden ältere Sorten heimischer Gemüsearten auch von ihrer weniger bekannten Seite gezeigt.
Weiterhin finden die Besucher hier auch vernachlässigte Nützlinge: Gemüse wird im Supermarkt gekauft, bestenfalls zieht man noch einige Salatköpfe im Hausgarten. Wie viele unserer Wildkräuter auch in der Küche und im Haushalt verwendet werden können, ist weniger bekannt. Dabei sind in den vergangenen Jahrhunderten viele Sorten aus ihnen gezüchtet worden. So bildet die Wegwarte, heute vielen Menschen nur noch als Feldunkraut bekannt, den Ursprung des Endiviensalates. Vor langer Zeit war die Wegwarte jedoch eine geschätzte Nahrungs- und Heilpflanze. Auch ersetzte sie in Notzeiten den Kaffee (Zichorienkaffee).
Unter anderem entdeckt man hier die sonnenverwöhnten Delikatessen: Der Flaschenkürbis, auch Kalebasse genannt, ist die einzige Kürbisart, die vor 1500 in Europa angebaut wurde. Heute finden wir ihn nur noch in einigen Gewächshäusern als Liebhaberei. Seine vielseitige Verwertbarkeit ist erstaunlich. Leider ist er aber aus seiner afrikani-

schen Heimat an viel Wärme gewöhnt. Vor 1.000 Jahren war die Aufzucht südländischer Delikatessen wesentlich einfacher, da in unseren Breiten ein viel milderes Klima herrschte.
Unser besonderes Anliegen ist die vergessene Vielfalt: Einige Pflanzen verschwanden aus unseren Gärten, obwohl sie schmackhaft und anspruchslos sind. Sie kamen einfach aus der Mode, wie z. B. die Süßdolde oder die Haferwurzel, die vielseitig im Haushalt einsetzbar sind und aus denen zahlreiche Speisen zubereitet werden können.
All diese Gemüse- und Würzpflanzen gedeihen auf den Hochbeeten aus Weidenflechtwerk, die mittlerweile zum Symbol für unseren Klostergarten geworden sind. Sie sehen nicht nur schön aus, sie bieten dem Gärtner und dem Besucher auch viele Vorteile. Ihre Herstellung ist mit etwas Aufwand verbunden, doch dieser macht sich langfristig bezahlt. Höhere Temperaturen und lang anhaltende Nährstoffversorgung bieten den Pflanzen optimale Wachstumsbedingungen. Nachträgliche Düngung und aufwändige Bodenbearbeitung werden unnötig. Der sogenannte Komposteffekt, der dabei genutzt wird, ist ein altbewährtes Prinzip im Gartenbau. Ein weiterer Vorteil ist die günstige Arbeitshöhe von 80 cm. Sie gestattet die Beetbearbeitung in ungebückter Haltung und hebt die Pflanzen in greifbare Nähe der Besucher.
Der Feldfruchtgarten wartet mit altem Getreide auf. Einkorn, Emmer, Dinkel und Weizen zeigen die Entwicklung eines eher unscheinbaren „Gräsleins“ bis hin zur leistungsstarken Acker-

Der Hochbeetgarten

Die Flachbeete

Eine Führung durch den Klostergarten

frucht. Getreide war von je her mit allerhand Beiwerk verunreinigt. So erhält zum Beispiel die unter Naturschutz stehende Kornrade ihren alten Platz als Ackerbegleitkraut zwischen den Halmen des Roggens bei uns zurück. Klatschmohn und Kornblume aus Kindheitstagen bekannt, finden sich im Getreidebeet genauso wie Leindotter, Weißer Senf und Schwarzkümmel zwischen Lein, Buchweizen und Hirse.
Im Färbergarten werden Pflanzen ausgestellt wie Krapp, Waid und Färberdistel, die der Kleidung und auch anderen Gegenständen ihre leuchtenden Farben geben. Die Kardendistel diente zum Aufrauen der Stoffe und aus der Wurzel der Iris gewann man eine Art Weichspüler für die Wäsche. Manch ein Kraut findet sich hier, das als Unkraut heute einen eher abschreckenden Ruf hat und dabei doch ein Tausendsassa ist, zum Beispiel die Große Brennnessel, aus deren Fasern Nesselstoff gemacht wurde, die zum Färben für Grün- und Gelbtöne verwendet wurde und auch noch als Salat und für die Zubereitung von Heiltee bekannt war.
Im neuen Klostergarten Jerichow kann man, umgeben von den 600 Jahre alten Mauern einen kleinen Blick ins Mittelalter werfen und sich dabei von der bunten Blütenpracht verzaubern lassen.

Annalén Gruss und Alexander Reif

Entwurfsideen zum Garten der Templerkapelle Mücheln

1 Vorbemerkung

Im Frühjahr 2006 stellte sich uns die spannende Herausforderung, im Rahmen einer Studienarbeit am Institut für Landschaftsarchitektur ILA der Leibnitz Universität Hannover, landschaftsarchitektonische Konzeptideen für das Gelände des Templergutes in Mücheln auf der Basis einer Analyse geschichtlicher Hintergründe, architektonischer Besonderheiten sowie der Pflanzenkunde zu entwickeln. Wir folgten der Einladung Herrn Lipps auf das Templergut und erfuhren hier von seiner ambitionierten Idee, welche den „Garten der Templerkapelle" betrifft. Diese besteht hierin, die Pflanzen, welche als Konsolsteine im Inneren der Kapelle dargestellt sind, in den Außenraum des Gutes zu tragen und diese für Besucher in ihrem tatsächlichen Habitus erfahrbar zu machen. Zu diesem Zeitpunkt wurden von Botanikern sowie Experten anderer Fachrichtungen Exemplare der Pflanzesorten aus verschiedensten Regionen und Züchtungen untersucht und zusammengetragen. Da aufgrund der Einzigartigkeit dieses Templergutes bisher keine vergleichbaren Freiraumkonzepte bestehen, war es eine besondere Aufgabe, mit dem Ort und den Gegebenheiten umzugehen und etwas Neues hierfür zu entwickeln. Die teils visionären Entwürfe zeigen unterschiedliche Herangehensweisen, wie die Pflanzen in ein gesamtgestalterisches Freiraumkonzept, dass den Ansprüchen, welche sich sowohl aus der Historie als auch zukünftig ergeben, gerecht wird, eingefügt werden können. Zwar war eine klar definierte Aufgabe gestellt, die Pflanzen im Außenraum zu positionieren, jedoch liegt genau hierin die Crux, da nach unserem Wissen zu dem Zeitpunkt über die tatsächlichen Pflanzensorten keine 100%ige Klarheit existierte. Als Leitfragen ergaben sich: Ist dem rätselumwobenen Ort sein Tribut gezollt, in dem bloß eine Art Pflanzplan erstellt wird? Kann man diesem fragenden Raum eine so sachlich durchplante Antwort geben? Liegt es an uns, eine Antwort zu geben, oder bedarf es neuer Fragestellungen?

2 Eine erste Annäherung an den Ort

Ein für uns rätselhafter Ort tut sich auf, als wir nach Mücheln fahren. Wir nähern uns dem Gebiet von Westen. Wenige Kilometer vor dem Gut gerät die moderne Technik ins Stocken. Das GPS-gesteuerte Display zeigt keine Straße mehr an, sie endet abrupt. Die Satelliten im All scheinen den Zubringer zur Kapelle nicht zu kennen. Verwirrung ist gestiftet, ob dies der richtige Weg ist. Schnellstraßen nehmen andere Richtungen auf, eine scheinbar ehemals bestehende Wegeleitung endet unvermittelt. Nach einigen hundert Metern, mittlerweile ist die Stimme aus dem All wieder bei uns, empfängt uns eine freundlich ermunternde Allee und ein gleichmäßiges Geräusch, das beim Befahren des Autos über Kopfsteinpflaster entsteht. Wie in einem Märchenwald umsäumen die knochigen Äste der Straßenbäume den Weg zu dem Templergut und winken uns die Straße entlang. Die Siedlungen, die wir durchfahren, liegen, die Bundesstraße rahmend, in einer agrarwirtschaftlich geprägten Landschaft. Das Gelände wird hügeliger und öffnet an einigen Stellen ein Panorama, welches Ackerflächen, Hügel, Täler und die eine oder andere Abraumhalde, die ihre Spitze gen Himmel richtet, beinhaltet. Fast will man an dem Gut Mücheln vorbeifahren, lenkt einen doch die Straße in einer Kurve den Hügel herunter. Erreicht man das Gut durch das Eingansportal, öffnet sich ein Vorhof, unbefestigt, ähnlich geflickt wie die Fassade der Kapelle. Verschiedene Handschriften weisen auf wechselnde Autoren der Geschichte dieses Grundstückes hin. Verschiedene Fragmente sind da, die es zu lesen gilt. Wir erwarten keine fertigen Geschichten vorzufinden, nur Bruchstücke, welche unsere eigenen Geschichten hervorrufen. Der Ort lebt auf, als Herr Lipp beginnt, Bilder der Geschichte zu den Templern in Mücheln in unseren Köpfen zu malen. Diese beinhalten Geheimgänge zur wenige Kilometer entfernt gelegenen Burg in Wettin, beinhalten Kreuzritter in kaum vorstellbarer Anzahl, welche sich aufmachten, das Morgenland zu erobern. Faszinierend ist, dass so ein altes, in seiner ursprünglichen Gestalt schon stark beeinträchtigtes Bauwerk uns zu Auseinandersetzung mit Geschehnissen von vor über 600 Jahren anregen kann. An diesem Ort werden Erinnerungen, Phantasien und Meinungen zusammengetragen und gebündelt. Jeder malt sein Teil von einem riesigen Puzzle, um dieses hinterher zu einem Ganzen zusammenzufügen, welches mit der nötigen Portion Distanz und Phantasie als ein Bild gesehen werden kann. Dieses Puzzle bleibt jedoch ein Abbild, eines, welches das Original nur erahnen lässt.

3 Geschichtliche Hintergründe der Kapelle

Die Templerkapelle „Unser Lieben Frauen" zu Mücheln, welche das einzige weitgehend vollständig erhaltene sakrale Bauzeugnis des Templerordens in Deutschland ist, liegt wenige Kilometer vom Stadtkern Wettin entfernt. Der Bau ist nicht in der üblichen Weise orientiert, der Chor zeigt nach Nordosten. Obgleich der Hofraum genügend Platz geboten hätte, ist vermutlich die Gesamtausrichtung des Hofes, in dem die Kapelle axial liegt, für diese Abweichung verantwortlich. Die einschiffige Kapelle ist im Ortsteil Mücheln auf dem Gutshof um 1280 im Stil der französischen Frühgotik errichtet worden. Die Wurzeln des Gutshofes liegen bis ins Mittelalter zurück, zumal vermutlich um 1100 bereits ein befestigter Wirtschaftshof an dieser Stelle entstand, welcher Ende des 12. Jahrhunderts in den Besitz des Grafen von Wettin überging.[34] Über das einstige Erscheinungsbild des Gutshofs, die Architektur sowie über dessen Nutzung, existieren heute weder Schriften noch Abbildungen. Dietrich I. Graf von Brehna-Wettin über-

34 Siehe http://www.schwerin-consulting.de/arbeitskreis-denkmalpflege/Templerkapelle.html.

gab 1240 seinem Sohn Dietrich II. das Gut Mücheln, welches dieser als Komtur vor 1271 dem Templerorden schenkte und in seinem Auftrag wurde die Kapelle zwischen 1260[35] und 1280[36] errichtet.[37] Ein genauer Zeitpunkt lässt sich heute nicht nennen. Der Templerorden, seit 1139 dem Papst persönlich unterstellt, befand sich zu dieser Zeit auf dem Höhepunkt seiner Macht. Die Templer durften seit 1143 (Bulle von Papst Cölestin) eigene Friedhöfe und Kapellen errichten.
Heute ist insbesondere der „Garten aus Stein in der Kapelle" von Interesse. Neben den Konsolsteinen befinden sich auf der Empore, an den Wänden und unter dem Dach weitere Darstellung von Pflanzen. Laut Untersuchungen bzw. durch die Analyse von Experten wird darauf geschlossen, dass diese Steinmetzarbeiten Pflanzensorten darstellen, die zur damaligen Zeit in Deutschland nicht bekannt waren. „Die Bedeutung dieser einzigartigen Pflanzen ist bisher nur in Ansätzen erforscht. Es ist aber als sicher zu vermuten, dass sie nur mit dem Transfer von gartenkulturellem Wissen im Rahmen der Kreuzzüge erklärt werden können."[38] Nach der Aufhebung des Templerordens durch Papst Clemens V. 1312, kam es auch in Deutschland zur Verfolgung von Templern und Einziehung der Ordensgüter, die Kapelle und Komturei Mücheln ging an den Johanniterorden über. In den folgenden Jahrhunderten wechselte das Gut mehrmals den Besitzer.
Vermutlich im 16. Jahrhundert nach der Säkularisierung ging die Kapelle in „weltliche" Nutzung über und ist als Speicher für landwirtschaftliche Zwecke genutzt worden. Bilder und Schriften dokumentieren heute die landwirtschaftliche Nutzung des Kirchengebäudes.[39] Für das Vieh diente der Raum als Stallung, des Weiteren wurde durch Einziehen zweier weiterer Ebenen Raum zum Lagern von Getreide und Rüben geschaffen. Während dieser Umnutzungsphase mussten die Fenster weichen und Steine ersetzten die nun überflüssig gewordenen Glasscheiben. Bis auf die Darstellung der hl. Maria mit dem Jesuskind, welche während Restaurierungsarbeiten wieder ans Tageslicht kam, ist ein großer Teil an Wandmalereien verschwunden oder heute nur noch fragmentarisch zu erkennen. Die Erweiterung des Dachs lässt sich auf diese Zeit zurückführen, da, um den Zweck als Lagerstätte gerecht zu werden, das Gebäude um weitere Geschosse erweitert wurde. Der Altar der Kapelle ging durch Schenkung an die Laurentiuskirche in Halle, wo er vor einigen Jahren einem Brand zum Opfer fiel. Die wechselnden Eigner und Nutzungen riefen zwar Veränderungen an der Bausubstanz hervor, haben jedoch auf der anderen Seite wohl auch zur Bewahrung dieser beigetragen. Die Kapelle ist mittlerweile Eigentum der Stadt Wettin und den Templerhof erwarben Herr Lipp und seine Frau 1998, die sich seitdem um dessen Restaurierung kümmern. 1989 hat sich der unabhän-

35 Leipziger Volkszeitung, 06.09.2001.
36 Vgl. Achim Lipp: Die Templerkapelle Mücheln – ein Wallfahrtsort in alter Zeit, in: Achim Lipp/Jürgen Lasch (Hg.): Einer kam durch. Zur Lebenswirklichkeit im Zeitalter der Kreuzzüge (Edition Templerkapelle, 1), S. 9–16.
37 Vgl. insgesamt Gerlinde Schlenker/Artur Schellbach/Wolfram Junghans: Auf den Spuren der Wettiner in Sachsen-Anhalt, Beitrag Wettin-Mücheln, S. 217–219, hier S. 218.
38 Joachim Wolschke-Bulmahn: Projektaushang, April 2006.
39 Die Fotografien sind in der Galerie auf dem Gutsgelände ausgestellt.

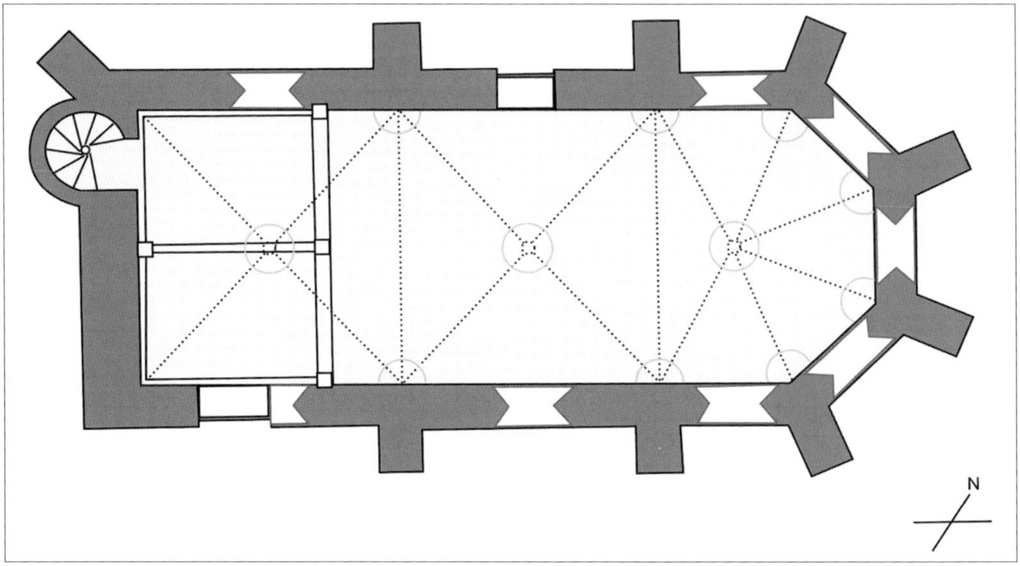

Grundriss der Kapelle mit Verortung der Konsolsteine

gige Arbeitskreis Denkmalpflege e. V. der Templerkapelle angenommen. Dieser Verein hat für 20 Jahre die Verantwortung der Instandsetzung sowie der Nutzung der Kapelle übernommen. Unter Leitung von Fachleuten und mit Hilfe von Freiwilligen wurden und werden konservatorische und restaurierende Arbeiten vollzogen.[40] Die wiedergeöffneten Fenster bekamen, finanziert durch Spenden, vor wenigen Jahren neue, zeitgemäß gestaltete Glasscheiben eingesetzt. Der Saal der Müchelner Kapelle misst etwa 10 m x 6 m im Grundriss und hat eine Höhe von 10 m.[41] Die Kapelle hat einen Maßwerkchor[42] und eine zwei jochige Westempore. Bei dem Bau paart sich bescheidener Materialaufwand mit hoher künstlerischer Leistung. In der Formensprache der Details vermischen sich

40 Nach einer Broschüre des Unabhängigen Arbeitskreises Denkmalspflege e. V. Halle, Bert Ludwig, Kohlschütter-Straße 5.

41 Den Grundriss betreffend werden in unterschiedlichen Quellen abweichende Maße angegeben: Der Innenraum wird mit 14 m x 6 m bemessen (http://fuerstenstraße.info/templer.htm, 9.11.2009), mit 6 m x 14,5 m (http://de.wikipedia.org/wiki/Templerkapelle_(Mücheln), 9.11.2009) oder auch ca. 6 m x 10 m (http://www.anhaltweb.de/section-viewarticle-242-549x517x0x0x2x516x517x501x.html, 9.11.2009).

42 Mit Maßwerk bezeichnet man in der Architektur filigrane Steinmetzarbeiten als flächige Dekoration von Fenstern, Balustraden und geöffneten Wänden. Das Maßwerk besteht aus geometrischen Mustern, die als Steinprofil umgesetzt werden, wobei der Stein komplett durchbrochen (skelettiert) wird. Das Maßwerk hatte seine architektonische Blüte in der Gotik, wo es ein unabdingbarer Bestandteil der Fenster war. Die Gotik setzte Maßwerk an vielen weiteren Stellen ein, z. B. an den Balustraden der Laufgänge (Triforium), Emporen, Turmhelmen oder für durchbrochene und vorgespannte Wände in der Fassade (http://de.wikipedia.org/wiki/Maßwerk, 9.11.2009).

Einflüsse der Zisterzienserbaukunst und des Naumburger Umkreises.[43] Alle Werksteine des fast zehn Meter hohen Baues bestehen aus Sandsteinquadern, die Wandflächen sind aus Bruchsteinen gemauert. Die sieben großen Fenster sind mit Dreipass-Maßwerk verziert. Das Satteldach besitzt an seinen Enden Backsteingiebel. In der Chorwand ist ein aus der Bauzeit stammendes Wasserbecken eingelassen. An der Südwestwand liegt ein Durchgang zu einer steinernen Wendeltreppe, die zur Empore und zum Dachboden führt, dessen Treppenturm im Mauerwerk integriert ist.

4 Geographische Einordnung

An dieser Stelle ist eine kurze Zusammenfassung über den Ort Wettin sowie den Stadtteil Mücheln, gegeben, um den Gutshof in seine topographische Umgebung und die angrenzenden Siedlungsstrukturen einzuordnen. Die Stadt Wettin liegt mit ihren vier Ortsteilen ca. 20 Kilometer nordwestlich von Halle an der Saale auf östlicher Flussseite im Bundesland Sachsen-Anhalt. Das Stadtgebiet erstreckt sich über hügeliges Land rund um die Burg Wettin. Die höchste Erhebung im Umkreis ist der Petersberg mit 250 m ü. NN. Der Berg sowie das komplette Saaletal basiert auf dem sogenannten Vulkan-Gestein Porphyr.[44] Das Gutgelände liegt in einer Talsenke am Fuß des Porphyrberges und fällt zur Saaleaue hin mit ca. 30 Höhenmetern ab. Wettins bzw. Müchelns städtebauliche Entwicklung wurde insbesondere durch die Lage im fränkisch- bzw. deutsch-slawischen Grenzgebiet geprägt. Seit dem 6. Jahrhundert siedelten sich östlich der Saale slawische Stämme (Sorben) an. Aus dem Sorbischen kommt auch der Name „Wettin." Die Sorben erweiterten die Zufluchtsstätte zu Grenz- und Schutzburg gegen die Franken, die seit der ersten Hälfte des 8. Jahrhunderts ihren Einfluss im sächsisch-thüringischen Bereich verstärkten. Unter Kaiser Karl dem Großen geriet dieses Gebiet endgültig unter den fränkischen Machtbereich. Entlang der Saale errichteten die Franken Grenzburgen (z. B. Magdeburg, Rothenburg, Bernburg). Da sich auf der Wettiner Seite der Saale eine Reihe von slawischen Burgen befanden, lässt sich vermuten, dass ihnen der Felsrücken als Schutzanlage diente.[45] Das heutige Sachsen und Teile Thüringens wurden seit dem 10. Jahrhundert von der wettinischen Dynastie regiert. Zu dieser zählen Kurfürsten, Markgrafen und Könige. Das Fürstenhaus der Wettiner gehört zu den ältesten Fürstengeschlechtern Deutschlands.[46] Aus diesen kurzen geschichtlichen Notizen ist es möglich nachzuvollziehen, dass das nah gelegene Mücheln für die Tempelritter einen exponierten Standort darstellte. Auf einer Schenkung der wettinischen Grafen von Brehna beruhend

43 Siehe http://www.freimaurer.org/zdftas.halle/marz.html, Mai 2006.

44 Porphyr: Dieser in Deutschland häufig vorkommende Stein wird mit seiner roten Färbung vielfach als Rohstoff in der Bauindustrie für die Herstellung von Splitt und Schotter verwandt. Des Weiteren wird dieser als begehrter Naturwerkstein gehandelt, welcher poliert sehr dekorativ wirkt. Als Baustoff kommt er in Mauerwerken, Treppen, Tür- und Fenstereinfassungen zur Geltung.

45 Siehe http://www.wettin.de/index.php?cid=64&&&&&&&&&&&&&&&&&&&&&&&&, 9.11.2009.

46 Siehe http://de.wikipedia.org/wiki/Wettiner, 9.11.2009.

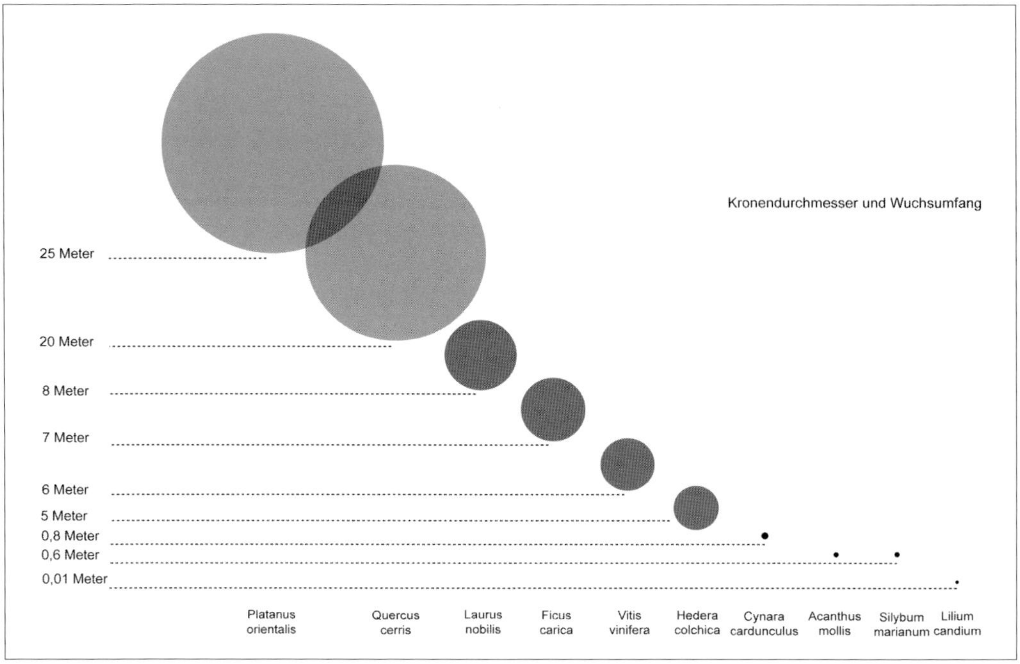

Kronendurchmesser und Wuchsumfang der dargestellten Pflanzen

und von diesen unterstützt, konnte die Komturei Mücheln Teil eines weitverzweigten Netzwerkes sein. Neben den „politischen“ Vorteilen kam die geschützte Lage im Saaletal als positiv hervorzuhebende Standortbedingung. Heute ist der Hof zwar als „autarke“ Insel anzusehen, dennoch wichtiger Teil des gesamten Wettiner Gebietes.

5 Die Pflanzen

In der Kapelle befinden sich laut Aussagen verschiedener Experten die Abbildungen von zehn Pflanzenarten. Aus welchen Gründen gerade die Abbildungen dieser Pflanzen in den Konsolsteinen verwendet wurden, lässt sich bisher nur vermuten. Einige Pflanzen repräsentierten schon in der Antike eine besondere religiöse Symbolik. Andererseits werden auch heutzutage noch einzelne als „Heilpflanzen“ genutzt. Oder wurden sie wegen ihrer Bedeutung als Nahrungsmittel gewählt? Sicher kann man nicht sagen, ob die religiöse Symbolik, bei der Auswahl bestimmter Arten, im Vordergrund stand oder die anderen eben genannten Gründe hierbei mitgespielt haben.[47]
Die zehn Pflanzenarten sind Akanthus, Artischocke, Feige, Efeu, Lorbeer, Lilie, orientalische Platane, Zerreiche, Mariendistel und Wein.

47 Zu den einzelnen Pflanzen vgl. die Beiträge von Dagmar Radke und Achim Lipp in diesem Band.

5.1 Umweltbedingungen in Mücheln

Klima: Das Wetter in Sachsen-Anhalt weist kontinentale Züge auf, das bedeutet, dass es im Winter längere und stärkere Frostperioden gibt und im Sommer längere Zeiten der Trockenheit und weniger ergiebige Niederschläge. Zudem ist in der Region häufiger mit Kahlfrösten[48] zu rechnen.

Auswirkungen von Kältestress: Auswirkungen durch Kälte können direkt und indirekt entstehen. Bei direkter Frostwirkung sterben die Pflanzen durch die Eisbildung innerhalb der

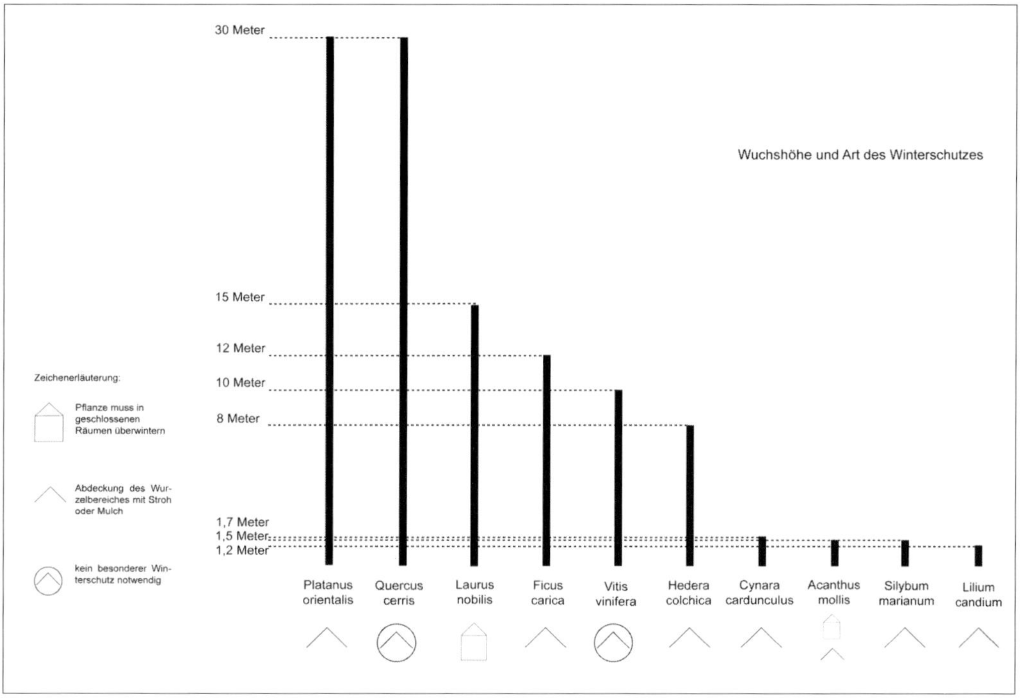

Wuchshöhe und Art des Winterschutzes

Pflanzenzellen ab, da die Zellmembranen durch die Eiskristalle zerstört werden. Wie gut Pflanzen auf Kältestress reagieren können, hängt vom Grad ihrer Adaption ab. Indirekte Frostwirkung entstehen durch sogenannte Frosttrocknis. Ist der Boden, in dem die Pflanze wurzelt, gefroren und der oberirdische Teil stärkerer Sonnenstrahlung ausgesetzt, kann der Wasserverlust durch Verdunstung nicht aus dem Boden ausgeglichen werden – die Pflanze vertrocknet. Der einzelne Erfolg beim Anbau frostgefährdeter Arten hängt aber jeweils von den kleinklimatischen Gegebenheiten ab.[49]

48 Das heißt mit Frost auf schneefreien Flächen.

49 Gehölzflora mit Knospen- und Fruchtschlüssel; Fitschen, A 57 f; 2002. Neil A. Campbell: Biologie, hg. von Jürgen Markl, Heidelberg u. a. 1997.

Winterschutz: Das Ziel bei der Neugestaltung der Gutanlage, diejenigen Pflanzenarten zu berücksichtigen, die in der Kapelle abgebildet sind, fordert eine intensive Auseinandersetzung mit dem Habitus und den Umweltbedingungen der zehn Pflanzenarten. Um genaue Details zu den einzelnen Pflanzen zu klären und vor allem wie die vorwiegend im Mittelmeerraum beheimateten Arten, vor Frost zu schützen sind, fand im Juli 2006 ein Gespräch mit Prof. Dr. Rüdiger Prasse vom Institut für Umweltentwicklung der Leibniz Universität Hannover statt. Die Ausführungen und Ergebnisse dieser Unterhaltung, sowie die Auswertung der Literatur sind im Folgenden aufgeführt.

5.2 Massnahmen für die einzelnen Arten

Der *Akanthus* kann im Winter starke Schäden erleiden; das Abmulchen oder Bedecken mit Zweigen oder Stroh wird zwingend empfohlen

Die *Artischocke*, deren Blätter und Trieb im Herbst bis über den Boden abgeschnitten werden sollten, kann dann über den Winter relativ einfach abgedeckt werden (Resttrieb mit Eimer überdecken und mit z. B. Stroh isolieren).

Die *Feige* treibt auch bei oberflächlichem Absterben an den Wurzeln her wieder aus, doch sind diese Exemplare im Wuchs verkümmert und klein. Sobald der Frost auch in größerer Tiefe die Wurzeln erreicht, erfriert Ficus carica vollständig.

Der *Georgische Efeu* (Hedera colchica) wird nur vom Experten vom *Gemeinen Efeu* (Hedera helix) unterschieden. Die Abweichungen sind minimal. Wegen der Gefahr der Frosttrocknis (da der Efeu eine immergrüne Sorte ist) sollte die Pflanze zumindest im Halbschatten stehen. Ein umfassender Schutz ist ab einem gewissen Habitus nicht mehr möglich, da nicht die gesamte Kletterpflanze mit Stroh o.Ä. bedeckt werden kann und bei dieser Vorgehensweise auch praktische Schwierigkeiten entstehen.

Der *Echte* oder *Gewürzlorbeer* muss als hartlaubiges Gehölz vor der winterlichen Witterung geschützt werden. Das bedeutet, dass Laurus nobilis für die Überwinterung vor Frost trockene und kühle Räume mit Temperaturen von ca. 5 Grad benötigt. Idealerweise befinden sich die Pflanzen in Töpfen oder Containern, da so ein möglichst einfacher Transfer des Lorbeers aus dem Freien in sein Überwinterungsquartier durchzuführen ist.

Die *Madonnenlilie* (Lilium candium) sollte zum Schutz im Winter ebenfalls abgedeckt werden.

Die *Morgenländische Platane* kann laut Professor Prasse – ihm sind aus dem Berliner Raum mehrere Referenzexemplare bekannt – unter den gegebenen (winterlichen) Umweltbedingungen überleben. Normalerweise eignet sich Platanus orientalis nicht für eine Ansiedlung in Mücheln. Bezugquellen für Morgenländische Platanen in Deutschland sind Herrn Professor Prasse unbekannt. Die Schwierigkeit, die sich mit dem Import ergibt, ist die, das die Platane an das Klima gewöhnt ist, in der sie aufgewachsen ist, d.h., dass etwa ein Import aus Südfrankreich problematisch ist, da sich das Gehölz erst an die neuen Umweltbedingungen anpassen muss. Ein besonders langer und kalter Winter könnte gleich im ersten Jahr zu starken Frostschäden oder dem Absterben der Platane führen.

Die *Zerreiche* wird voraussichtlich mit den klimatischen Bedingungen in Mücheln problemlos zurechtkommen

Wein wird schon seit mehr als tausend Jahren in der Region Sachsen-Anhalt angebaut. Das Anpflanzen von Wein wird auch auf dem Gut Mücheln gelingen, die Pflanze erträgt Fröste bis zu –18 Grad.

5.3 Alternativen zur Erhaltung der Pflanzen
Anstatt Stroh kann man auch eine dicke Laubschicht oder Mulch um die Pflanzen herum anhäufen. Sonnenschutzmatten zum Abdecken für den Wurzelbereich sind ein zusätzlicher Schutz gegen die Verdunstung. Empfindliche Gehölze und junge Gehölze können außerdem schon im November mit Reisig oder Jutesäcken umgeben werden, der als Verdunstungs- und Windschutz dient. Das gilt besonders für zugige Ecken, die dem Ostwind ausgesetzt sind. Bei länger andauernden Schneefällen sind die Gehölze zudem vom Schnee zu befreien.
Allgemein stellt sich die Frage, ob es sinnvoll ist, die zehn verschiedenen Arten, die ursprünglich aus dem Orient stammen bzw. im Mittelraum beheimatet sind, auf dem Gut Mücheln zu pflanzen. Mit einem entsprechenden (finanziellen und zeitlichen) Aufwand lässt sich dieses Vorhaben realisieren – z. B. mit dem Einglasen von Ficus carica (in Sanssouci werden die Feigen ähnlich vor Frost geschützt), dem Überwintern von Laurus nobilis in geschützten Räumen, um nur die aufwändigsten Maßnahmen zu nennen.
Das Vorhaben, alle Pflanzen bei der Neugestaltung zu verwenden, kann funktionieren, ist aber unter den oben aufgezeigten Bedingungen kein Unterfangen, das ausschließlich Erfolg verspricht. Die Etablierung der Arten kann gelingen, muss aber als Prozess bzw. Versuch angesehen werden, bei dem sehr wahrscheinlich Rückschläge zu verzeichnen sind, die eine Neupflanzung erfordern. Stauden zum Beispiel, deren Samen wieder angezüchtet werden können, sind bei diesem Prozess der Etablierung einfacher zu handhaben und kostengünstiger zu ersetzen, als eine zwei bis drei Meter hohe Platane, die mehrere hundert Euro kostet.

6 Raumanalyse

6.1 Erschliessung
Das gesamte Areal lässt sich für Besucher des Templerhofes durch den nördlichen Eingang erschließen. Im Süden befindet sich eine weitere Möglichkeit, auf die Freiflächen des Gutes zu kommen, diese ist jedoch den Anwohnern vorbehalten. Da ein großer Teil des Geländes privater Nutzung unterliegt, steht den Besuchern bisher auch nur der Bereich im „Vorhof“ zur Verfügung. Dieser Bereich wird als Zugang zur Kapelle genutzt, da sie ihren Haupteingang an der westlichen Seite hat. Ein weiterer öffentlicher Bezugspunkt auf dem Gelände ist die Galerie, welche eine Aufbereitung zur Kapellen-Geschichte sowie eine Ausstellung „Kraft der Pedale“ zu Fahrrad-Kuriositäten beinhaltet. Die Ruine im Norden des Geländes ist eine der wenigen Originale der mittelalterlichen Gutsanlage. Eine zukünftige Erweiterung in der Erschließung könnte die Öffnung zum Garten hin über die Terrassen darstellen. Diese würden nach einer entsprechenden Instand-

setzung auch für Besucher ein Verbindungsglied zwischen Templerkapelle und „Garten“ darstellen. Die beiden Wohnhäuser werden auf unterschiedliche Weise erschlossen. Das Haus von Herrn Lipp wird, auch per Pkw, über den Vorhof erreicht. Die Bewohner des südwestlichen Hauses nutzen den Weg, welcher um das Gutgelände herumführt. Die Eingangsbereiche der zwei benachbarten Gebäude stellen unabhängige, durch einen Sichtschutz voneinander getrennte Areale dar.

6.2 Freiflächen

Der heutige Bestand auf dem Freigelände des Müchelner Guts lässt nicht auf ein einstiges Bild schließen. Weder die bauliche Substanz noch die Freiflächen geben definitive Hinweise darauf, wie zu Zeiten der Templer das Gut aussah, welche Bereiche als Obstwiese, Kräutergarten, Anbaufläche, Viehauslauf, Stallungen oder Ähnliches ausgewiesen wurden und welche Pflanzen das Bild des Gutes prägten. Der derzeitige Pflanzenbestand hat sich in den letzten rund 50 Jahren entwickelt. Zu den ältesten Pflanzen zählen Robinien sowie Obstbäume im östlichen Gartenareal. Zu jüngeren Exemplaren zählen die Birken im Vorhof, sowie eine junge Buche, welche mehr oder minder zufällig hier gesetzt wurde. (Laut Herrn Lipp ist in direkter Nähe der Stumpf einer jahrhundertealten Buche gefunden worden, welche als Ankerpunkt verschiedener Theorien dient. Eine gartenarchäologische Untersuchung wird empfohlen, um unterirdischen Resten vergangener Zeiten auf die Spur zu kommen und so neue Schlüsse über das einstige Aussehen des Hofes ziehen zu können.) Das gesamte Gut zeichnet sich durch eine Vielzahl von „Restflächen“ aus, auf denen sich diverse ruderale Pflanzengesellschaften ansiedeln. Der derzeitige Pflegeaufwand des gesamten Areals ist auf ein Minimum beschränkt. Als eine Art Strukturierung und Abgrenzung des „Gartens“ zur Brachfläche hin kann man die Heckenpflanzung (bestehend aus Forsythien, Weißdorn u.Ä.) ansehen, welche parallel zum Schweinestall verläuft. Im Laufe der letzten Jahrhunderte ist durch wechselnde Bewohner, Eigner und Nutzungen ein gesamtgestalterischer Grundgedanke verlorengegangen. Die Freiflächen wurden in den letzten Jahren auf die Bedürfnisse der dort ansässigen Bewohner angepasst, weswegen an diversen Stellen sehr eigenwillige Ensembles entstanden sind.

6.3 Bauliche Substanz

Ein Relikt aus damaliger Zeit, welches etwas über das Bild des einstigen Gutgeländes erzählen vermag, ist die Gutsmauer. Sie ist heute an einigen Stellen zerfallen, mit neuem Baumaterial ausgebessert oder komplett eingerissen. Ein Verweis auf Historisches ist noch im Einfahrtsbereich abzulesen. Im Norden des Geländes befindet sich neben dem Eingangstor, welches durch einen Rundbogen ausformuliert ist, der Rest eines Turmes. Dieser war vermutlich eine Art Wehrturm, da er Öffnungen beinhaltet, welche Schießscharten oder Beobachtungsschlitzen gleichen. Über die tatsächliche Form und Höhe ist keine Information vorhanden. In der südlichen Mauerecke befinden sich ebenfalls Reststrukturen eines Turmes. Die östliche Ecke der Umfassung ist derzeit eine Lücke, welche womöglich aus praktischen Gründen zur besseren Erreichbarkeit der Stallungen eingerissen wurde. Auf westlicher Seite stehen Wohngebäude, über deren Entstehung wenig bekannt ist, möglicherweise sind sie auf Fundamenten mittelalterlicher Gemäuer errichtet. Die nördliche Ecke bildet eine Ruine, welche die ehemalige Gutsmauer als Seitenwand integriert. Anhand von Analysen der Gesteinssubstanz könnte Auskunft über die Originalität der Mauer gegeben werden (durch einen Abgleich von Steinstücken verschiedener Epochen kann auf das Alter und die Herkunft geschlossen werden). Durch umfassende Ausgrabungen könnte einen Fund an ehemaligen Mauerresten oder Gebäudefundamenten auf dem gesamten Gelände erreicht werden, um das einstige Bild zu komplettieren. Teilweise scheinen die Gebäude auf mittelalterlichen Fundamenten gebaut worden sein, dies ist jedoch nicht ausreichend erforscht. Die Wohngebäude weisen alle unterschiedliche Renovierungszustände und Fassadengestaltungen auf, die vermutlich keinem übergreifenden Gestaltungsprinzip unterlagen. Die Nutzgebäude im Gartenbereich, welche vermutlich zu DDR-Zeiten der Schweinezucht dienten, verfallen zunehmend. Ein Rückbau oder Umbau dieser Architekturen wird empfohlen.

7 Kurzerläuterungen der Entwurfskonzepte

7.1 Leitgedanken

Die Setzung der Pflanzen im Außenbereich sollte nicht auf scheinbaren Fakten beruhen. Metaphorisch begründete Pflanzungen würden bei dem Besucher eine zu oberflächliche Interpretationsebene hervorrufen. Eine Neugestaltung des Gutgeländes sollte auch nicht auf einem unvollständigen Bild der damaligen Zeit, einer historisch romantisierenden Vorstellung gründen. Die Konzeption zielt daher vielmehr auf eine Neuinterpretation und Neuformulierung des noch Vorhandenen, der Spuren, die aus der Vergangenheit noch lesbar sind.

Die Entwürfe sollen Gesamtkonzepte für das Gut darstellen, welche vorhandene sowie zukünftige Funktionen und Nutzungen integrieren. Dazu zählt die Integration eines größeren Publikumsverkehrs, die Schaffung höherer Aufenthaltsqualität, eines größeren Erlebniswertes auch außerhalb der Kapelle und der Galerie. Die Besonderheit dieses kulturellen Erbes soll sich dem Besucher durch den Freiraum, der eine Art Mittlerfunktion eingeht, zeigen und zum Fragen, Erinnern und Erleben anregen. Durch die Verwendung der „vorgegebenen" Pflanzen wird eine Verbindung zur Kapelle hergestellt.

7.2 Heckenensemble

Dieser Idee liegt ein Raster zugrunde, das sich an dem idealisierten Grundriss des Gutes orientiert und Felder von 14,25 m x 15,5 m erzeugt. Auf dieser Grundlage entstehen Heckenkabinette, die der Inszenierung der Pflanzen dienen und ein irrgartenähnliches Ensemble erzeugen. Als Orte der Wiederbelebung tragen sie das „versteinerte Herbarium" hinaus. Bei der Setzung der Pflanzen werden vermeintlich historische oder geographische Bezüge vermieden bzw. auf ein Minimum beschränkt. Das Raster wird nach vorgegebenen Spielregeln an einigen Stellen aufgelöst. Ein Wechselspiel zwischen Neu

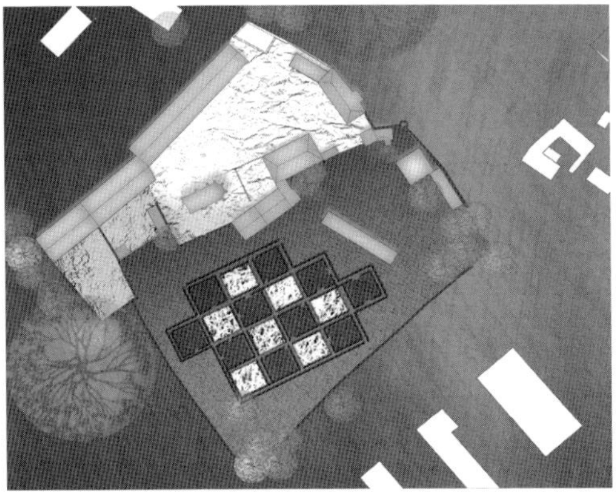

Grundriss des Heckenensembles

Blick über das Heckenensemble

Blick in das Heckenensemble

und Alt entsteht an den Stellen, wo sich das Raster auflöst bzw. bestehende Flächen neu gefasst werden.[50] Die übergreifende Idee des Rasters, welches mögliche Hierarchien und Schwerpunkte aufheben soll, bildet ein rechtwinkliges System aus Wegen und Richtungen, das wechselnde Perspektiven und überraschende Nischen entdecken lässt, ohne dass auf einen „Raum" das Hauptgewicht liegen soll. Das Erleben der Pflanzen wird hier zum Spiel, dessen Spielregel prinzipiell nur daraus besteht, zehn Pflanzenkabinette finden zu können. Diese subtile Grundlage entwickelt sich beim Durchschreiten jedoch zu einem komplexeren Wahrnehmungs- und Erlebnismoment. Die einfache, archetypisch gewählte Formensprache entfaltet sich in eine Vielfalt an Eindrücken, welche durch verschiedene Pflanzen, Materialien und Bildausschnitte generiert wird. Der Besucher des Gartens wird vom bloßen Betrachter zum Akteur, er begibt sich auf Spurensuche. Auch wenn er alle zehn Pflanzen gefunden hat, kann sich ihm dennoch kein vollkommenes Bild öffnen. Je nachdem, welchen Standpunkt er vertritt, tritt eine Pflanze in den Vordergrund und lässt andere verblassen, sie werden zur Erinnerung, Imagination, Phantasie. Ein Wechselspiel zwischen offenem und geschlossenem Raum entsteht, weil jedes zweite Feld als Freifläche bestehen bleibt und bloß an zwei Seiten von einer Hecke umfasst wird. Die Ausformulierung der Einfassung kann vielfältig sein. Es bieten sich geschnittene Hainbuchen-, immer-

50 Zu Anfängen der Ideeentwicklung entstanden in diesem Arrangement keine Heckenräume, sondern es wurden Plateaus angedacht, welche als waagerechte Präsentationsbühnen ausformuliert werden sollten. Aus diesem Zwischenergebnis heraus formulierte sich der Gedanke zu einer sensibleren, aber nicht weniger markanten Alternative.

grüne Buchsbaum- oder Lebensbaumhecken an, die klare, markante Linien vorgeben. An die Renaissance angelehnt können Spalierhecken eingesetzt werden.

7.3 Keile

Dieses Konzept beruht auf dem Gedanken, dem gesamten Gelände eine ebene Fläche (Tableau) unterzuschieben, um auf die Sonderstellung der Kapelle hinzuweisen und in Verbindung mit der Kapelle sowie der Umgestaltung des Gutes Mücheln gegen die bestehende Topographie zu arbeiten. Eine Art Bühne, auf der die Pflanzen der Kapelle präsentiert werden und auf der Besucher neue Blickwinkel zur Kapelle und der Umgebung erleben können. Zwar ist das Tableau noch immer mit seinem Bezugspunkt (dem Gut Mücheln) verbunden, doch hebt sich die horizontale Ebene, die am stärksten an der Frontseite (in Südrichtung) erlebbar ist, ab. Durch die Sonderstellung und das Abheben des Tableaus verstärkt die Konzeption KEILE die Hervorhebung der Kapelle, die auch diese Sonderstellung im Gesamtzusammenhang des Gutes besitzt. Eine neue Bühne, die aus dem Hang herausragt, für die in die Realität getragenen Pflanzen und die gedankliche Verbindung zur Kapelle. Durch die Beibehaltung von funktionalen Einheiten schrumpft das Tableau, das zu Beginn der Ideenentwicklung die gesamte Gutfläche umfasste, auf zwei voneinander getrennte, unterschiedlich große Einheiten. Diese Elemente, auch Keile genannt, spannen sich im Galeriehof, sowie im Gartenbereich auf.
Die Dimension von Keil I und Keil II ist unterschiedlich. Keil I ist ca. 8 m x 40 m lang und verjüngt sich an seiner höchsten Stelle auf ca. 6 m, an der die Kantenhöhe zum Erdboden etwa 3 m beträgt.
Die Abmessungen des zweiten Elements im Garten des Gutes belaufen sich auf 24 m x 60 m und einer Höhe von ca. 4 m. Auf den Keilen, die die Repräsentationsfläche der Pflanzen darstellen, sind die Arten unterschiedlich angeordnet – auf erhöhtem Pflanzstreifen, durch einen Hain aus Eichen und an den nach Süden ausgerichteten Frontflächen der Keile. Betretbar an ihrem höchsten Punkt, docken die Keile am Gefälle des Hanges an. Von dort formuliert sich die Keilform, also ihre gebaute Dimension, aus. Weitere Erschließungsmöglichkeiten durch Treppen von den Seiten (Westen oder

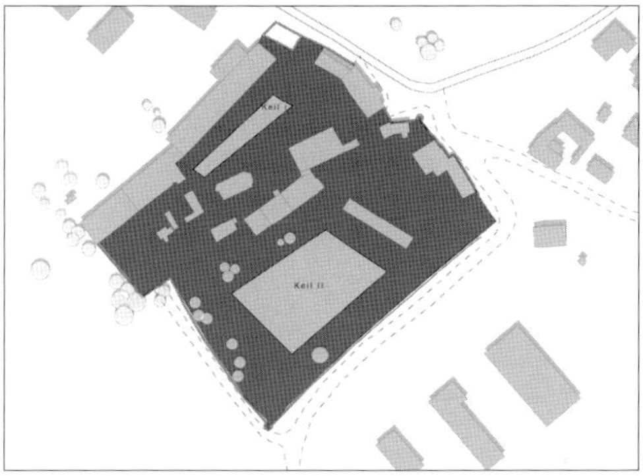

Lageplan „Keil“

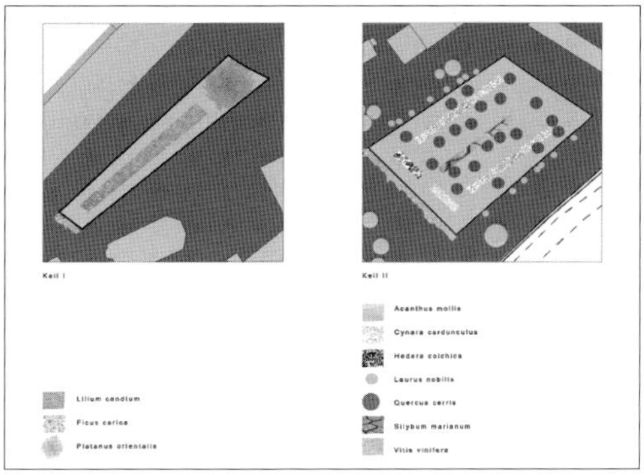

Lageplan Keil I und Keil II

Ansicht Keil I und Keil II

Osten) sowie der Frontseite sind nicht vorgesehen. Keil I nimmt die Feige, die Madonnenlilie und die Morgenländische Platane auf. Flankiert von dem Solitär der Platane und einem Pflanzstreifen aus Lilien führt der Keil an die Kapelle heran, die nun auch aus einer erhöhten Perspektive betrachtet werden kann. Keil II ist mit einem Eichenhain bepflanzt, durch die drei lineare Anpflanzungen führen (Efeu, Mariendistel), die an der Frontseite auf zwei quer verlaufenen Anpflanzungen stoßen. Die Konzeption KEILE, mit der am Arbeitsmodell experimentiert wurde, stößt bei der Umsetzung auf einige Schwierigkeiten. Die Baukörper, die sich aufspannen, sind massive Elemente, an deren Fronten sich Höhen zwischen 3 und 4 Metern ergeben. So stellte sich die Frage, wie und nach welchen Regeln sich das Tableau weiter reduzieren lässt, ohne dass der Charakter und die Funktion der Bühne verlorengehen. So ist eine Durchstufung/Terrassierung beider Elemente möglich, so dass weiterhin eine ebene Fläche aus dem Hang herausragt, dies aber auf un-

Keil II: Pflanzstreifen mit Hain

terschiedlichen Höhenniveaus erfolgt, die in den Übergängen mit Treppen oder aber einer schwach geneigten Schräge zu überwinden wären.

7.4 STRAHLENFORMATION

Die Kapelle als Mittelpunkt einer „fragwürdigen" – im Sinne von „des Befragens würdigen" – Vereinigung, als Treffpunkt, Diskussionsforum, Ort für Andachten der ehemals hier „stationierten" Kreuzritter dient als Ursprung für Linien, welche von hieraus in verschiedene Richtungen verlaufen. (Die Gedankenstrahlen, welche von der Kapelle als Zentrum losziehen, können als Fingerzeige gesehen werden, die auf bestimmte Bezugspunkte, auf sinnfällige Flächen oder auch ins Nichts verweisen. Sie zeigen ein Netz an Verbindungen der Templer in die Welt auf, deren „Ankerpunkt" hier auf dem Müchelner Gut lag.) Das Bild einer durch einen Einschlag zerstörten Scheibe tut sich auf, wenn man die Kapelle als Kraftquelle ansieht, die in einem Ort „einschlug" von der aus sich verschiedene Strömungen in die Welt verteilen. Wie bei der Metapher einer zersplitterten Glasscheibe verdichten sich um das Einschlagsloch herum die Fragmentstücke. Übersetzt in den Ort bedeutet dies, dass die Strahlen dem architektonischen Nabel der Kapelle entspringen. Das, was damals die sakralen Bauten revolutionierte, war das sogenannte Rippengewölbe, dieses spitzbogige Tragwerk bildet die Konstruktion, die das gesamte Gebäude trägt. Von dem Kern der Kapelle, einem metaphorischen Bündelungspunkt, werden Linien über das Areal gelegt, die jedoch im Inneren der Kapelle keinen bestimmten Punkt definieren. Sie verfolgen erstens die Diagonale im Halleninnenraum und spannen zweitens ein Kreuz orthogonal zum Kapellengrund-

Strahlenmodell

Strahlencollage

Lageplan „Strahlen"

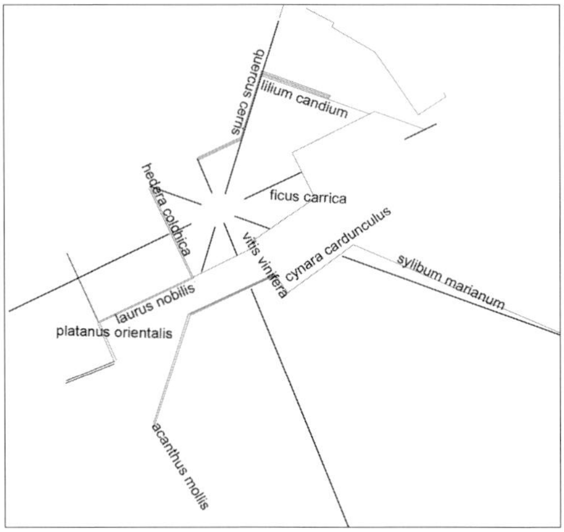

Pflanzenverortung

riss auf. Treten diese Kraftlinien aus dem Gebäude aus, stoßen sie auf verschiedene Hindernisse, die das oben genannte Bild der zersprengten Glasscheibe hervorrufen. Querrichtungen werden eröffnet, Teilstücke bilden sich aus einem Ganzen heraus und formen eigene Grenzen. So sind diese Bruchkanten zum Beispiel im nördlichen Bereich durch die Erschließungsrichtungen auf dem Gelände definiert, welche eigene Aufenthaltsräume schaffen. Des Weiteren können vorhandene und zukünftige Nutzungsbereiche entlang der bestehenden Raumkanten und der neuen Richtungen ausdefiniert und konturiert

Der Garten der Templer

Eingangsareal nordwestlich der Kapelle

werden. Dies geschieht im Gartenbereich, welcher die schon vorhandene Nutzungsteilung unterstreicht und den eigentlichen Gartenraum vom privat genutzten trennt. Hier könnte der Bereich, welcher nun durch eine Schräge im Gelände vom unteren Teil „angehoben" ist, für Anwohner als Privatgarten weiter ausgebildet werden. Zumal in diesem Bereich Gebäude noch bestehen und – gegebenenfalls renoviert – als Unterstellung, Gästehaus etc. genutzt, auch über einen Extra-Eingang erschlossen werden können. (In diesem Bereich weicht ein Stallgebäude, da es das Gesamtensemble des Guts stört, keinen historischen Wert aufweist oder eine Nutzung in sich birgt.) Flächen, die in direkter Kapellennähe entstehen, orientieren sich an der ungewöhnlichen Ausrichtung des Kapellengrundrisses, um diese Besonderheit auf dem Gutshof zu unterstreichen. Die heutige Situation weist aufgrund der Ausformulierung der direkten Umgebung ihrer Gebäude auf eine Art Markierung ihres Privat-Territoriums hin. Diesem Wunsch nach einem „Abstandsstreifen" wird damit nachgegangen, dass vor Wohngebäuden zum öffentlichen Raum ein Pufferstreifen markiert wird. Außerdem wird den Wohngebäuden im mittleren Bereich eine eigene Fläche „hinter" diesen zugesprochen (siehe oben). Auch die Privatflächen der Anwohner werden neu in das Gesamtkonzept eingegliedert und weisen auf die Axialität des Kirchengebäudes hin.

In diesem Ansatz greift die Überlegung, die Pflanzen nach ihren eigenen Charaktereigenarten zu setzen. Das heißt, das jede Pflanze eigene Standortbedingungen besitzt und demnach angepflanzt wird. Der Wein mit seiner rankenden Eigenschaft wird vorzugsweise an südlich und damit sonnig gelegenen Wänden gesetzt. Die Lilie als „Schmuckpflanze“ ist für jeden Besucher in ihrer Blütezeit ein Augenschmaus, ziert dementsprechend den Platzbereich nördlich der Kapelle, der zum Verweilen auf den Stufen einlädt. Feige, Platane und Eiche bekommen ausreichend Platz, Schutz und Aufmerksamkeit innerhalb ihrer eigenen Areale. Die Distel, welche wegen ihrer Größe und „Stacheligkeit“ eher eine abwehrende Haltung zugesprochen bekommt, wird als „Raumtrennung“ genutzt. Dieser Ansatz strahlt trotz der Dynamik, welche von den spitz zulaufenden Formen ausgeht, Ruhe aus, was an der Überschaubarkeit der Flächen und den großflächigen, homogenen Bereichen liegen mag. Der Kapelle wird als „Mittelpunkt“ des Gutshofes ein neuer Schwerpunkt zugesprochen. Neue von einander abgetrennte Bereiche erhöhen die Vielfalt des Flächenangebotes im Gegensatz zu der bisherigen Situation, die wenig von einander differenzierte Räume ausweist. Höhenversprünge, wechselnde Bodenmaterialien und die unterschiedlichen Perspektiven, welche von den geometrischen Formen generiert werden, geben den Besuchern die Möglichkeit, den Gutshof haptisch und visuell neu zu erfahren.

Autorenverzeichnis

Lowry Burgess, geb. 1940, Studium an der Pennsylvania Academy of the Fine Arts und der University of Pennsylvania, USA, sowie am Instituto Allende in San Miguel, Mexiko. Künstler und Professor für bildende Kunst und ehemaliger Dean am College of Fine Arts und Distinguished Fellow am STUDIO for Creative Inquiry an der Carnegie Mellon University in Pittsburgh, USA. Über 27 Jahre Fellow, Senior Consultant und Advisor am Center for Advanced Visual Studies am MIT in Cambridge, Massachusetts. Begründer der Space Art (Kunst für den Weltraum); viele Projekte in Zusammenarbeit mit der NASA, ESA, UNESCO in den USA, Europa und Asien. Zahlreiche Ausstellungen und Veranstaltungen u.a. auf der Dokumenta in Kassel.

René Csuk, geb. 1958, Studium der Technischen Biochemie an der Technischen Universität Graz (1981 Diplomabschluss, 1984 Rigorosum), 1986–1989 Assistent an der Universität Zürich, 1992 Habilitation für das Fach Pharmazeutische Chemie an der Universität Heidelberg, 1992–1995 Vertretungsprofessur Pharmazeutische Chemie/Biochemie in Heidelberg, seit 1995 Lehrstuhl für Organische Chemie an der Martin-Luther-Universität Halle-Wittenberg.

Wulf Diepenbrock, geb. 1947, Studium der Agrarwissenschaften an der Christian-Albrechts-Universität zu Kiel, 1974 Diplom-Abschluss, 1977 Promotion, 1985 Habilitation, 1993 Professor für Speziellen Pflanzenbau an der Universität Bonn, ab 1994 Professor für Speziellen Pflanzenbau an der Martin-Luther-Universität Halle-Wittenberg, 1996–2000 Dekan der Landwirtschaftlichen Fakultät und 2006–2010 Rektor der Martin-Luther-Universität Halle-Wittenberg, Oktober 2009 Dr. h.c. der Gregor-Mendel-Universität für Agrar- und Forstwirtschaft, Brno.

Georg-Michael Fleischer, geb. 1941, Medizinstudium 1961–1967 in Rostock, Approbation als Arzt 1967, Promotion 1969, 1967–1976 Assistenzarzt und Oberarzt in Wittenberge, 1972 Facharzt für Chirurgie, 1977–1982 Oberarzt Chirurgische Universitätsklinik Magdeburg, 1982 Habilitation, 1982–1986 Chefarzt im Kreiskrankenhaus Wittenberge, 1986–2006 Chefarzt Vogtland-Klinikum Plauen, 1995 Facharzt für Viszeralchirurgie, 1996 Facharzt für Gefäßchirurgie, 1998 Professor für Chirurgie. Auf medizinischen Gebiet 103 Publikationen, über 200 Vorträge, 5 Buchpublikationen. Seit 30 Jahren Beschäftigung mit der Marinegeschichte, Publikationen zur Schifffahrtsgeschichte des Mittelalters und maritimen Medizingeschichte.

Ivette Grafe, geb. 1972, 1992 Berufsabschluss als Landschaftsgärtnerin, Studium der Landschaftsplanung an den Technischen Universitäten Dresden und Berlin, seit 2002 Planung und Umsetzung des Klostergartens Jerichow sowie Fachberatung Stiftung Kloster Jerichow, 2009 Diplom, seit 2009 freie Landschaftsplanerin.

Annaleen Gruss, geb. 1982, Studium der Landschaftsarchitektur an der Universität Essen sowie an der Leibniz Universität Hannover, Erasmus-Aufenthalt an der Technischen Universität Wien, 2008 Diplom, seitdem Entwurfsassistenz für Landschaftsarchitektur und Städtebau in Hilversum, Niederlande.

Jürgen Lasch, geb. 1938, Studium der Medizin an der Ernst-Moritz-Arndt-Universität Greifswald sowie der Medizin und Mathematik an der Martin-Luther-Universität Halle-Wittenberg, Abschlussexamen 1963, Approbation 1964, 1967 Promotion, 1968–1972 Zweitstudium Mathematik. 1981 Dozent und seit 1985 Professor mit Lehrstuhl für Biochemie an der Martin-Luther-Universität. Forschungsaufenthalte in Russland und den Niederlanden, 1988 Wahl zum Mitglied des Advanced Courses Committee der Federation of the European Biochemical Societies, 1993 Professor neuen Rechts für Physiologische Chemie an der Martin-Luther-Universität, 1998 Emeritierung.

Achim Lipp, geb. 1944, Studium der Germanistik, bildenden Kunst und Pädagogik in Hamburg; 1970 Assistent an der Hochschule für Bildende Künste Hamburg und Lehrbeauftragter an der Universität Bremen, 1978–1990 Leiter der pädagogischen Abteilung der Hamburger Kunsthalle, 1986 Ausstellung Kunst im Netzwerk/Art Network, erste benutzerorientierte interaktive Computeranwendung in einem Kunstmuseum (Hamburg und Florenz); internationale Vortragsreisen zu „Art Network“ auf Einladung des Goethe-Instituts, 1989–1992 Initiator und Projektmanager des Europäischen MuseumsNetzwerks EMN, seit 1995 Mitglied des Advisory Boards der Carnegie Mellon University, School of Arts, Pittsburgh, 1995–1999 Kurator für die Weltausstellung EXPO2000 in Hannover; 1996/97 Projektmanager für „Das elektronische Rathaus EUKIOSK“, 1999 Projektmanager im Sheik Fayed Knowledge Center Abu Dhabi von Bertelsmann, 2000 UNIVERSEUM, Entwurf zur Integration der wissenschaftlichen Sammlungen der Martin-Luther-Universität Halle-Wittenberg, auf Einladung des Kanzlers, 2001–2004 Lehraufträge an der Burg Giebichenstein Hochschule für Kunst und Design Halle; seit 2002 Galerie Templerhof, seit 2005 Organisation von künstlerisch-wissenschaftlichen Symposien in der Templerkapelle.

Dagmar Radke, geb. 1944, niedergelassene Fachärztin für Anästhesie und Homöopathie in Göttingen, regelmäßige Durchführung von Weiterbildungskursen für Homöopathie im Auftrag des Dietrich-Berndt-Instituts, seit 1995 Lehrauftrag für Homöopathie an der Martin-Luther-Universität Halle-Wittenberg.

Alexander Reif, geb. 1980, Studium der Landschafts- und Freiraumplanung an der Leibniz Universität Hannover, 2008 Diplom, seit 2009 Mitarbeiter bei vivo architektur.landschaft in Zürich.

Marion Rose, geb. 1974, 1998 Berufsabschluss als Bauzeichnerin, Studium der Landschaftsplanung und Landschaftsarchitektur an der Technischen Universität Berlin, seit 2002 Planung und Umsetzung des Klostergarten Jerichow/Sachsen-Anhalt sowie Fachberatung Stiftung Kloster Jerichow, 2006/07 Stiftungsbeirat Stiftung Kloster Jerichow.

Wolfgang Ruf, geb. 1941, nach Abitur Ausbildung und Tätigkeit im Auswärtigen Amt Bonn, ab 1967 Studium der Musikwissenschaft und Geschichte in Freiburg i. Br., 1974 Promotion, 1974–1985 wiss. Mitarbeiter an der Universität Freiburg i. Br., 1984 Habilitation, 1985 Professor für Musikwissenschaft an der Universität Mainz, 1994–2006 an der Martin-Luther-Universität Halle-Wittenberg, 1998–2007 Editionsleiter der „Hallischen Händel-Ausgabe", 2008/09 Gastprofessor an der Universität für Musik und darstellende Kunst Wien.

Hans-Joachim Solms, geb. 1953, Studium der Germanistik, Sozialwissenschaften und Wirtschaftswissenschaften an der Rheinischen Friedrich-Wilhelms-Universität Bonn, 1980 Staatsexamen, 1984 Promotion, 1990 Habilitation, 1980–1993 DAAD-Lektor in Nijmegen (Niederlande), wiss. Angestellter (Universität Bonn), Lehrbeauftragter am Centre Universitaire de Luxembourg (beginnend als Assistant, zuletzt als Professeur), 1985 Hochschulassistent (Bonn), 1990 Hochschuldozent (Bonn), 1993 Professor (C3) an der Universität Osnabrück, seit 1996 Professor (C4) für „Deutsche Sprachgeschichte und ältere deutsche Literatur" an der Martin-Luther-Universität Halle-Wittenberg; 1998–2003 Dekan des Fachbereichs Sprach- und Literaturwissenschaften sowie der Philosophischen Fakultät, 2003–2006 Prorektor der Universität

Joachim Wolschke-Bulmahn, geb. 1952, Studium der Landespflege an der Universität Hannover; Tätigkeit im Planungsbüro Bernhard David in Ahrensburg (1981/82); wiss. Mitarbeiter am Institut für Freiraumentwicklung und Planungsbezogene Soziologie, Universität Hannover (1983–1989), und an der Hochschule der Künste Berlin (1990/91). Promotion zum Dr.-Ing. an der Hochschule der Künste Berlin (1989). Stipendiat am Forschungsinstitut Dumbarton Oaks der Harvard Universität (Nov. 1989–Juni 1990); Direktor der Abteilung Studies in Landscape Architecture, Dumbarton Oaks (1991–1996). Seit Oktober 1996 Professor an der Fakultät für Architektur und Landschaft, Leibniz Universität Hannover, Lehrgebiet Geschichte der Freiraumplanung. Mitbegründer des Zentrums für Gartenkunst und Landschaftsarchitektur (CGL) der Leibniz Universität Hannover, seit 2003 Vorstandsvorsitzender. Mitglied der ExpertInnen-Kommission zur Neukonzeptionierung der Gedenkstätte Bergen-Belsen (2000–2008).

Mitglied im Projektbeirat Gartenregion Hannover (seit Mai 2007). Ein Schwerpunkt seiner Forschungstätigkeit liegt auf dem späten 19. und frühen 20. Jahrhundert und insbesondere der Zeit des Nationalsozialismus und den Beziehungen zur Landschaftsarchitektur.

Christian-Heinrich Wunderlich, geb. 1962, Studium der Chemie und Kunstgeschichte in Bonn, 1993 Promotion in Chemie, Post-Doc 1994 in Tübingen, Forschung auf dem Gebiet der Gemälderestaurierung. 1995 als Angestellter der Firma Schmincke Künstlerfarben in Erkrath, Entwicklung von Rezepturen für Ölfarben und Malhilfsmittel. Seit 1996 Referatsleiter archäologische Restaurierung am Landesamt für Denkmalpflege und Archäologie/Landesmuseum für Vorgeschichte in Halle.

Stephan Zierz, geb. 1954, Medizinstudium in Gießen und Bonn, 1980 Promotion, 1981–1983 wiss. Mitarbeiter am Institut für Physiolgische Chemie der Universität Göttingen, 1984–1986 Research Fellow an der Mayo Clinic Rochester, Minnesota. Assistenzarzt und später Oberarzt an der Neurologischen Universitätsklinik Bonn, 1990 Habilitation für Neurologie in Bonn. Seit 1994 Direktor der Neurologischen Universitätsklinik Halle (Saale). Derzeit in dritter Wahlperiode Dekan der Medizinischen Fakultät der Martin-Luther-Universität Halle-Wittenberg.

Abbildungsverzeichnis

Badische Landesbibliothek: S. 113, 114 o.
BioSolutions Halle GmbH, An-Institut des Biozentrums der Martin-Luther-Universität Halle-Wittenberg, PD Dr. Reinhard Paschke: S. 49, 50
Czuk, René: S. 80, 84, 85
Cyron, Marcus: S. 54
Diepenbrock, Wulf: S. 72
Dorieo: S. 47
Dottorpeni, Giulio: S. 67
Dürholt, Klaus-Peter (Dortmund): S. 45
Fleischer, Georg-Michael: S. 94, 96
Fricke, Kurt: S. 8, 27, 28, 36, 38, 43 o., 68
Grafe, Ivette/Rose, Marion: S. 144, 146, 149, 151
Gruss, Annalén/Reif, Alexander: S. 156, 158, 159, 164, 165, 166, 167, 168, 169,
Jastrow: S. 33
Landeskriminalamt Sachsen-Anhalt: S. 77, 78
Lasch: S. 43 u.
Lechner, Robert: S. 123
Lipp, Achim: Coverfoto, S. 15, 16, 17, 18, 21, 22, 23, 24, 25, 26, 53, 57, 60, 63
Littmann, Matthias: S. 14 (Grundriss: Annalén Gruss/Alexander Reif; Fotos: Kurt Fricke)
[illegible]R-LandesMuseum Bonn: S. 62
[illegible]s: S. 56
Ministerium für Wirtschaft und Arbeit des Landes Sachsen-Anhalt, S. 11
Nanosanchez: S. 55
Praefcke, Andreas: S. 64
Radke, Dagmar: S. 37, 39, 40, 41, 42
Sanidopoulos, John: S. 46
Universitätsbibliothek Heidelberg: S. 61, 114 u., 115, 118
Wolschke-Bulmahn, Joachim: S. 142
Wunderlich, Christian-Heinrich: S. 75, 76, 77

Der Literatur entnommen
Amelung, Peter: Der Frühdruck im deutschen Südwesten. 1473–1500, Ausstellungskatalog, Bd. 1: Ulm, Stuttgart 1979, Kat.-Nr. 109: Umschlag hinten

Attilo Cucari/Gaetano Manti/Hans Peter Jürgens: Bilderlexikon der Schiffe. Vom Einbaum zum Ozeanriesen, München 1979: S. 107
Biedermann, Hans: Medicina Magica, 2. Aufl., Graz 1978: S. 143
Bingen, Hildegard von: Lieder, hg. von Pudentiana Barth, Immaculata Ritscher und Joseph Schmidt-Görg, 2 Aufl., Salzburg 1992 (O: 1969): S. 127
Bingen, Hildegard von: Lieder. Faks. Riesenkodex (Hs. 2) der Hessische Landesbibliothek fol. 466-481v, hg. von Lorenz Welker, mit einem Kommentar von Michael Klaper (Elementa Musica 1), Wiesbaden 1998: S. 126.
Craemer, Hans August: 5000 Jahre Segelschiffe. Eine Entwicklungsgeschichte des Segelschiffes, München/Berlin 1938: S. 106
Faber, Felix: Die Pilgerfahrt der Bruders Felix Faber ins Heilige Land Anno MCDXXXIII. Nach der ersten deutschen Ausgabe 1556 bearbeitet und neu herausgegeben, Berlin (Ost) [1964]: S. 89
Galuppini, Gino: Enzyklopädie der Kriegsschiffe. Geschichte, Technik, Daten, Augsburg 1995: S. 105
Goldfriedrich, Johann/Fränzel, Walter (Hg.): Ritter Grünembergs Pilgerfahrt ins Heilige Land, Leipzig 1912: S. 91
Gulás, Stefan: Segelschiffe, Bratislava 1987: S. 103, 104
Köhler, Franz Eugen: Köhler's Medizinal-Pflanzen in naturgetreuen Abbildungen mit kurz erläuterndem Texte, Bd. 1, Gera-Untermhaus 1887: S. 52
Littlewood, Antony/Maguire, Henry/Wolschke-Bulmahn, Joachim (Hg.): Byzantine Garden Culture, Washington D.C. 2001: S. 135
Littlewood, Antony/Maguire, Henry/Wolschke-Bulmahn, Joachim (Hg.): Byzantine Garden Culture, Washington D.C. 2002: S. 136
Pelekanides, S. M. u.a.: Treasures of Mount Athos, Athen 1975, Bd. 1, Abb. 484: S. 131.